城市地下四色快速交通

雷升祥　肖清华　邓　勇　著

科学出版社

北　京

内 容 简 介

本书针对当前城市地下空间利用存在的诸多问题,研究新型城市地下空间竖向分层规划方法并提出城市地下"四色"快速交通体系(under rapid transit,URT)的新型理念。据此不但能够充分发挥城市地下快速交通作用,解决城市拥堵难题,还能增强人民群众环保绿色交通工具意识,并带动交通新能源的更新换代。

本书共分为12章,主要对地下空间的分层与功能运用、地下快速交通的组成、地下交通的断面规划和设计、地下交通断面安全距离、地下交通隧道动力响应分析、地下交通安全体系、地下交通连接体系、地下交通的关键施工技术、城市智慧交通、国内外地下交通的发展案例进行研究和分析。

本书可供从事地下工程规划、设计、施工和监理等建设单位的相关人员以及高等院校相关专业师生和相关科研院所人员参考。

图书在版编目(CIP)数据

城市地下四色快速交通 / 雷升祥,肖清华,邓勇著.—北京:科学出版社,2017.5
　　ISBN 978-7-03-052120-0

　　Ⅰ.①城… Ⅱ.①雷… ②肖… ③邓… Ⅲ.①城市地铁-供电系统-教材 Ⅳ.①U239.5

　　中国版本图书馆 CIP 数据核字(2017)第 052366 号

责任编辑:张　展　刘莉莉 /责任校对:刘莉莉
责任印制:罗　科 / 封面设计:墨创文化

科 学 出 版 社 出版

北京东黄城根北街16号
邮政编码:100717
http://www.sciencep.com

四川煤田地质制图印刷厂印刷
科学出版社发行　各地新华书店经销

＊

2017 年 5 月第 一 版　　开本:787×1092　1/16
2017 年 5 月第一次印刷　　印张:17
字数:401 千字

定价:159.00 元
(如有印装质量问题,我社负责调换)

序

一、关于城市交通的一点思考

追求舒适是人的本性，交通工具的发展要以人为本。在依靠交通改善生活的同时，交通也在改变我们的生活方式与出行习惯，出现了"空港商住"、"高铁商住"、"地铁商住"等，这些交通模式构筑了轨道交通上的生活、地下空间与城市综合体生活、空中生活、网上生活。

应实现交通多样化，满足不同层面的需求。根据不同的距离确定经济、低碳、高效的运输方式，采取多种交通组合，如空中交通、长大干线铁路、市域城际、磁浮交通、水运、高速公路、地铁与轨道、城市高架、公共汽车客运、私家车、自行车、步行道路体系，运用丰富多样的交通载体来满足人们的实际需求。

任何一种交通体系，必须考虑换乘问题，应努力实现零换乘。必须换乘时做好转换的衔接，将几类交通综合衔接，提高综合交通的运输效率。我们应该实现大城市地铁广覆盖，推广自行车和公交出行，实现多种交通混合出行。

在推进环境友好型建设的同时，要推进年龄友好型建筑。我国已经步入老龄化社会，但是目前各种交通枢纽的设计并没有考虑到老年人的需求。在我国，火车站进站口或飞机场出入口距离登车、登机口基本都在半公里以上，这对部分老人来说是很累的。我们为何不能实现就近便利出行设计呢？

交通要考虑人们习惯的生活半径，微循环交通要借助更多的步行道、自行车道。根据国家强制性标准，城市人均用地 $100m^2$，这个空间包括了一个人的交通用地、工业用地、居住用地和公共服务、绿化用地等在内的全部用地。也就是说，城市内 $1km^2$ 的建成区内大概要承载 1 万人。在紧凑、高密度的城市环境下，要以 $500m$ 左右为半径来规划商场、公园、学校等，最终实现居民出行的可达性和舒适性。在我国，离开这种规划格局谈城市交通就是缘木求鱼。

城市高架并非首选。为了解决城市堵塞，十几年以来，我国城市修建了很多城市高架，取得了一定的效果，但城市高架不是必然的、最好的选择。在其他路径无法解决的时候，才可以考虑选择城市高架，而不能把它作为首选。城市的容颜与肌体，因为横穿的城市立交而划破；城市的性格与表情，因为纵横的高架而扭曲。几十年的城市建设，大拆大改，因改造而新建，因"化妆"而毁容。城市的文化、历史、气息、表情、特色在哪里呢？出现了"千城一面"，累积的城市病也是相似的。尊重建筑历史是文化自信的表达，是一种美德。

二、关于地下空间

国际地质学界认为，19 世纪是桥的世纪，20 世纪是高层建筑的世纪，21 世纪则是开发利用地下空间的世纪。如果说，陆地是第一国土，海域是第二国土，太空是第三国土，那么，地下空间则应该被认为是第四国土，提升到这一高度来认识是十分必要和恰当的。

1. 我国城市地下空间开发存在的突出问题

我国城市地下空间开发存在的突出问题集中表现在以下几个方面：

（1）历来重视不够。对城市空间特别是现代城市的立体化空间的理论研究不够深入和系统，致使一些城市规划工作者和管理决策者对城市地下空间的开发利用缺乏正确的认识，没有看到提高城市承载力需要更好地向地下空间要潜力。重面子，轻里子，地下空间开发缺少章法。

（2）碎片化开发，不成系统。城市地下空间开发中，往往各自为政，独立空间，互不连通。分层规划不清晰，走一步瞧一步，空间打架、交叉以及废弃工程。根据调查显示，目前已形成的地下空间中绝大多数设置独立的出入口，只有大约20％与人防通道相连，地铁、地下车库与周围地下建筑体之间连通性差，导致吸引力较低，不利于发挥地下空间的交通功能。地下空间开发未体现足够的交通功能，与地面交通未形成有机网络，交通状况未得到改善。

（3）法律体系不健全。地下空间使用权成为一项全新的财产权。如何明确土地使用人享有的依附于土地使用权的地下空间范围，将地下空间利用权的标准限定为土地使用人依法定或约定而合理使用的地下三维空间，保护地上物权人的合法利益，法律须进一步完善。

（4）开发规模小，深度浅，标准低。目前地下交通设施除地铁线网进行统一规划和建设安排外，其他地下交通设施仅在局部地方进行了简单开发，没有形成规模。满足于简单开发，对于空间资源是一种变相的浪费。标准低，特别是人防工程无法适应现代条件下信息化局部战争条件。结构的质量标准也不高。

（5）地下交通设施缺乏统筹管理。根据国外先进经验，城市地面与地下空间的开发，应该由规划部门统一规划，由建设部门统一实施。我国在城市建设和管理上存在着独特的体制问题：城市地面与地下空间的规划和建设部门不统一。出现的问题和矛盾：不利于人防工程和城市地下空间开发利用的统一规划和建设；不能实现真正意义上的平战结合；影响了地下交通设施的运营和管理。

（6）开发利用功能相对单一。当前人防工程开发利用分散又独立，彼此互不连通且多数单体规模较小。根据固有观念和认识，分散开发、前后失调，难成规模，难以形成有机的地上地下空间体系。零散低质量的地下空间，往往不但没有解决好城市土地紧张问题，反而增加了城市运行成本与负担，未从可持续发展的角度进行开发利用，满足于单体、短期化行为。

（7）平战结合的深度不够。《人民防空法》明确了长期准备、重点建设、平战结合的方针，但在实际执行过程中，还是停留在简单的行政许可层面上；缺乏具体的功能技术指南和标准；实际结合兼顾的标准偏低，并且依据性不足、观念性不强，平战转化处理不当而致使出入口太窄，建筑的开间太小，造成平时使用的不便，影响经济和社会效益。

2. 地下空间开发与发展思考和路径

把地下空间上升到"第四国土"的高度加以重视。充分利用地下空间，城市注重立体开发，建设多功能四通八达的地下城。人流交通向地下发展，市政设施向地下发展，公共建筑转向地下发展。提升规划设计水平，完善大深度空间国有立法体系。

将浅层空间留给城市，把民用人防从浅层释放出来。我们建议将地下空间分为三大层：−50～0m 为城市承载力层，包括后文空间分层中的浅表层、浅层和中层；结合现代信息化局部战争的条件，把−100～−50m 作为人防层，即后文中的大深层；−100m 以下为大深度空间，为战略层，即后文中的超深层。每层再从功能、专业、技术角度必须更加细致地进行规划分层。

人防战略需要重大调整，人防建设需要新的标准。20 世纪六七十年代建立的人防标准与体系，适用于当时的战争形态，在当前条件下，人防战略需要做出重大调整。

（1）从"关门打狗"到御敌于国门之外。过去，我们采取诱敌深入，"关门打狗"，防御为主，从某种意义上说，是由我们的综合实力决定的，是典型的"长城战略"。当下，我们需要长城，也需要长矛，要建立自己的导弹防御体系，再也不能让铁蹄践踏祖国山河。

（2）从"深挖洞，广积粮，高筑墙"的群防体系到"工防、重点防"。人防应用的三个要素：战争爆发；大面积针对平民的破坏；防空设施能抵御空袭。每一个单项存在的可能性均非小概率，而三个同时存在是小概率。若真是如此，要从普遍性设防过渡到重点设防，从一般性无法抵御空袭的大众性防空设施过渡到能抵御的深度空间防御。洞仍需挖，中国城市化进程不断加快，500 万以上人口的城市众多，都靠地下防空洞，靠不了，靠不住，靠不起。

（3）重构人防管理体系，腾笼换鸟。将传统人防工程分类清理，对无法满足现代局部战争的进行资产置换，进行社会化利用。置换的资金重新构筑深度空间、新的人防与应急工程。改配建为统一收费，统一规划建设。将人防与城市综合地下空间开发、应急避难工程专项进行有机结合，使得人民防空与城市防灾建设高度融合发展，改变现行普通民用建筑配建方式。

（4）因地制宜开展规划建设。对于山城、老矿业城市、平原城市、滨海城市，其人防工程要有不同的建设方案，不能简单地按照 4％配建一刀切。

（5）从被动人防到主动疏解。由于中国人口基数大，城市人口集中，单靠人防工程无法实现目标，必须考虑疏解方案，向非军事冲突区域、非战略要塞、非经济核心区进行紧急疏散。要有战时主动通过铁路、公路、地铁、高铁进行快速疏解的方案。作为城市管理者及人防部门，应编制疏解方案，必要时应进行演习。

（6）重新研究制定人防工程的标准。针对新的信息条件下局部战争破坏形态，重新考虑人防工程的设计标准、建设标准、管理规程，立项研究深度空间的一系列技术。

3．加快深度空间规划与科研，合理开发地下深度空间

地下空间进入开发的重要时期，而在开发之初，必须坚持规划先行，技术先行，力求着眼长远，不留遗憾。一是加强系统规划设计，包括通风与过滤系统、给排水系统、采光与照明系统、除湿系统、垃圾处理系统、消防系统、供电系统、通信系统、广播系统、报警系统、储存系统（生活）、生命保障系统（医疗、应急）、出入系统（提升、门禁）等。二是有效地消除人们在地下空间中的"幽闭恐惧感"对营造空间活力的负面影响。与自然共生，热爱大自然，依附于大自然是人类的本性。在进行地下空间设计时，

可以通过引入天然光线、外部景观、植物、水体等各种自然景观元素，创造一个舒适宜人、富有生机、充满情趣的人性化环境，如增加绿色植被、景观设计；增加流水、水景设计，尽可能引入自然光，增加方位感设计（导引标志、参照物）；增加便利性设计（换乘人性化），增加共享空间，体现文化元素、特色，重视出入口的特殊设计，减少恐惧感等。

三、建设城市地下快速公共交通（URT）是一种选择

中国处在快速城市化的进程之中，城市交通拥堵严重。解决城市交通问题，仁者见仁，智者见智，在技术管理问题上提倡百家争鸣是好事。确实需要综合考虑，系统研究，从路面的总量提供、交通流的合理组织、停车场的提供、快速公共交通体系建设、交通的日常管理等综合施策。

本书提出的地下快速公共交通（URT），是指在浅层地下空间、城市拥堵严重的路段，建设地下快速公共交通。其特点如下：

（1）埋深：设置深度介于地面与地铁之间，属于浅层，采取明挖、节段拼装法快速施工。

（2）交通体系：设计四色交通。只容许绿色能源公共交通车道、自行车道、步行道、应急救援车道通行，其他私家车辆一律不得进入，以实现地下快速公共交通组织，缓解地面交通压力与行人流量。

（3）与建筑联系：将沿线建筑地下室与 URT 实现有效连接，实现人流、自行车流、车流合理分散。

（4）出入口：施行车流出入口大间隔布置，人流出入口小间隔布置。在重要节点设置出入口。地下自行车道、步行道路体系为车流出入口大间隔布置提供有效支撑。

本书对地下分层与功能、地下交通组成、交通断面规划与设计、交通安全距离、隧道动力响应分析、安全体系、节段拼装、智慧管理分析进行了研究与分析。这些分析是初步的，期望达到抛砖引玉的作用。

这种方法也可以作为解决城市综合交通的一种路径。虽然，它的造价较高，无法大面积推广，但对于特大型城市中心区以及拥堵的地面交通是一种有效解决办法，尤其在一些历史文化厚重的城市，替代高架桥是十分必要的。

感谢本书对应课题组全体同志，不辞辛苦，牺牲了大量工作之余的时间，讨论、分析、研究、求证，反复推敲，几易其稿。感谢出版社编辑同志认真负责，精心编辑。对于地下空间的开发与研究，我们进行了长期的、较为广泛的、有一定深度的研究，是基于我们对这片大地的热爱，是基于我们对于未来美好的向往，是基于我们专业人的一点匹夫之责。抛砖引玉，观点正确与否，欢迎各界专家批评指正，共同讨论。

课题组提出是否请一位知名专家作序，我思考良久，觉得有往脸上贴金之嫌疑。所谓文责自负，故还是自己做一点说明。是为序。

高叶祥

2016 年 10 月 18 日

前　言

随着我国城市的迅猛发展，当前城市发展受到了极大的空间限制，城市交通拥挤已经成为发达国家乃至发展中国家困扰不休的问题。就目前看，大多数城市主要以充分利用地上及其上部空间资源为手段来解决上述问题，诸如众多城市沿主干道架设高架快速干线，但因城市建筑特别是既有老建筑严重影响上部空间发展，且向上部空间发展会对城市环境造成很大影响。为此，今后应因地制宜地使用"第四国土"的地下空间资源。随着我国社会经济的发展和城镇化进程的快速推进，城市地下空间的开发和利用工作已全面展开，我们的交通理念及其规划设计方法也需要与时俱进。

中铁二十局集团有限公司联合西南交通大学组建课题组，就城市交通现状及其建造技术，历经两年时间，开展了大量的研究工作，本书即研究成果的综述。本书从国内典型城市交通难点问题分析入手，结合国内外研究成果，提出一个新的地下"四色"快速交通理念，包括新型城市地下空间分层与功能、新型城市地下交通组成、城市地下交通断面规划与设计、城市地下交通安全体系、城市地下交通连接体系、关键施工技术、城市智慧交通以及地下道路交通安全性研究，并就目前国内外地下交通类似工程中的应用，收集了大量的最新资料，有针对性地进行了全面、系统的叙述研讨。

本书主要由雷升祥撰写，参加课题研究和本书撰写工作的还有邓勇、陈宏伟、吴应明、肖清华、任少强、郭朋超、张帅宾、冯旭红、孟淑艳、刘建国、田少敏、黄训洪、孙振坤、邱瑞成、艾健森、王克俭、朱红桃、雷振东。全书共分为12章，第1章通过案例综述国内外城市交通现状，重点介绍国内外地下交通的规划与工程应用情况；第2章为今后地下空间的分层规划与利用的总体建议；第3章为地下快速交通系统合理组成；第4章为城市地下交通断面规划与设计方法及原则；第5章为城市地下交通断面安全距离；第6章为城市地下交通隧道动力响应分析施工方案；第7章为城市地下交通安全体系；第8章为城市地下交通连接体系；第9章为关键施工技术；第10章为国外地下公路发展概况；第11章为城市智慧交通；第12章为国内外地下系统案例。

全书图文并茂，深入浅出，资料详实，可参考性强，可供地下空间开发与利用、地下交通设计、工程建设规划、施工管理等相关专业技术及科研人员参考。

目　　录

第1章 绪　　论

1.1 概　　述

　　自 20 世纪 50 年代以来，城市交通拥挤已经成为发达国家乃至发展中国家困扰不休的问题。20 世纪 80 年代开始，随着我国社会经济的快速发展，城市交通结构越来越复杂，城市交通需求量迅猛增长，而城市交通基础设施建设硬件和软件的供给不能全部迅速地跟上，致使城市交通问题日益严峻，其中交通拥堵就是最直接的体现(图 1-1)。

图 1-1　城市交通拥堵

　　21 世纪是人类开发利用地下交通的世纪，随着北京、上海、广州、深圳等城市地铁的建设，大规模地下交通开发在我国东部沿海经济发达地区已初露端倪。然而，相对于日益增多的地下交通开发，系统性的总体层面的城市地下交通规划仍十分缺乏。目前，国内仅有北京、青岛、厦门等城市陆续编制完成地下交通开发利用规划，起到一定的示范作用。国家层面的地下交通规划规范也正在编制当中。

　　城市地下交通的利用不仅改善了人们正常的出行，减少了人们出行的时间损失，还能减少城市交通事故，改善城市投资、创业大环境，甚至保障整个社会经济的持续健康发展。因此，优化城市地下交通规划可以实现整个城市的发展和升级，也是决定城市在未来竞争中能否脱颖而出的重要因素。本书结合我国各大城市当前交通拥堵但解决办法却不多的实际现实，探讨总体层面的地下交通规划(以下简称"地下交通总体规划")编制内容、特点与方法，以期为地下交通总体规划的编制提供借鉴。

1.2　研　究　背　景

　　随着社会经济的快速增长，城市化进程的明显加快，全球机动车拥有量不断增加，导致全球各大城市普遍存在交通拥挤、用地紧缺、交通噪声及废气污染严重等难题，严重阻碍着城市的健康、和谐和快速发展。在我国，许多城市的规模正在迅速扩大，城市人口密度的增加给城市交通带来了巨大的压力，而受到土地资源、环境保护等约束条件的限制，城市路面交通正面临发展的极限。在此背景下，城市立体化开发的思想应运而生。早期，由于开发难度以及建设成本等条件制约，立体化开发主要集中于向上层空间发展，反映到交通体系中就是各种高架和立交桥的产生，城市高架在一定程度上改善了城市交通，但随之引发了日益恶化的城市居民生活环境问题，也严重影响了城市景观（图1-2）。因此，近年来城市发展空间开始由地面及上部空间逐渐向地下延伸，并逐渐成为城市中心区研究和实践的热点。

图 1-2　城市高架

　　在众多利用地下空间解决交通问题的开发形式中，地下轨道交通无疑是效率较高的途径（图1-3、图1-4）。北京、上海、广州、郑州等多个城市轨道交通建设都发展到一定规模。但是，私人机动车出行占总交通的30%左右，在时间上、空间上与公共交通占用几乎同样的城市资源，而且以高端客流为主，必须要承认私人机动车对城市核心区不可替代的作用。此外，货运交通同样需要使用城市道路，因此，单纯强调公交优先，解决不了现阶段国内城市核心区交通矛盾突出的问题。要解决好私人机动车与货运交通之间的问题，利用地下交通有目的地开发，有效衔接城市路网与核心区路网的地下道路系统，解决复杂的机动车交通需求、空间、效率和环境之间的矛盾，是一条值得探索的有效途径。但是，由于开发成本等条件限制，目前大规模建设地下交通体系的时机尚不成熟。如何利用现有的地下资源，配合地面交通系统，解决目前依靠地面交通系统难以解决的中心区交通拥堵、重要交通枢纽接驳以及快速运输网络通道效率低等问题，应该是当前研究地下交通体系的主要内容。

　　国外在早期已经开始了城市交通系统与土地利用关系的研究，出现了芝加哥学派的城市地域空间结构理论：同心圆、扇形和多核心结构的城市地域空间结构三大理论。这些理论都认为不同的土地利用功能需要不同的交通条件。轨道交通、地面快速路已经引导着大城市朝着同心圆和扇形结构发展，而多核心结构在城市总体宏观规划下也借助上述交通系统逐渐形成。这里的地面快速路系统由于地面土地资源的限制和开发建设成本等原因，以环状加放射线的高架道路为交通线网的主要形式，但是由于线路出入口多，沿线土地高度开发，交通需求不断增长，这种形式显现出越来越多的缺陷。例如，跨区出行的交通量占用中心区交通设施的情况严重，导致中心区环形路段交通压力巨大和出行时间长，从而引发交通拥堵；交通污染问题日益严重；出入口设计上的不合理造成众多交通瓶颈，导致地面快速路整体通行效率低下等。这些缺陷的显现，使得原本期望形成的多核心结构的城市空间发展不明显，因此迫切需要出入口少的线路来抑制沿线土地拼图式发展。这样，对具备该特性的地下道路系统的需求就应运而生。合理规划和建设地下道路系统，可以解决当前地面交通体系的一些顽疾：可以使车辆避开恶劣的天气，使交通工具所产生的噪声、尾气得到集中有效的处理；车速的提高降低了汽车能耗，也减少了能源的浪费和汽车尾气的排放量，在不影响城市人文景观的条件下，对环境的破坏降到最低程度，对城市可持续发展意义重大，可以缓解城市中心商业区交通拥挤的状况，提高中心区路网运输效率，提高道路系统运行可靠性；能有效缓解城市中心区道路用地紧张的问题。因为地下道路系统建在地下，运行环境是封闭的，不受地面交通系统和气候条件的影响，车辆可以快速、畅通、安全地行驶，这是对地面道路网络系统的补充和完善，在有效缓解地面交通拥挤的同时，节省了中心区建设用地，提高了土地的使用效率。

图 1-3 郑州地铁

图 1-4 广州地铁

地下交通系统的发展最早可以追溯到 1863 年伦敦建设的世界上第一条地铁。随后，地下交通系统的各种交通方式都有不同程度的发展。其中地下轨道交通的发展最为迅速，迄今为止，世界上超过 43 个国家的 118 座城市建有地铁。而作为地面道路系统的延伸和补充，地下道路系统的建设也逐渐被全球各大城市关注，成为解决未来城市中心区交通问题的途径之一。最为著名的是美国波士顿拆除了原 6 车道中央高架大道，修建地下快速路，从而减少了噪声污染，在一定程度上维护了社会公共利益；莫斯科在三环地下 36m 深处修建了近 4km 的快速路；日本东京新宿 SUB—中心区全长 11km 的地下道路；还有规划中的法国巴黎拉德芳斯的大规模地下交通开发计划和澳大利亚布里斯班 TransApex 计划等。

我国国内已实施的有北京中关村西区和金融街地下交通工程、广州珠江新城地下交通等，正在建设和规划的有上海 CBD 核心区地下"井"字形通道规划、上海外滩交通枢纽等项目。著名工程院院士钱七虎在为解决北京交通拥堵问题提议时明确提出了"北京应该发展以快速轨道交通为首位，建设地下快速道路"的思路，在《北京地下交通规划》一书中，规划了四纵两横的地下快速路网，以缓解二环、三环以及长安街的交通压力。2011 年 1 月 6 日，北京 CBD 核心区地下工程项目正式开工，将开发至地下 5 层，并将建设无交叉的地下单行环路，在地下即可穿越东三环和建国路。此外，武汉、青岛、重庆、西安、天津、郑州、昆明以及成都等城市都计划开发地下交通，有效利用地下资源，缓解城市用地压力，而地下道路系统则是这类规划中不可缺少的部分。

因此，地下道路是解决城市中心区交通拥堵与环境问题的重要手段(图 1-5)，对优化城市中心区路网，补充交通能力，均衡交通负荷，提高城市交通的可靠性都有着重要的作用。在城市发展规模进一步扩大，中心区土地资源日益紧缺，交通压力不断增大的今天，有效利用地下道路系统对于城市核心区的可持续发展有着非常重要的意义。

图 1-5 城市地下道路

1.3 国内外研究现状

1.3.1 国内研究现状

目前，国内在地下道路交通方面的研究主要分三类：

第一类，针对某个地下交通工程项目提出发展地下交通系统的意义和设计方法。

如上海 CBD 核心区地下井字通道、广州珠江新城地下交通规划、上海外滩交通枢纽（图 1-6）等。其中，刘韵（2006）、许传强等（2008）和陈志龙等（2009）对城市地下快速路建设动因及其发展趋势进行定性分析；吴月霞（2008）从人文历史、国外建设地下道路的经验及其发展形态方面，探讨国内地下道路的发展策略；袁文凯等（2007）、潘丽珍等（2006）、俞明健等（2006）和张天然等（2007）、司徒炳强等（2008）分别对天津、青岛、上海和广州等城市地下道路功能定位及其适用性进行研究。这些研究都从不同程度上论证了地下道路建设对于未来城市中心区交通有序和可持续发展的重要作用，但基本都是定性分析，未能从量化的角度分析地下道路建设对未来城市中心区道路交通体系以及整个城市规划的影响。即使是常规的交通影响评价，也基本未见相关文献。仅有程广元等（1996）对地下道路工程经济评价方法进行了一定的归纳总结；林冬等（2006）对地下道路环境影响评价进行了初步的探讨；王卫平等（2010）对地下道路带来的减少环境污染、提高交通效率、减少拥堵等社会效益提出了评价指标体系和评价方法。但是这类评价偏重于地下道路系统建成后的经济和社会效益评价，没有涉及地下道路系统建设为城市道路交通系统带来的效率提升程度、可达性提高程度、出行便利程度以及交通可靠性提升程度的评价，对于正确评价地下道路系统的功能和作用缺乏实质性的意义。

图 1-6 上海外滩规划

第二类，进行单一交通运输方式或单一技术环节的研究。

马保松等（2004）近年来开展了地下管道物流运输系统的研究；李素艳等（2007）进行了地下道路理论通行能力和地下道路出入口交通组织的研究，提出了我国地下道路出入口变速车道设计长度的取值建议；朱丽等（2008）对隧道形式的出入口设计进行了研究；司徒炳强等（2009）则对地下道路地面出入口间相对位置的组合模式进行了研究，以交织段换道次数为主要判断依据，建立交织段最小长度模型；胡郁葱等（2009）以集散效率最大化为目标，建立了针对地下快速路的集散点选择模型；韩敬文（2010）从地下道路出入口选址影响因素着手，建立了基于层次分析法的选址模型。这些研究主要还是从实际规划和实施过程中存在的问题出发，力图从技术上寻求解决问题的可行方法，考虑的影响因素有一定局限性。由于对地下道路与整体交通系统的相互影响机理没有进行深入研究，提出的技术方案在实际应用中的效果得不到有效验证，其研究成果的理论与现实意义都受到了一定程度的影响。

第三类，政府文件出台，推动地下交通开发。

2005 年 7 月北京市政府审批通过了《北京市中心城中心地区地下空间开发利用规划（2004～2020 年)》。这是我国第一次正式编制完成特大城市总体规划层面的地下交通专项规划，其中一部分就是地下交通系统。2010 年 8 月，广州出台了"地下空间"使用规范。这些研究成果表明我国对地下交通体系的研究正逐步深入开展起来。

1.3.2　国外研究现状

在国外，地下交通系统的研究以及建设起步比国内早，可以归纳为两个阶段：

第一，建设使用阶段。国外的地下快速路发展史较长，除美国波士顿、日本东京（图 1-7）、澳大利亚布里斯班等地以外，加拿大蒙特利尔、法国巴黎、西班牙马德里等地都有地下道路系统成功建设案例。这些工程项目的建设目的之一就是为了缓解地面交通压力和城市用地问题，但是它们依然沿用地面交通发展思路，即城市发展需要地下交通系统时首先修建，到了运营管理时才研究如何优化布局等问题。此外，由于国外发达国家的城市交通趋近于平衡状态，一般都没有形成地下快速路的网络结构，对地下快速路给城市交通带来的影响也同样缺乏定量分析。

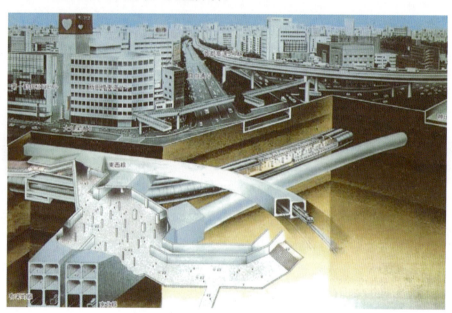

图 1-7　日本东京地下道路规划

第二，理论研究实验阶段。目前国外开展了地下货物运输，即地下管道物流配送系统的研究和实验工作，如 Liu(2004)对纽约应用地下管道运输货物进行可行性研究，德国波鸿鲁尔大学 Stein 教授领导的课题组开始研究 CargoCap 地下管道物流配送系统，并正在开展实验阶段的研究工作(图 1-8)。另外，还有 Zacharias(2000)、Jeyapalan(2005)等开展了地下交通的模型和技术研究。但是，上述研究工作一般以单一运输方式为主，针对具体项目，地域性强，其成果缺乏一般性，推广应用价值不高；有些针对建设过程中的局部问题进行研究，缺乏对整个系统的整体性研究。这些都限制了成果的进一步系统化和理论化，不利于对今后的规划、建设以及后期的管理进行有效指导，也不利于推广和应用。

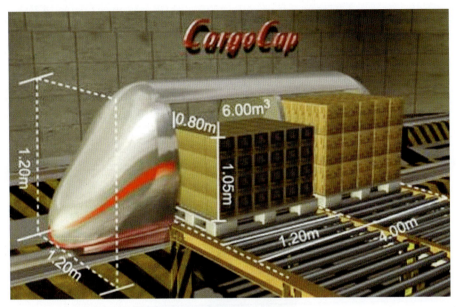

图 1-8 德国地下管道运输

总而言之，上述研究成果已经为地下交通的长远发展赢得良好开端，但是对于当前利用现有地下交通资源，修建地下快速路，解决当前的交通难点问题参考意义不大。本书拟在成熟的系统科学和交通运输系统规划等理论知识的基础上，研究地下快速路的规划理论以及其对整个交通体系的影响评价方法，力图为地下交通系统的进一步大规模建设提供理论依据和技术支持。

1.4 研究目的及意义

目前地下快速路是整个地下道路系统中最为直接有效的、可实施性最强的项目之一，在大规模开发地下道路系统条件还不成熟的今天，国内外不少学者都把地下快速路建设看作是地下交通体系开发的开端。但在地下快速路发展过程中，非常有必要借鉴地面上层空间交通发展的经验，避免地面交通发展过程中的一些问题。高架道路往往架设在交通流量大的主干道上，确实曾经对解决城市交通拥堵问题起到了一定的阶段性作用，但由于建设期间缺乏相应的理论作为指导，没有对其对整体交通网络的影响进行系统的分析和评价，盲目的选线和过多的出入口导致主干道沿线土地过度开发，诱发更高的交通强度，从而造成恶性循环，最终在各出入口造成交通瓶颈。这也是各大城市近年来纷纷考虑少建，甚至拆除部分高架道路的重要原因之一。由于没有重点分析高架道路对整体交通网络影响的问题，造成巨大的浪费和地面交通体系更为严峻的形势，这是发展地下快速路必须借鉴的问题。

　　由于地下交通体系发展需要庞大的资金,一旦成网将不可修改,因此,目前大规模建设地下交通网络的时机尚不成熟。北京、上海、南京、广州、成都等大城市都是以缓解部分地面快速路和主干道的交通压力为目的,在其地下位置修建并行的地下快速路或者过江隧道等(图1-9、图1-10),但这些项目在论证过程中主要以定性分析为主,缺乏相应的理论依据,论证还不够充分。目前,少量的建设和零星的出入口可能还看不出问题,但如果每条地下快速路都以这样的模式发展,很可能会重蹈高架道路建设的覆辙,造成巨大浪费。而目前国内在地下快速路建设的评价研究方面基本还是空白,无法对地下快速路的建设给整个城市立体空间交通体系带来的影响进行评价,进而也无法支撑实际工程的预评估和规划设计工作。因此,有必要开展地下快速路影响预评价研究,进而找到合理评价地下快速路对整体交通系统影响的方法,为地下交通体系建设的实际工作提供理论依据。

图1-9　成都地下快速路

图1-10　南京过江隧道

此外，无论是地面还是地下，交通规划布局的理论方法都还没有形成一套固定体系。随着交通需求的不断扩大和日益多样化，许多理论仍然需要进一步研究和不断产生新的理论知识点。地下交通体系作为解决当前交通问题，适应未来可持续发展的需要，其运行环境、服务对象、特性等与当前的交通设施有着一定的差别，因此，该方向的研究工作还将带动新的城市交通知识点的基础研究领域，是引导城市可持续发展的重要研究方向之一，对促进我国城市地下交通系统的可持续发展具有重要的理论和现实意义。

总之，国内外许多城市已经有建设地下交通体系的成功案例，但是，目前在合理评价地下快速路对整体交通影响方面，缺乏系统化的理论和方法研究。地下快速路的建设往往是地下道路系统全面建设的开端，地下快速路的选址和开通将对原有道路交通系统产生深远的影响，而对这种影响进行系统的评价是决定地下快速路功能得以充分发挥的关键。因此，本书的研究目标是通过研究地下快速路规划相关理论以及其建设对道路交通体系的本质影响，明确地下交通开发和城市规划发展间相互促进的关系，最终获得科学性和一定实用性的地下快速路影响预评价方法。研究成果不仅将为目前国内特大城市规划、建设和管理地下快速路系统提供理论和方法依据，还将诱发交通工程领域产生新的知识点，对促进我国城市地下交通系统的可持续发展具有重要的理论和现实意义。

1.5　地下交通系统概念及特点

地下快速交通系统(under rapid transit，URT)是一种介于快速轨道交通(rapid rail transit，RRT)与常规公交(normal bus transit，NBT)之间的新型地下公共客运系统，是一种中运量交通方式。它是利用现代化公交技术配合智能交通和运营管理(集成调度系统)，开辟地下公交专用道路和建造新式公交车站，实现轨道交通模式的运营服务，达到轻轨服务水准的一种独特的城市客运系统。

地下快速交通系统是一种高品质、高效率、低能耗、低污染、低成本("两高三低")的公共交通形式，充分体现了以人为本，构建和谐社会的发展理念。地下快速交通系统采用先进的公共交通车辆和高品质的服务设施，通过封闭式专用道路空间来实现快捷、准时、舒适和安全的服务。

1.6　地下交通总体规划的特点

地下交通的开发利用纷繁复杂，其各层面的规划与城市规划有相应的层次结构。地下交通总体规划是城市总体规划的一个专项内容，由于地下交通的独特性，地下交通总体规划具有系统性、预见性、控制性、引导性等特点。

1.6.1　地下交通总体规划的系统性

由于地下交通开发的不可逆性、复杂性，编制地下交通总体规划时应突出其全面、系统性。

1. 地下交通规划与城市地面相关规划的协调衔接

地下交通的开发利用并非独立存在，它与城市经济发展阶段、城市总体规划、城市交通(尤其是轨道交通)建设、城市基础设施建设、城市人防系统和防灾系统、城市的商业、商务设施布局、住宅区建设等内容息息相关，在编制地下交通规划时，应重视与城市地面相关规划的协调衔接。

大规模地下交通的开发通常发生在人均 GDP 达 3000 美元之后。而城市经济实力的强弱、城市处于快速发展或逐步完善阶段等因素，决定地下交通的开发力度、规模。在编制地下交通总体规划中，对城市经济、建设的研究是十分必要的，通过这方面的分析，才能确定地下交通的发展目标、策略及规模等内容。

城市总体规划全面系统地论述城市的性质、规模及空间发展布局，地下交通总体规划必须在其指导下编制完成；城市综合交通规划确定了城市未来的交通策略、交通布局，其中地下公共停车场、配建停车场的规模布局，是预测地下交通设施规模布局的直接依据；城市轨道交通规划更是地下交通总体规划的重要依据。轨道交通的规划建设直接决定了城市地下交通的形态与布局，并以其线轴关系形成以轨道交通为骨架，以地下商业、停车场、广场为节点的地下交通点轴结构；城市公共设施规划，尤其是商业网点规划布局等内容，对地下商业设施的规模与布局起到很大的引导作用。成功的地下商业街、地下商场开发，往往与地面商业相辅相成，互为补充；城市住宅建设规划对住房的需求预测，亦是预测地下交通开发量的主要依据，因为配建地下室往往是城市建设实行最好的一个地下交通内容。目前，中国许多城市的地下交通现状数据中，有大部分为人防配建地下室。根据住宅建设规划，基本可以明确配建地下室的数量与位置，并通过引导控制，形成相互连通的、系统的地下交通网络。

2. 地下交通规划与民防专项规划的协调衔接

民防规划、防灾规划是与城市地下交通规划密不可分的内容。现阶段，很多城市将民防规划等同于地下交通规划，并主要由民防部门组织编制、实施。然而，地下交通规划与民防规划并不完全是一回事，其关注重点、编制体系均有不同。民防规划主要着重于构建城市总体防护体系和制定民防工程建设规划，并与城市的防灾体系相协调。其与地下交通规划的相关部分主要是民防工程建设与地下交通开发利用相结合，即一部分民防工程可平战结合作为城市地下商业、停车等利用。地下交通规划内容更为广泛，与城市建设联系更为紧密。地下交通开发利用不仅包括民防配建地下室，还包括地铁、地下道路、地下停车场、地下过街通道等地下交通系统，地下商业、娱乐等公共设施，地下仓储、物流设施，地下市政管廊等基础设施。因此，地下交通规划与民防规划虽联系紧密但不可混为一谈，更不能将民防规划简单代替地下交通规划。

为了协调地下交通规划与民防专项规划的相关内容，城市采取地下交通、民防规划由同一编制单位基本同步编制的方式，并在规划过程中，融合民防部门与相关部门的意见，使两个规划解决重点不一，又相互协调。

3. 地下交通总体框架的系统性

地下交通是一种非连续的人工空间结构，与城市地上空间形态不同。通过系统规划，地下交通的平面形态、竖向结构将形成相对连续完整的系统。

现阶段，我国城市地下交通开发利用往往仅限于单个节点，较为分散、不成系统，总体效益低。随着城市的发展，地下交通平面形态将逐步网络化。因此，在总体规划中，应根据城市特点，建构主要线状地下交通设施（如地铁、地下道路等），并连通各类地下交通设施群，形成有地下交通、地下商业、地下停车等多种类型地下交通集结的网络状地下交通形态，成为城市各种功能的延伸拓展，使地下交通全面成系统，并与地面形态相协调相连接。例如，郑州二七广场的德化新街将地面商业、地下商业以及地下交通联系在一起，形成比较完善的城市功能分区（图1-11）。地下交通的竖向结构也应形成系统。竖向层次通常分为浅层、中层、深层。竖向层次的划分除与项目开发性质、功能有关外，还与地形、地质条件、区位等相关。在总体规划阶段，界定竖向结构内容有助于实现地下交通的系统性。

图1-11 郑州德化新街

4. 地下交通总体规划编制的组织方式

由于地下交通规划涉及相关专业内容众多，技术性强，规划编制中要充分考虑各专业的特点和要求，确定合理的规划编制组织方式是地下交通总体规划成功的重要因素。综观北京市、青岛市城市地下交通总体规划，均由当地规划院、高等院校专家共同组成项目班子编制，使之与本地的相关规划相协调，又体现规划的系统性、技术性。同时，规划编制过程中，与市政府、规划局、建设局、人防办、国土局等多部门多次沟通协调，为规划的实施奠定了良好的基础。

1.6.2 地下交通总体规划的预见性

由于地下交通开发周期较长，且具不可逆性，总体规划的预见性显得十分重要。规划的预见性可从地下交通资源评估、地下交通开发利用需求预测、地下交通发展战略与发展目标等方面得以体现。

1. 地下交通资源评估

系统化、规模化和可持续的地下交通开发利用，要求对城市地下交通资源以自然资源的方式进行规划、利用、保护和管理。通过对资源的宏观调查和评估，全面分析评价城市地下交通资源的状态、类型、潜力及影响要素特征等信息，对实施地下交通资源的系统性、整体性，合理有序地开发利用和保护，实现城市地质环境、地下交通资源及城市空间的整体协调和可持续发展具有重要的基础意义。

调查评估包括地下交通资源调查、资源评估、资源量估算等。评估不是单纯的工程条件适宜性评价，而是城市基础地质环境等自然条件以及城市规划、城市经济等方面的综合分析，并适应宏观区域性深度，以建立完善的评估体系，作为地下交通总体规划的主要依据。

2. 地下交通开发利用需求预测

城市现代化对地下交通的需求可以分为三大类：第一类是区位性需求，包括城市中心区、居住区、旧城改造区、城市广场和大型绿地、历史文化保护区、工业区和仓储区，以及各种特殊功能区，如新城区、中央商务区、经济技术开发区、科技园区、物流园区、出口保税区等；第二类为系统性需求，有地下动态和静态交通系统、物流系统、市政公用设施系统、防空防灾系统、物资与能源储备系统等；第三类为设施性需求，包括各类公共设施，如商业、金融、办公、文娱、体育、医疗、教育、科研等大型建筑，以及各种类型的地下贮库。以城市各类专项规划为依据，根据此三类需求进行测算，综合后基本可预测出地下交通的总体需求。地下交通开发利用需求预测估算和统计城市地下交通资源潜力，包括可供合理开发的资源容量和可供有效利用的规模，成为制定地下交通发展战略与发展规模指标的基础。

3. 地下交通发展战略与目标

根据城市特点及发展阶段，结合相关规划的预测，确定城市地下交通的发展战略与目标，是总体规划的重要内容。发展战略的制定，应综合考虑城市特点、规划性质、规模、城市环境、城市所处的发展阶段以及未来的发展过程等内容，有针对性地确定长期的发展策略，实现城市的可持续发展和全面现代化。

以当前沿海城市地下交通开发利用规划为例，针对其作为风景旅游城市的性质以及优良的城市环境、特殊的地理区位条件、优良的地质条件等特征，提出开发利用地下交通、集约利用土地、保持优良人居环境的总体策略。具体如下：地下交通的开发利用作为城市总体规划的组成部分，实现城市全面现代化；充分发挥地下交通资源潜力，在不扩大或少扩大城市用地的前提下，提高土地的利用效率，拓展城市空间容量，加强城市中心地区的聚集作用，使城市空间呈三维式扩展，实现地面空间与地下交通的协调发展；市中心区可以保留足够的地下交通后备资源，为发展后续经济做好准备；发挥沿海经济的优势，依靠高速增长的综合实力和优良的地质条件，在城市基础设施地下化方面，实现跨越式发展；利用岩层中地下交通防护能力强的特点，建立能抗御突发事件的防空防灾体系，加强城市的综合抗灾抗毁能力，保障每一个居民、重要经济目标和生命线系统的安全；在山体岩层中建造各类贮库，为水资源和传统能源的循环使用及新能源的开发创造有利条件，推进节约型社会的建设。

1.6.3　地下交通总体规划的控制性与引导性

当前，中国的大部分城市处于快速发展阶段，城市规划的变更也较为频繁，而地下交通的开发建设与地面规划相辅相成，且具有实施时间长、不可逆性等特征，宜制定长期稳定的发展规划。因此，在地下交通总体规划阶段，应关注与城市规划的协调，并重视对地下交通主要系统的严格控制及适当引导，为城市将来的发展留有余地。

1. 轨道交通的控制与引导

决定城市地下交通开发利用的相关系统包含地铁、地下道路等交通系统，其构成地下交通的主要线状结构，许多城市都是以此为依托带动周边衍生节点的地下交通开发利用。因此，编制轨道交通线网规划、轨道交通红线控制规划应在科学规划的基础上，长时间严格控制轨道线网尤其是地下线部分，为将来轨道建设留有余地。同时，利用轨道交通巨大的客流所带来的商业机会与土地价值的提升，以及地铁站对周边用地的带动作用，及时编制轨道交通沿线土地利用调整规划，针对轨道交通与城市发展的互动关系，实现以轨道站点为核心的珠链式土地开发模式，并在地铁站节点周边控制和引导地下交通的开发利用，体现地下交通的开发价值，避免出现地铁建设与地面规划衔接不佳、不成系统而造成的地下交通价值的浪费。城市在规划建设火车新站时，对轨道地下站进行空间预留与引导，就是一个典型例子。

2. 地下交通的竖向控制与连通引导

地下交通规划不同于地面规划的一个主要内容在于其对竖向结构的控制。地下交通总体规划阶段，应制定竖向层次利用的一般原则，明确竖向分层要求。确定地下交通重点区域，积极促进地下交通的连通与整体开发利用。在控制规划阶段，控制贯通地下室的地下商业街、广场、地下通道，明确其平面位置和竖向标高，将局部的地下室建设衍生成节点的地下交通网络，产生规模效应，避免孤立开发造成地下资源的巨大浪费。

3. 地下交通法规的引导

近几年来，地下交通的开发建设越来越受到政府及开发单位的重视。然而，相关开发机制和政策法规的滞后，制约了地下交通的大规模建设与发展，影响了地下交通资源科学、有序、合理、高效的开发利用，出现了地下交通资源的开发利用缺乏规划控制、地下交通设施的权属管理无章可循、已建地下交通设施之间的连通管理无法可依、地下交通资源的开发利用缺乏相应的激励机制和优惠措施、重大或跨区域的地下交通开发项目多头管理或无人管理等现象。其问题集中表现在以下四个方面：政府管理机构与职能、机制的设定；地下交通及相关设施的权属设定、产权登记与交易管理；相关技术标准与规范；各类地下交通设施的规划建设与营运管理。

具备完善的地下交通法规与开发机制，将极大推动、引导地下交通的开发利用。综观日本和我国台湾地区，均制定了一系列地下交通法规。为此，我国内地也应尽快研究制定相关法规，在一些地下交通开发活跃的城市，可先行探讨制定相关专项法规和综合法规，通过法规推进地下交通的开发建设。

4. 公共投资引导

在重大项目、基础设施、交通设施等地下交通的开发建设中，以公共投资带动和引导私人投资，促进地下交通的开发建设。

1.7　城市地下交通开发利用的设想

在目前地下交通初步开发利用的基础上，采取积极稳妥的方针，加强立法和公共政策的制定，加强规划工作和管理，有序、合理、综合、高效地开发利用地下交通资源，力争使城市地下交通的开发利用有一个较大规模的发展。

虽然某些城市基本上已具备较大规模开发利用地下交通的条件和实力，但也不能操之过急，一味追求大而全，脱离实际、凭空想象。地下交通的开发利用规划要与总体规划相协调，与城市社会经济发展相适应，科学地把握好开发的速度和方向。一方面，某些城市经济上虽处于历史上发展最快的时期，但经济总量还较小；另一方面，单建式浅中层地下交通的设计、施工经验还不够丰富，其建设的技术经济风险较大。故地下交通的开发利用应采用试点先行、以点带面、逐步推进的策略。

1.7.1　把握好地下交通的开发利用层次

根据地质及水文情况，城市地下交通开发利用可按照浅层、中层和深层地下交通三个竖向层次进行。

浅层地下交通是指位于地下 10m 以内的地下交通，结合城市改造，地上地下统一开发，主要利用方式为商业、旅游、停车场、步行街、民防工程以及城市水电气通信等市政管廊公共设施等。例如，广州大学城规划了沿中环路呈环状结构布局的干线管廊，全长约 10km，另有 5 条直线管廊，总长度约 7km。该工程的建设是我国对市政设施建设及公共管线管理的一次有益探索(图 1-12)。

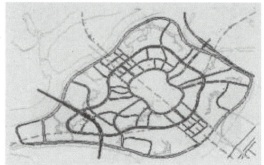

图 1-12　广州大学城地下综合管廊环状结构布局图

中层地下交通是指位于地下 10~30m 的地下交通，如轨道交通地下公路隧道，建设地下综合体以及结合地下综合体的市政公用设施，部分高等级的民防工程。

深层地下交通是指位于地下 30m 以下的地下交通，主要利用方式为快速地下交通线路、危险品仓库、城市设施更新。

从经济、技术和使用功能要求的条件比选，目前城市重点开发利用的是浅层和部分中层地下交通，对尚未开发的地下交通空间则必须实行保护和控制措施。

1.7.2　民防工程建设必须和城市建设有机结合

重视民防工程建设和城市建设的有机结合。凡在城市规划区新建民用建筑，应按国家规定和城市结合民用建筑修建防空地下室的规定修建战时防空地下室，特别是落实城市关于把民防工程面积占总建筑面积的比例由 2% 提高到 4% 的规定；开发城市地下交通要兼顾民防工程要求。结合城市地下交通、轨道交通的建设，修建民防疏散干道。结合城市广场、绿地建设，修建人员隐蔽工程或地下停车场。结合城市建设和防护的需要，要求给水、排水、煤气、通信及电力管的敷设基本埋入地下。民防工程建设重点是结建式防空地下室，对具备建设单建式民防工程条件的位置，如火车站等处，应保留其地下交通和地面出入口位置，逐步建设一批有较好社会效益和经济效益的单建式平战结合民防工程。

1.7.3　地下步行道问题

地下车行道路与地下步行道路主要解决道路与道路、铁路等的立体交叉问题，还有地面人、车混行问题。因此，在部分主干道设过街地道和地下步行街，将主要大型公共建筑连通起来，形成较为完善的步行系统。结合城市即将建设的轻轨线路，在人流密集的车站建设地下人行和商业两用的地下建筑。为解决停车需求与停车空间不足、停车空间与城市用地不足的矛盾，应充分利用大型公建、广场、绿地的地下交通。

1.7.4　建设地下商业服务系统

以厦门市城市地下空间开发利用为例，在火车站—莲坂—SM 广场、中山路、前埔等商业高度集中、土地价值高的地区规划地下商业街，以及利用商场、公建的地下室开辟地下商场、商业街、综合体，加大土地开发强度，提高土地使用价值，形成集购物、文化、娱乐、游憩为一体的中心区地下商服系统。与此同时，在部分服务设施不全的居住区内通过对地下交通开发利用，完善各类配套设施，为居民的日常生活提供方便。例如，可在环岛路海边建设与旅游者日光浴、海水浴和游泳相配套的地下设施。

1.7.5　某些公共设施可考虑转入地下

将一些适宜在地下安排的公用设施转入地下，特别是一些对环境有影响的设施。加强城市道路景观建设，城市道路两侧逐步实现无杆化，各种管线统筹规划建设，在城市管线相对集中的重点路段修建地下共同沟，将给排水、电力电信等市政管线集中在共同沟内，便于管理和维护(图 1-13)。

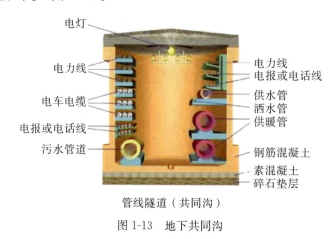

电灯
电力线
电力线
电报或电话线
电车电缆
供水管
洒水管
电报或电话线
供暖管
污水管道
钢筋混凝土
素混凝土
碎石垫层

管线隧道（共同沟）

图 1-13　地下共同沟

1.7.6　建议采用地下暗河治理淤积问题

厦门市筼筜湖污染问题长期困扰着人们，政府花费巨资也无法根治。2005 年 7 月开始实施的筼筜湖清淤工程，耗资上亿元，也只能是解决短时间的淤积问题。建议采用地下暗河将筼筜湖和五缘湾连通起来，以利用水体的自然交换，彻底解决筼筜湖的污染问题，同时也可新增一个有吸引力的旅游线路。

1.7.7　某些生产车间地下化

由于地下交通具有良好的性能和热稳定性、密闭性、防辐射、防污染、防火防震、节约能源等特点，可因地制宜地将一些生产车间(如轻工、纺织、服装加工、电子仪表、食品行业等)、仓库、燃料库、厂区内的中心实验室、医务所、文娱活动中心、工业区的大型污水处理系统、车库、输电线路、煤气管、输油管、工业品输送管道等市政和运输设施尽量设置在地下(图 1-14～图 1-17)。

地下式谷物仓库

图 1-14　地下仓库　　　　　　　　　图 1-15　地下仓库内部环境

图 1-16　地下式水处理厂　　　　　图 1-17　地下式水处理厂出入口

1.7.8　抓紧完善地下交通开发建设的相关法规、政策

应逐渐健全相关的法规体系，充分利用城市享有的立法权，采取务实、审慎、规范的策略，尽快制定和颁布城市地下交通使用条例，对地下交通所有权主体、已转让土地使用权的地下交通权属、地下交通使用权的出让方式等作出规定，以三维空间坐标系统替代传统的二维坐标来界定属地范围。同时，通过设定地下交通权、地下交通地役权和优先权，明确地下交通使用权的主体权属、责任和义务。对城市重要位置的地下交通，通过公开拍卖的方式进行出让。在公共领域地下交通开发中，相邻地块业主具有优先开发权，同时也有无偿、无条件为市政等公用设施提供和预留通道以及防空、防灾等场所的责任和义务。

1.7.9　建立地下交通开发建设的管理体制和市场机制

明确地下交通开发利用管理的主管职能部门及其职责、权利，初步建立地下工程建设的行政管理程序，使规划与设计管理、施工与使用管理和投资市场管理有法可依。项目审查，可参照地面工程的做法。如地价征收，建筑物附属的地下交通作为商业用途时可征收约为 1/3 的地面楼面地价，作为停车库及设备用房的地下交通免交地价，以鼓励建设配套设施。产权获取，与地面类似。

采用投资主体——政府主导与企业主导两种运作模式。前者以政府为投资主体，后者以企业为投资主体。政府企业共同投资，涉及公共使用功能部分由政府投资，其他部分采用多种方式的投融资政策，鼓励开发商投资地下工程。

1.8　结　语

地下交通总体规划尚处于探索阶段，一些城市在编制过程中根据自身的特点给出不同的版本。在进行城市地下交通开发利用规划过程中，发现还有许多问题有待于进一步深入研究。

在中国城市快速发展时期，城市总体规划和专项规划因多种原因变化较为频繁，而地下交通规划应具有长久性，其主要问题主要表现为：如何从中提取具有指导性的关键内容，作为地下交通规划的依据；如何分析城市社会经济发展状况和城市特点，结合城市各专项规划内容，科学合理预测未来地下交通的发展规模；地下交通的布局如何与城市的地面布局相结合，与城市近远期的发展步伐相一致；在规划管理中如何控制引导地下交通的连通。

地下快速交通应按照新的思路进行规划，主要有：

(1)不应将堵车问题带入地下。

(2)地下公交系统不允许私家车进入，只允许公交车(绿色能源)与公共免费自行车。

(3)规划地下主干道，城市外围规划大型停车场，乘地下公交系统进入市内。

随着地下交通规划规范的颁布以及更多城市规划编制实践的进行，地下交通总体规划的编制方法、内容将更加充实完善，一些正在探讨的问题也将逐步得以解决。

第 2 章　新型城市地下空间分层与功能

随着城市的快速发展，人均用地面积越来越少，要求我们高效地利用土地，目前发展地下空间是现代社会发展的潮流。面对未来地下空间的多样化发展，需要我们对地下空间进行合理的分层规划，将来为人们带来更大的便利。

就目前地下空间开发情况来看，它缺乏竖向层次的规划，导致一部分设施开发不合理，地下设施空间占用的冲突、矛盾屡见不鲜，影响地下空间开发的正常进行。为了使将来更深层次的地下空间得到合理的开发，我们科学合理地提出了城市地下空间的分层开发模式，可使地下空间的开发遵照有序、有理、有利的原则进行，节省建设投资，提高地下空间的利用效率。

基于地下空间开发的两个特性，对城市地下空间的规划需要十分审慎以及具前瞻性。

(1)不可逆性。地面空间可以通过基本构成要素的重组，或者城市用地的调整来完成其形态上的改变；但城市地下空间形态的基本构成要素一旦形成就很难改变和拆除；城市地下空间只能通过增设新的要素，来达到形态调整的目的。

(2)有限性。土地资源本身的有限性，人类开发技术的限制，以及人们心理生理方面对地下空间的可接受性等多种因素决定了地下空间的开发利用是非常有限的。

2.1　未来城市地下空间分析

未来城市地下空间开发的分析主要有以下几个方面：

(1)还原地表自然环境，对城市大环境起到改良作用。

当前城市建设在很大程度上以牺牲自然环境为代价，而且伴随着城市规模的扩大，这种对自然环境的破坏将是不可逆的，其破坏程度也在逐渐加大。

适合人居的地下建筑得以开发后，将很好地抑制城市在平面上的无限制扩张，将扩张转为立体化。因此将会有很多机会保留地表空间用于自然环境的恢复，转而将建筑物转为地下，节约土地的同时恢复了绿地空间。建筑空间和绿化空间的"一退一进"很大程度上改善了城市大环境。

同时，由于地下建筑具有很好的保温优势，其在温控方面的耗电将得到有限抑制，节省的电力一部分转化为建筑自身的照明消耗，更大一部分被节约下来，为城市节能减排做出贡献。

(2)积极利用新能源新技术，打造节能型地下建筑。

地下建筑是对建筑设备依赖比较大的建筑形式，其照明、空气系统、给排水、温度控制均需要大量的电力供给，因此也是耗能较大的建筑。虽然建筑自身在保温方面性能优于地上建筑，但其在其他方面消耗依然巨大。因此现代地下建筑应在新能源的利用方面提出适用于自身的解决方案。

地下建筑埋深较大，使得地下资源的开发有很好的地热资源优势，当代地热利用技术已日趋成熟，开始逐渐应用于现代小区内，为居民提供清洁能源供给。未来地下建筑应借鉴这一新技术，广泛应用于建筑供能。

地下建筑的建设为地表空余出了大量的地面空间，这就为风能、光伏发电设备的安置提供了场所上的可能性。结合地区特征选择合理的清洁能源方案，可以解决地下建筑耗能的问题，同时推动城市节能和环境改善。

（3）引入现代建筑技术和材料技术，建造坚固耐用的地下空间建筑，保障建筑自身安全和抵御自然灾害的要求。

地下人防空间建设的基本目的是在战争状态下最大可能地保护人民财产安全和抵御外敌，因此其坚固可靠程度具有严格的要求。当前国际环境相对和平，人防地下空间及其他地下空间在战时所具备的使用价值暂时无法得以体现，那么地下空间作为国民安全保障设施的一部分，应积极应用于抵御自然灾害的工作中去，发挥其最大化价值。

我国目前常见的自然灾害多为台风、地震、暴雪以及其他极端天气。地下建筑具备整体性好、功能性全和相对封闭独立等一系列优势。现代建筑手段为地下空间的建造提供了保障安全的可能性，相对于地面建筑，地下空间由于不直接暴露在地表不易被地面自然灾害所破坏。

地下空间的使用须以安全作为前提，因为地下建筑在遭到破坏后相对地面更具有毁灭性，并且人员的疏散救援都有很大的困难。因此在设计这类建筑时，应借鉴国内外地下建筑关于安全方面的经验，尽可能在坚固性上做到最好，从形态布局、结构形式、主体材料等多方面考虑，引入新技术新材料，以高标准、高强度打造可抵御自然灾害破坏的现代地下建筑空间。

在保障建筑坚固的同时，也应预测到建筑在遭到破坏的情况下，如何最大限度地保障人民财产安全。结合当前救援技术和手段，制定实际可行的疏散救援方案。对于地下空间内的人员，在灾难发生的第一时间，高效安全地将人员疏散到地面安全处；同时也要考虑到无法直接逃生的人群，地下建筑应该为他们提供临时避难所，在救援到达之前，保障这些人员的生存安全。

因此现代地下建筑在设计、使用过程中，应多方位考虑不利的安全因素，做到有备无患，这样才能在保障人民生命财产安全的同时为城市提供抵御灾害的场所。

（4）建造更大更多样的地下空间，满足居民对空间感和舒适度的要求，同时满足当代商业模式对建筑空间的要求。

未来地下空间的多样化要求决定了该类空间需要被建造得更大更舒适。在空间尺度上，将来的地下空间将抛开高度的限制，打造更加宽大的室内空间，也只有这样才能满足人居生活的多样化要求，如商业、餐饮、影院等都需要较大的空间尺度。只有满足了空间尺度，才能从根本上满足使用要求。也可以通过加强地下建筑的室内绿化与外部空间的互动，使视觉和心理形成有机联系，从而满足人员的舒适感。

（5）打造立体化的地下空间，地下空间不应局限于一、二层的规模，应有很多层次上的变化。

地下建筑的形态应参考地上建筑的成功经验，如商业空间往往需要具备开阔的中庭、商业多为围绕中庭环绕直上，这样的商业空间往往具有更好的商业空间感、更长的商业动线，也具备更大的商业价值。因此地下空间在建设中应充分考虑空间的多样化和立体化，打造较大的空间、更长的流线和多样的空间可能性。

基于这样的理念，建造的地下空间应该是多层次多功能的建筑形式，该类空间应是城市商业圈的集中缩影，地下建筑在功能上和空间上都将最大程度借鉴地上建筑的形态，本着适宜人居的要求来建造。

(6)城市人防建设应与地下空间建设发展相结合。

随着城市化水平的提高，国内外形势的发展，人防工程在保留自身特色的前提下，正在向以经济建设为中心的方向发展，逐步融入地下空间的综合开发利用中。在加快城市化建设进程中，相关部门应该加强合作与协调，对相近职责进行整合。目前，由于人防的法律法规和相关政策比较健全，城市地下空间的开发利用大多数以人防地下空间的开发为主。人防部门要抓住这一机遇，坚持与城市整体规划同步开发地下空间。从单一防空需要模式向综合开发的模式转变，完善功能配置，提高平战利用率。对现有地下空间的开发利用要科学统筹，也就是说，地下设施尤其是重要设施，不仅具有综合防灾功能，而且还是城市功能的载体，为城市的行政(国防)、生产、生活、消费、服务提供适宜的场所。人防部门应该转变观念，积极探索地下空间开发建设管理新路子。

从空间发展战略来看，城市立体的地下空间是建设"两型社会"的战略基础，也是国内地下空间发展的必然趋势。我们应在借鉴吸收国外成功经验的基础上，结合我国国情，形成自己富有特色的一些地下空间发展典范。

2.2　新型城市地下空间总体分层

根据目前的城市发展现状及功能调查，地下空间利用主要分布在浅层和中层，深层空间的开发力度比较小，主要以国家军事人防为主，还有军事应用及战略储备。目前我们要实现城市地面交通与城市地下交通的良好沟通，城市中心地下大道与城市建筑地下室的沟通，实现快速便捷的换乘，来缓解城市的交通压力。我们对未来地下空间进行以下分层，如表 2-1 所示。

表 2-1　城市地下空间总体分层

地下深度/m	名称		功能
−3～0	浅表层		埋线、埋管
−10～−3	浅层	上浅层	下沉广场、地下商业街、管线、地铁车站、地下公路系统
−30～−10		下浅层	地铁线路、地下管廊
−50～−30	中层	上中层	公路系统
		下中层	地铁线路
−100～−50	大深层		人防工程
−100 以下	超深层		地下实验室、储油、战备器材洞库等

浅层空间的建筑体系应该进行沟通，形成地下空间"四通八达"。目前，我们主要集中在浅、中层空间进行开发，深层空间开发的力度小，项目少。解决城市中心地下道路与城市建筑地下室的沟通，实现快速便捷的换乘。管廊与人防工程相结合，深层空间应为战备储备、军事应用等。

图 2-1 为地下空间总体分层图。

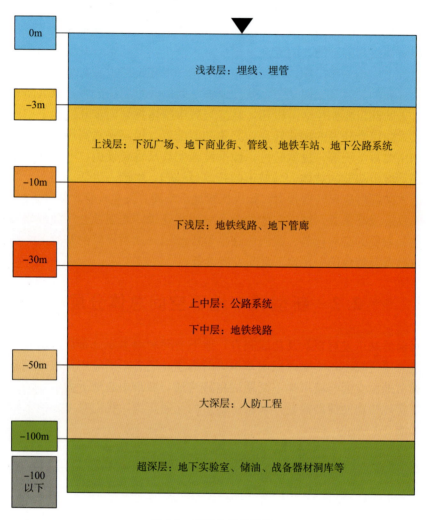

图 2-1　地下空间分层图

2.3　浅层划分和功能

浅表层一般为地表至地表以下 3m 之间，作为城市少量地下管线布置层，在此不做赘述。

目前，浅层主要有地下商业街、下沉广场以及一些管线和地下环保绿色公共公路系统。随着社会的不断发展，浅层地下空间已经被开发到一定的程度。

2.3.1　浅层地层划分

浅层分为上浅层和下浅层。上浅层为地下 3~10m，目前主要建设有下沉广场、地下商业街、管线及地铁站和地下公路等。下浅层主要为地下 10~30m，目前主要建设地铁区间线路及综合管廊。

目前对于我国的一些大型城市，浅层地下空间的开发已经基本完成。下面介绍目前现有的浅层地下空间的功能。

2.3.2　浅层空间的功能

1. 上浅层

目前上浅层的开发主要有下沉广场、地下商业街、管线、地铁车站和地下公路系统等。

1）下沉广场

下沉广场原来主要是城市公共休闲广场的一种设计手法，但目前为了打破空间的空旷感和视觉的单一感，设计师巧妙运用垂直高差的手法分隔空间，以取得空间和视觉效果的变化。购物中心越来越多地运用下沉广场的设计(图 2-2)，但下沉式是把双刃剑，需要合理利用。

图 2-2　郑州二七广场下沉广场

下沉广场的优点主要有：

①大大提升地下一层的商业价值，有双首层概念；

②可以有效解决地下商业消防设计问题；

③能大大提升地下空间的通风和采光；

④能增强项目的休闲性，同时成为非常好的活动场地，可以通过多种经营增加购物中心的收入；

⑤能打造下沉式广场的特色，有效导入人流。

下沉广场的缺点主要有：

①增加建安成本，下沉式广场和地下车库的造价差不多，每平方造价一般在 4000 元左右；

②下沉式广场的排水设计比较困难，稍有不慎就会在下雨天造成广场积水等问题，而且市政管网有可能高于下沉广场，所以下雨天还要用抽水泵把水抽到市政管网的标高，增加运营成本和管理难度。

成都天府广场绿岛密布、水流纵横，拥有国内最大的下沉式广场，可直接看到在地下往来穿行的地铁。整个广场地面景观通过中轴线分为东、西两部分，东侧的大部分面积为地下一层的下沉广场，其余部分则是由水景、大量树木等组成的地面景观。天府广场是一个景致迷人的开放型步行广场，内部不允许机动车通行。天府广场四周均在有人行横道线的位置设置开放性的出入口，满足市民和游客自由进出。同时，鉴于较大的人流量，有关方面在设计时，除了在广场四周设置主要的出入口外，还通过对广场内部的树木栽种、水景配置、绿岛安排等进行人流通行流线组合，人们可以通过广场的树阵进入广场，顺着绿岛以及水景等在广场上自由穿行。

天府广场的西广场以地面景观造型为主，地面景观的设计融合中国传统文化和西方园林艺术。广场上设置许多自由造型的绿岛，局部种植竹子，方便人流穿行，地面采用木质铺装。成都因水而生、因水而兴，数千年来，成都平原上江河纵横，水与这座城市息息相关。为此，作为城市中心的天府广场，在景观设计上，"水"是其中一个重要的组成元素。

天府广场的东广场是目前国内面积最大的下沉式广场(图2-3)，它不但是天府广场的标志性景观之一，也是天府广场地铁站的入口，下沉广场设置六个出入口，并有楼梯和自动扶梯与天府广场地下的商业空间和地铁站点相连接。同时，为避免位于地下的地铁站受到风雨侵扰，下沉式广场还特别设计了一个全部由无色玻璃建成的玻璃雨棚，这个大雨棚不仅能将地铁站的六个出入口完全覆盖，还能够让人们站在广场上，透过玻璃直接看到在地下往来穿行的地铁。

图2-3 成都天府广场

天府广场地下第一层主要为商业区，包括两个大型百货商场、饭店和流水广场；第二层由百货商场、饭店、娱乐场所、美食广场和剧院组成；第三层主要由停车场、超级市场和剧院三部分组成；第四层为地铁上部空间，主要用于停车。

2) 地下商业街

目前我国很多大中城市已经建设有地下商业街，并受到大家的喜爱。地下商业街是城市发展到一定程度的产物。地下商业街承担其城市所赋予的多种功能，是现在城市的重要组成部分。

地下商业街按形态分类，以其所在位置和平面形态，可以分为以下三种：

(1) 街道型——多处在城市中心区较宽阔的主干道下，平面为狭长形。

(2) 广场型——一般位于车站前的广场下，与车站或地下连通，或出站后再进入地下商业街。平面接近矩形，特点是客流量大，停车需要量大，地下商业街主要起将地面上人与车分流的作用。

(3) 复合型——即街道与广场的复合，兼有两类的特点，规模庞大，内部布置比较复杂。

地下商业街的组成主要有：地下步行交通部分，包括商业街内除商店以外的通道和广场、地下过街人行横道、地下车站间连接通道、地下建筑之间的连接通道、出入口的地面建筑、楼梯和自动扶梯等内部垂直交通设施等；地下公用停车场及其辅助设施；商店、饮食店、文娱设施、办公、展览、银行、邮局等业务设施；市政公用设施的主干管、线；为地下商业街本身使用的通风、空调、变配电、供水排水等设备用房和中央控制室、防灾中心、办公室、仓库、卫生间等辅助用房，以及备用的电源、水源。下面我们通过国内外案例来看一下地下商业街的发展。

国外的地下商业街——多伦多伊顿中心

多伦多伊顿中心的地铁网络相当完善，多条线路可以将乘客带到城市的各个角落。以每个地铁站为中心修建的地下通道密如蛛网并呈辐射状，延伸到地上的许多饭店、公寓、银行、商场和写字楼。在地下城中，总共有 27 条主要通道以及数不清的分支通道，最长的通道长达 10km。它们将地铁站与 50 多幢写字楼、6 家大饭店和 1200 多家地上商店连成一体，地下城里商店的总面积达 37m^2。此外，地下城的下面还建有可停放数万辆汽车的停车场。

伊顿中心是一个庞大的多功能综合商城，说它庞大一点也不过分，多伦多市中心的两个地铁站(Queen 站和 Dundas 站)都涵盖在它的里面，是游客在多伦多购物的好去处。伊顿中心是一个地面和地下建筑相结合的综合商业建筑，地上、地下好几层，并在两头和中间分别建有三座 30 多层的办公大楼。

一座透明过街天桥将伊顿中心和另一个购物天堂——加拿大历史最长，估计也是最大的百货公司哈得森·贝(The Bay)相贯通，浑然一体，大大地拓展了游客的购物空间。内部布置有观景电梯、自动扶梯、挑台、天桥、喷水池以及大量的观赏植物，甚至空中还点缀 60 只鸟的模型(图 2-4)。

图 2-4　地下商业街—多伦多伊顿中心

国内的地下商业街——沈阳时尚地下商业街

　　沈阳时尚地下商业街(图 2-5)位于沈阳市最中心位置，交通通达性好，四横三纵道路多为城市主干线，在项目周边分别有沈阳站和太原街站两站地铁。沈阳时尚地下商业街属于沈阳最成熟商圈，业态、客群是多年发展的结果，是市场自然选择和沈阳独特消费特点的产物。沈阳地下周边多为大型百货商业，经营业态以服务、餐饮为主。

　　商城整体布局为环状街区式商业，负一层分区较多，分为 18 个区，主题规划为时尚。以商业形式布局，每个横向区域中间设有中岛，中岛安排水吧、小饰品、音像制品，调剂时尚服装街的单调。另外，负一层规划业态主要为服装、鞋帽，配有餐饮、小百针织等，总计约 663 户商铺。

图 2-5 沈阳时尚地下街

负二层分区较负一层少，每个分区面积相对较大，主题定位为精品消费，分为 14 个区，以商业形式布局。每个横向区域中间设有中岛，中岛安排水吧、小饰品、音像制品，调剂服装街的单调。负二层规划业态主要为服装精品店、主题商街，辅助有餐饮、水吧等。

3) 管线

地下管线历来是城市的"血管"和"神经"，涉及给水、雨水、污水、燃气、电力、路灯、有线电视、工业等十多种地下管线，形成了一张错综复杂的地下管线网络（图 2-6）。目前各种管线错综复杂，管理起来比较困难，将来应朝着综合管廊的方向发展，实现综合管理，这样才符合社会发展的大趋势。

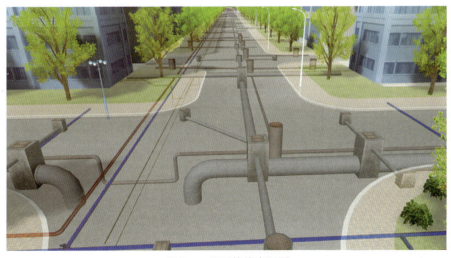

图 2-6 地下管线布置图

4）城市地下新型公共公路系统

目前，地下交通系统的建立是非常有必要的。由于现在地面交通阻塞严重，为人们的出行带来很大的不便。如果在地下建立一个完整的地下绿色环保的公共公路系统，与地面交通和地下铁路系统进行一个完美的组合，这样可以很大程度上缓解地面交通的现状，为人们的出行带来极大的便利。

地下公共公路系统的建立主要由国家来管理，主要收容公交车等绿色环保的公共交通工具，如绿色环保的地下公交车和自行车。

通过对地下空间进行更加合理的开发，建立地下公共道路，与地上公路、地铁形成一个更加完善的地下交通大体系，也就是地面交通—地下交通—地铁之间的一个换乘体系。

地下交通的建设过程中我们应用了一种全新的四色交通体系：人行步道（白色）、自行车道（绿色）、行车道（黄色）、停车道（红色）。图2-7为浅层地下公共公路系统的示意图。

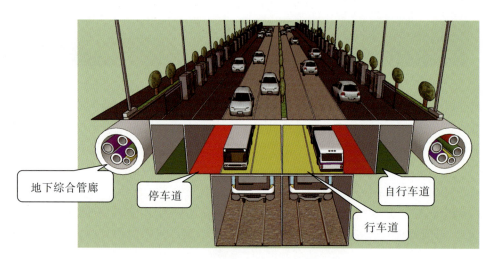

图2-7　城市新型地下公共公路系统

新型地下公共公路系统主要允许公交车和自行车等绿色环保的交通工具通行，浅层地下公路系统主要与浅层的地下商场及地下停车场等相连接，缓解地面的交通阻塞情况。

地下快速路设计速度较高，一般在60km/h以上，其功能定位是服务中长距离出行的车辆。为了实现安全快速的目的，快速路之间采取地面的出入口与地面道路系统相联系，地下与各个地下商场、地下停车场相联系。每条地下快速路设置出入口不宜过多，数量和形式根据规划线网和地面交通环境具体安排。

出入口布局要符合两个原则：一是满足高度集散的中长距离出行车辆需求；二是地下快速路与地面道路等级保持一致或相邻。

由于地下快速路网不密集、不相交，线路走向基本不受城市建筑、地面交通设施等因素影响，犹如在一个新开发区进行单纯的道路网规划，加上要实现中长距离出行车辆的快速运行目的，因此地下快速路网的规划流程应该首先确定快速路网集散点，接着形成集散点的OD期望线，最后根据地面路网、工程地质等因素确定线路走向，实现点—

线—面的规划模式。

大城市地下快速路系统线网规划是一个庞大而复杂的系统工程，线网的构架须分类分层进行。"点"、"线"、"面"既是三个不同的要素，也是三个不同的层次。"点"代表局部、个体性要素，即城市空间结构布局中的重要节点，如城市各分区或组团、卫星城镇、开发区、机场、港口、车站等；"线"代表方向性要素，即快速路的走向或城市快速交通走廊的分布、城市中长距离机动车交通出行期望线等；"面"代表整体、全局性要素，即快速路系统线网结构、快速路系统规模、与区域干线公路网的衔接等。下面分别进行详细分析。

（1）点

"点"即城市空间结构布局中的重要节点，包括城市中心区、各功能分区或组团、卫星城镇、经济技术开发区、大型文体活动中心、机场、港口、火车站、长途汽车客运站等，它们是城市中所有重要城市活动实现的"场所"。随着城市化进程的推进，大城市不断地通过向外拓展和内部重组来实现城市空间结构的优化调整，大城市规模进一步扩大，不再追求高度集中的密集型布局，转而向分散的功能组团的方向发展。生活居住、工业、商业、开发区、对外交通枢纽场站等组团的城市功能，将分散到城市各个合理之方位，地域的分隔愈加明显，空间距离逐渐加大。为了保证城市功能的正常发挥，提高城市活动运转效率，促进与支撑空间结构的合理调整，必须通过地下快速路系统连通这些城市功能分区，使大城市各个重要节点之间的空间距离从时间上加以缩短，各个重要节点建立便捷的联系。

在综合考虑规划的地面路网、路段流量分配和出行期望线图基础上，依据城市土地利用性质、城市发展规划以及地面快速路、主干道的分布情况等，初步拟定若干数量的地下快速路出入口，即集散节点。由于地下快速路网不够密集，交叉性不强，出入口的数量不宜过多，一条地下快速路一般采取 3~4 个为宜，并且要求出入口的位置应该符合前面提到的两方面原则。因此，不能够简单地把出入口，即集散节点布置在原交通小区起讫点上，应该以整个路网运输效率最大化为优化目标，从拟定集散点备选集中筛选出最优集散点集，也即最优地下快速路出入口布局方案。

集散点为地下快速路出入口的抽象位置，但是出入口的位置不能设置在交叉口处，应该离交叉口有一定距离，其具体位置和形式应从多方面考虑，如避免交叉口排队堵塞，方便交通组织和施工等。

（2）线

"线"主要研究地下快速路系统线路走向，分析大城市内部中长距离机动车交通的出行期望线，以及大城市主要对外交通走廊。"线"要素的研究重点就是寻求大城市内部中长距离机动车交通流径线路和大城市对外交通走廊。快速路的走向应尽可能地与大城市内部中长距离机动车交通出行期望线、对外交通走廊保持一致，并合理地将大城市空间结构布局中的重要节点"串珍珠"般地串联起来。

在充分考虑城市规划动向、地面路网、地下工程地质情况下，规划地下快速路的走向，将趋势一致的期望线合并成通道，将相关集散点串联起来。通道避免拐弯大，集散点数宜 3~4 个。这样有利于地下快速路实现车辆快速、安全的中长距离运行。

根据地下快速路的服务对象、特点以及运输效益问题，本书从地下快速路的非重叠性出发，提出如下的构建原则：①一个交通小区，如有两个或两个以上集散点，集散点之间不存在地下快速路；②任意两个交通小区之间，只有一条地下快速路相连通，如有两条或两条以上虚拟地下快速路，取阻抗最小者，一般以距离为阻抗。

地下快速路线网构建过程如图 2-8 所示。

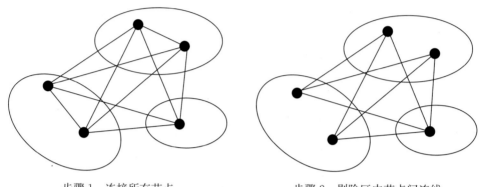

步骤 1：连接所有节点   步骤 2：剔除区内节点间连线

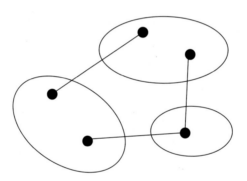

步骤 3：只保留两个小区之间的一条连线

图 2-8　地下快速路线网构建过程

（3）面

"面"是分析考虑地下快速路系统整体性、全局性的问题，主要考虑地下快速路系统线网结构、地下快速路系统对外衔接出口选位等。

地下快速路系统线网结构要与城市空间结构相协调。现阶段我国大部分大城市的基本形态是高密度的单中心同心圆发展模式，少数大城市是线形带状的空间结构形态。多中心、有机分散的空间发展模式应该是我国大城市未来合理的发展方向，大城市呈"章鱼状"形态发展，所不同的是大城市主体——章鱼体的大小、结构以及伸展轴——章鱼触角的强弱、多少的差异。

将大城市放在区域经济、区域城镇群的角度来看，地下快速路系统不仅是该城市的路网主骨架，更应是区域城镇群路网体系的一部分。大城市地下快速路系统要与区域干线公路网有机衔接。因此，区域干线公路网较大程度地影响了地下快速系统对外出口的选位。

图 2-9 为地下公共公路的行车线路，其中停车场包括地上的、地下的、市区的、郊

区的，通过这些停车场与地下公共公路的联系把整个城市建成一个网络系统，为人们出行节省更多的时间。

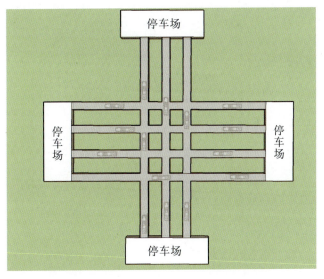

图 2-9　地下主干公路网

　　地下公共公路系统的线路规划，要根据老城区和新城区的实际情况，进行合理的规划。目前一些老城区浅层的地下空间已经被开挖，在线路开挖的时候要充分考虑与已经开发地下空间的联系。

　　对于新城区线路的规划，由于没有其他已建建筑的影响，地下线路主要是东西走向和南北走向，相对于老城区线路要简单一些。对于老城区线路的规划，要根据已经规划好的地下室、地下商场、停车场来进行合理的规划，与已建地下建筑结合起来。

2. 下浅层

目前下浅层的开发主要有地铁线路和地下综合管廊。

1）地铁线路

　　现在的地铁线路埋深大概为 20m，地铁的开发技术也逐渐走向成熟。地铁施工测量方法取决于施工方法，了解和掌握地铁施工方法对做好施工测量工作非常重要。图 2-10 为盾构法地铁线路的施工。

　　施工方法的确定，一方面受沿线工程地质和水文地质条件、环境条件（地面和地下地物的现状、交通状况等）、轨道交通的功能要求、线路平面位置、隧道埋深及开挖宽度等多种因素的制约；另一方面也会对施工期间的地面交通和城市居民的正常生活、工期、工程的难易程度、城市规划的实施、地下空间的开发利用和运营效果等产生直接影响。因此，地铁施工方法的确定，必须因地制宜、统筹兼顾，考虑众多因素的影响。目前国内的地铁线路开发施工方法已经相当成熟。

图 2-10 盾构法施工的地铁区间

2)地下综合管廊

城市地下"综合管廊"（又名共同沟、共同管道、综合管沟），是指在城市道路的地下空间建造一个集约化隧道，将电力、通信、供水排水、热力、燃气等多种市政管线集中为一体，实行"统一规划、统一建设、统一管理"。综合管廊设有专门的检修口、吊装口和监测、控制系统，是合理利用地下空间资源，解决地下各类管网设施能力不足、各自为政、开膛破肚、重复建设，促进地下空间综合利用和资源共享的有效途径。

综合管廊基本类型有干线综合管廊、支线综合管廊和缆线综合管廊（图 2-11）。

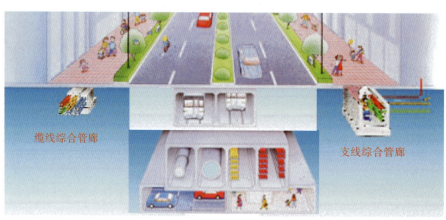

图 2-11 地下综合管廊

干线综合管廊一般设置于道路中央下方，负责向支线综合管廊提供配送服务，主要收容的管线为通信、有线电视、电力、燃气、自来水等，有的干线综合管廊也将雨水、污水系统纳入。其特点为结构断面尺寸大、覆土深、系统稳定且输送量大，具有高度的安全性，维修及检测要求高。

支线综合管廊为干线综合管廊和终端用户之间相联系的通道，一般设于道路两旁的人行道下，主要收容的管线为通信、有线电视、电力、燃气、自来水等直接服务的管线，结构断面以矩形居多。其特点为有效断面较小，施工费用较少，系统稳定性和安全性较高。

缆线综合管廊一般埋设在人行道下，其收容的管线主要有电力、通信、有线电视等，管线直接供应各终端用户。其特点为空间断面较小，埋深浅，建设施工费用较少，布设有通风、监控等设备，在维护及管理上较为简单。

另外，综合管廊也有一些配套系统(图 2-12)。

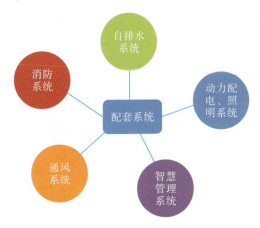

图 2-12　综合管廊的配套系统

欧洲、美洲国家"综合管廊"已有 170 余年的发展历史，日本的综合管廊也比较发达。国内部分城市近年来开展了试点建设，已有北京(国内最早，1958 年)、上海、广州、武汉、济南、沈阳等城市应用实例，技术日渐成熟，规模逐渐增大。通过建设地下综合管廊实现城市基础设施现代化，达到对地下空间的合理开发利用已经成为共识。

地下综合管廊(图 2-13)的发展是城市发展的必然趋势。目前，地下空间的开发会遇到各种管线改迁的问题，为地下空间的开发带来一定的阻碍。如果能建成地下综合管廊，各种管线统一管理，那么将会为地下空间的开发开辟新道路。

总的来说，我国城市综合管廊建设相对缓慢，既有资金和技术上的问题，也有意识、利益纠纷上的问题。主要表现为：①思想交流不足；②法律规范上的匮乏和设计上的不足；③规划管理上有难度；④资金投入上不足。

综合管廊是一项系统工程，具有投资周期长、回收效益慢的特点，总的建设投资比直埋式管线大，未形成规模前难以发挥作用，产生效益。由于我国在城市基础设施建设上的投入一直过低，只有国内一些经济发达的城市有能力建设综合管廊，其他地区甚至都没有综合管廊的规划。资金的投入不足造成了我国国内综合管廊整体发展缓慢，要改变这一现状，需要政府部门加大资金投入。

图 2-13　地下综合管廊建设

2.4　中层划分及功能

　　目前，由于地面交通阻塞严重，为人们的出行带来极大的不便，在地下中层建立一个完整的交通体系与地面及浅层开发项目相结合，这样可以更大限度地缓解地面交通的现状，为人们带来更大的方便，同时地面上也将会有更多的绿化空间。地下中层是急需开发利用的一层，但是限于地下浅层空间的开发利用，中层的开发还仅限于地铁线路。

2.4.1　中层划分

　　通过调研，我们把中层划分为上中层和下中层。上中层主要以公路交通为主，下中层主要以地铁交通为主，通过公路与地铁的结合，达到高效运输。

2.4.2　公路与地铁的结合

　　中层是指地下 30～50m，我们主要在这一层建设交通体系，实现浅层与中层的公路与地铁之间的转换，以及中层的公路与地铁之间的换乘。在浅层的地铁下建立完善的公路系统，在公路下面建立地铁系统，通过地下人行道、地下快速通道、地下停车场等组成一个综合的地下交通系统。

　　为了防止地下公路与地铁之间相互干扰，我们把公路与地铁的衔接分为横向和纵向两种。

　　(1)横向是指公路与地铁线路在同一层,通过坡度的缓冲以及换乘通道进行合理的衔接。

　　(2)纵向是指公路与地铁线路形成立体结构,通过换乘通道及垂直电梯进行公路到地铁及地铁到公路的换乘。

2.4.3　城市地下交通之间的衔接

　　通过对地下中层的开发,与地下浅层的结合,我们建成一个更加完善的地下交通大体系,也就是地面交通—浅层地铁—中层交通—中层地铁之间的一个换乘体系(图2-14、图2-15)。

图 2-14　地下交通的分层换乘整体图

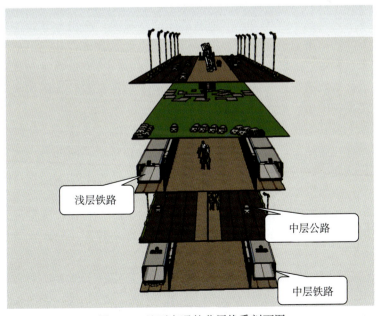

图 2-15　地下交通的分层换乘剖面图

随着城市地面交通的阻塞严重、污染严重等一系列问题的发生，发展地下快速、多层、多种交通综合体系已经是不争的趋势。要高效地发挥城市地下快速交通系统的作用，更好地解决城市的一系列交通问题，除进行线路规划、车站设计等方面的轨道系统建设外，还必须处理好城市内各种交通之间的衔接，以共同完成整个城市的客运服务。对于地下空间的开发，它不像地面空间那样可建、可拆，地下交通系统建成后，很难去改变。因此，城市地下交通的建设是值得我们重点研究的。

城市地下交通系统的衔接包括浅层的公路、快速道路与地铁之间的衔接、浅层公路与中层公路之间的衔接、浅层地铁与中层公路之间的衔接、浅层地铁与中层地铁之间的衔接。其中包括线路与线路之间的衔接和车站与车站之间的衔接。地铁与公路之间的换乘包括与公交车、小轿车、出租车之间的换乘。下面综合地介绍地下交通与地铁的换乘以及地铁与地铁之间的换乘。

1. 地下交通与地铁之间的换乘

1）地铁与公交之间的换乘

公共汽车是我国城市目前最主要的公共交通方式，其载客量比私人交通工具大得多。发展地下公共交通的成本要比地面高，但是运输效率也要比地面高很多。当从浅层地铁到中层快速公路交通换乘时，需要在公共公路汽车的进入线路、停靠站台、换乘站内的行车路线以及车辆的班次等方面予以充分重视，避免大量人流在地下长时间停留。地下地铁与地下公路交汇衔接时，一定要有清晰的线路信息，使换乘客流流向明确、通道顺畅、换乘便捷无误。在地下交通的建设过程中，应该对交通信号的颜色和亮度提出更高的要求。在地下地铁与公路的换乘过程中，我们用到最多的是地下人行通道，通过一定距离的通道到达汽车站台，使人流和车流分别在不同层面上流动，互不干扰。另外，在设计地铁站和公交站时，必须与地面的道路、广场等联系起来。

地下地铁与地下公共汽车换乘设施主要有以下三种衔接模式。

模式一：地下公共汽车路线与地下地铁处于同一平面，利用地下通道与地铁车站相联系。公共汽车的到达站与出发站都直接靠近地铁出发站台旁，从地下公共汽车到地下地铁的换乘乘客只要穿过地铁站台即可。该形式确保有一个方向换乘条件很好，而且步行距离很短，适合于轨道交通与公交换乘客流方向不均衡系数较大的情况。这种模式无论在西方国家还是在中国，应用都不广泛。

模式二：地下公共汽车与地铁处于不同平面，应通过某一路径，使公共汽车到达站和地铁出发站同处一侧站台，而公共汽车出发站与地铁到达站同处另一侧站台。该形式使轨道交通与公共交通共用站台，两个方向都有很好的换乘条件。这种模式中换乘不但方位好，而且步行距离最短，是"车走人不走"的最好体现，方便公交线路的组织和其他交通流的集散，在西方发达国家较为常用。在我国，由于受到经济发展不平衡、人口众多、土地规划不规范等因素的影响，此种模式没有得到普及，导致轨道交通的效益一直不乐观。

模式三：在交通繁忙的地铁交通枢纽站，入站的公共汽车很多，采用沿线停靠法会因停靠站空间不足而造成人流拥挤，因而可采用多个站台的方式，分散人流。为保证换乘乘客就近换车，可将公交的进站停靠站台设计在通道入口前，每个公交站台都应该与地铁站(需要时建自动扶梯)相连。另外，当地下公交进入换乘站时，最好能够提供地下公交通行的专用道或专用标志，以避免其进出换乘站的时间延误。

2)地铁与地下小汽车、出租车之间的换乘

私人交通与公共交通(地铁和公交)之间的换乘，在小汽车拥有率较高的国家非常普遍，即由居住点开车前往大容量轨道交通车车站，再利用轨道交通前往目的地。存车换乘是现代化公共交通系统中不可缺少的一个组成部分。这种 P+R 换乘模式已使换乘站成为一种交通建筑物，即整幢大楼从地下到地上都为公交换乘服务，其间分层布设各类交通工具的换乘设施，包括联系不同公交线路下客站与上客站及私人交通停车场之间的交通设施、便捷的通道及自动电梯等，给乘客提供各种方便。随着我国经济的发展，小轿车越来越多地进入家庭，这不只给城市道路增加了压力，停车难问题也更加突现了出来，城市快速轨道交通的建设为缓解这一矛盾提供了契机，但是就目前的交通发展形势看，发展地下交通系统是一个更好的方法。把各个小区内的地下停车场与地下快速路及地铁站联系起来，这样会为大家的出行带来更大的便利。在地下修建停车场可以为地面腾出更大的空间。

相对于地面出租车，地下出租车的轨道是专用的，运客效率更高。在地下设计专门的出租车站台，与地下交通地铁站联系起来，满足乘客搭乘出租车的需求。通过设置出租车站台，提供集中实现出租车和乘客之间供需关系的场所，主要功能在于：满足乘客搭乘出租车的需求；为出租车进出道路系统提供缓冲的区域；实现交通功能转换，完成乘客在不同交通方式和出租车之间的换乘。枢纽出租车换乘设施的主要组成要素为：下客区域、等车区域和上客区域。

2. 地铁与地铁之间的换乘

以前，地铁与地铁之间的换乘是两条地铁线路挨在一起直接换乘，现在是地铁—公路—地铁的换乘方式，这种地铁之间的换乘主要通过三种方式：

(1)在适当的地方建设垂直电梯，根据车站的大小选择合适的垂直电梯数量；

(2)通过地铁与公路之间的换乘达到上层地铁与下层地铁之间的换乘；

(3)通过地铁站的自动扶梯和楼梯及一定短距离的地下人行通道实现地铁与地铁之间的换乘。

2.5 大深层划分及功能

2.5.1 大深层地层划分

大深层是指地下 50～100m，这个地层是一个待研究、待开发的区域。

2.5.2 大深层功能划分

目前我国对大深层的开发主要是建设人防工程。

人防工程是国防工程的重要组成部分，担负着战时保护人民群众生命财产安全及保存战争潜力的使命。人防工程贯彻"长期准备、重点建设、平战结合"的方针，主要修建在地下，具有安全、耐久、密闭、恒温、恒湿、隔热、避光、隐蔽性等优势，是城市的优质地下空间资源。

人防工程规划、建设、使用应兼顾平时，坚持人防建设与经济建设相协调、与城市建设相结合的原则，并将其优势运用至平时，加快经济建设，提高生活水平，扩展地下空间，促进生态和谐，缓解社会矛盾，优化人文水平，实现商业价值，最终取得一举多得的效果。

我国在相当长的时间内，城市地下空间利用的主体是出于备战目的的人防工程。但此类人防工程一般要求空间较小、密闭，而平时作为地下商业空间使用时，又希望空间越大越好、尽量开敞。因此，对现有的人防地下工程而言，在建设前都经过可行性论证，既考虑到战时防空的需要又考虑到平时经济建设、城市建设和人民生活的需要，具有双重功能。但在实际情况下，平时利用和战时要求往往存在矛盾。目前的人防工程经常是花费了大量的投资，却无法满足平时的使用要求，人防工程遭遇野蛮改造的事例屡见不鲜，造成人防空间在市场环境下的严重浪费。

经过 20 多年的发展，人防工程已经改变了过去的形象面貌。现在，新建的人防工程严格按建设程序办事，从土建到装修都注重质量。建成投入使用后，取得了显著的战备效益、社会效益和经济效益。许多大中型人防工程成为城市的重点工程，如哈尔滨奋斗路地下商业街、沈阳北新客站地下城、上海人民广场地下停车场、郑州火车站广场地下商场等，在社会上产生了巨大的影响，许多人用"地下仙境"、"洞天福地"来赞誉人防工程，这是对人防工程的最高奖赏。

地下人防工程的发展，必须从规模型向效能型转变，单靠民用建筑配建的低标准人防工程无法满足未来战争的需要。要满足未来战争的需要，必须对重点目标、重点项目建立深度空间的人防与应急避难。

在现代战争条件下，必须把重要的人防工程建立在地下 100m 左右的地方，才能满足战争要求。但这并不是说，所有的人防工程都必须放在深度空间，而是 A 级项目必须放在深度空间。理由如下：①这只能是精准的目标定向设计，而不是普遍性的开展，毕竟在深度空间开发，无论技术还是经济都存在一定的问题；②必须有特殊的规划与设计以及专业化的建设，才能保证质量水平；③必须有专业化的管理，才能应急应战，平战结合，发挥效能。

1. 人防工程的建设原则和总体目标

人防工程的建设原则主要体现为：重点建设并保障战备，兼顾平战结合建设，要适度规模并量力而行，注重质量与实效，总体遵循"谁投资，谁使用，谁收益"的原则。人防工程的管理权限在区、县级及以上政府的防空主管部门。

人防工程的建设与运作的总体目标是保证种类齐全配套，功能布局比例协调与合理，在平战间转换完善。其建设的总体要求是：在保证战时的应用效能前提下，有利于平时的经济发展、人民生产生活以及人防工程的开发利用。

2. 人防工程功能分类

(1)按战争时期的功能，可分为指挥、救护医疗、防空专业队以及相关配套工程。

(2)按和平时期的功能，可分为商业、餐饮、文化、娱乐、车库、办公用地、生产场所(丙、丁、戊类)等用途。

(3)按受到空袭威胁程度，可分为甲、乙两类。甲类分为防常规武器、核武器、生物与化学武器的袭击，乙类分为防常规武器、生物与化学武器的袭击。

(4)按工程建设形式，可分为单独修建的上部无建筑物的单建式人防工程，以及战时用于防空并结合地面建筑物修建的地下室，即所谓的附建式人防工程。

(5)按开挖方式，可分为明挖式人防工程与暗挖式人防工程。

(6)按投资来源，可分为政府出资建设、民间资本出资建设以及政府与民间资本合资建设。

3. 人防应用的三个要素

(1)战争爆发。

(2)大面积针对平民区破坏。

(3)防空设施能抵御空袭。

4. 人防战略做出重要调整

(1)从"诱敌深入，关门打狗，防御为主"向"御敌于国门之外，防御为辅，建立空天海地一体导弹防御体系"转变。

(2)从全民"深挖洞，广积粮"的群防体系过渡到"工防、重点防"。

(3)重构人防工程管理体系。启动新人防管理体制，用新资金建设新计划。

(4)从"防御为主"到"防御＋疏解"。利用地下地上快速交通体系尽快对市民进行疏解，建立防与疏相结合的体系。

(5)部分人防工程不适应现代局部战争，其资产应尽快社会化利用。①既然原人防工程作为"防御工事"的价值不大，而其作为社会财富，释放出来，对于城市地下空间利用意义重大；②这也体现了取之于民，用之于民。

(6)重新研究新的人防工程标准与设计。①结构承受破坏力标准设置；②温度、湿度与裂缝；③冲击波影响与空间布局。

目前，人防工程的建设对地下空间的深度要求越来越高，并且人防工程都与现在的地铁建设联系起来。人防工程发展到现在，既是国防、民防建设的重要部分，也是国家经济、城市建设中的有机组成部分，需要探索其较大的经济和社会效益。因此，研究人防工程平战结合的相关问题，具有重要的现实意义。

2.6　超深层划分及功能

当今社会各国的科学技术发展越来越好，军事方面的发展也有相当大的提高，面对当今的形式需要我们做出更好、更高的防御系统，对地下空间进行更加合理的开发利用。

超深层主要是地面 100m 以下，在这一地层可以建设我国的重要基地，比如重要实验室、储油库、战备器材洞库等。

与自然共生，热爱大自然，依附于大自然是人类的本性，在地下空间建设过程中要注意人文关怀。

在进行地下空间设计时，可以通过引入天然光线、外部景观、植物、水体等各种自然景观元素，创造一个舒适宜人、富有生机、充满情趣的人性化环境，有效地消除人们在地下空间中的"幽闭恐惧感"对营造空间活力的负面影响。具体措施主要有：

(1)增加绿色植被、景观设计。

(2)增加流水、水景设计，增强流动性。

(3)尽可能引入自然光。

(4)增加方位感设计(导引标志、参照物)。

(5)增加便利性设计(换乘人性化)。

(6)增加共享空间。

(7)体现文化元素、特色。

(8)重视出入口的特殊设计，减少恐惧感。

另外，要完善地下空间系统设计，如通风与过滤系统、给排水系统、采光与照明系统、除湿系统、垃圾处理系统、消防系统、供电系统、通信系统、广播系统、报警系统、储存系统(生活)、生命保障系统(医疗、应急)、出入系统(提升、门禁)等。

下面以新加坡的万礼地下军火库和裕廊岛地下储油库为例介绍地下超深层的发展现状。

1. 万礼地下军火库

新加坡万礼地下军火库(图 2-16)于 2008 年 3 月 7 日正式启用。这是全世界地下军火储藏设施设计最先进，也是第一个在人口密集、发展快速的城市中建造的地下军火库。

图 2-16　万礼地下军火库

新加坡为了节省土地，自 1994 年起便开始计划兴建地下军火库，并筹备地下油桶储存库的建设。据新加坡国防科技局简介，万礼地下军火库将取代实里达东军火库，地下军火库的发展使新加坡腾出 300hm^2 土地。

万礼军火库是一个省地、省电、省水、省力的高效军火库。军火库建造在数十米的地下，与地面军火库相比，所需的安全地区面积可以减少 90%，相当于 400 个足球场。同时，由于花岗岩的隔热作用，电力消耗只有地面军火库的一半。军火库的雨水收集和地面排水系统每年省水可达约 6 万 m^3。而建造地下军火库的费用，只比普通的地面军火库高出 15%。

万礼军火库耗资 3600 万新元(1 新元约合 5 元人民币)，花费 15 年时间建成。军火库最重要的是安全，因此在设计、建造时，新加坡工程设计人员对如何保证军火库内、外部的安全都进行了充分的考虑。

首先，万礼地下军火库利用花岗岩的抗爆优点，在废弃的花岗石矿场建造。万礼地区的花岗岩地层属于三叠纪地质期，有两亿年的历史，其硬度是水泥的 6 倍，而且还有天然的冷却作用。坚厚的岩石不仅可保护军火库免受外来武器的袭击，也能把军火库以外的爆炸威力局限在地下。

其次，万礼地下军火库内部建筑设计有防爆特点。军火库由许多储藏仓库组成，每个仓库长 100m，宽 26m，高 13m，由双车道宽的隧道连接。为了防止任一仓库发生爆炸而影响到其他的仓库，每个仓库门口都设置电动钢铸防爆闸，以防外面的爆炸碎片、火势和气浪冲进来。此外，每个仓库门口对面都凿有存留爆炸碎片用的空间——留碎室，能存留住 90% 向外冲出的爆炸碎片，也能减缓爆炸火势。新加坡国防科技局负责人曾表示，由于设计是将所有炸弹碎片保留在地下，因此就算万礼地下军火库发生爆炸，军火库地面上以外的地区也是无法察觉到的。再次，万礼地下军火库内部系统管理有防火特点。此外，在地面上，还利用废弃矿湖形成的池塘收集雨水和地面排水，不仅可用作各种系统的冷却，还可以在发生火灾时引入地下灭火。收集地面水，还可以使地下保存的军火避免受潮。

2．裕廊岛地下储油库

裕廊岛地下储油库位于新加坡本岛西南部岸外裕廊岛的邦岩海湾海床下面，主要分第一和第二发展阶段，全部发展后，可为新加坡节省 $60hm^2$ 的土地面积，约等于新加坡博览中心六个展览厅的规模，并可储存 277 万立方米或 1780 万桶的石油。

地下储油库(图 2-17)与岛内复杂基础设施相整合。该油库第一期工程已经完工，增添了 147 万立方米的地下储油空间。将来如果有足够需求，173 万立方米地下储油空间的第二期工程将可实施。

图 2-17　裕廊岛地下储油库

第 3 章　新型城市地下交通组成

地下交通系统是伴随城市地下空间开发而形成的一系列地下交通设施、道路网络和运输体系，主要包括地下人行系统、地下轨道交通、地下快速路、地下停车场和地下交通枢纽五大子系统。地下交通系统规划综合考虑国防安全、经济水平、开发强度、气候条件、环境保护等因素，结合不同城市和地区的地下交通系统的不同发展重点，通过统一规划、建设、管理，有效缓解地面交通拥堵，最终引导城市集约利用土地、保护和改善人居环境。

为了提高城市地下交通的通行能力，创建城市新型地下交通系统，拟采用不同的路面颜色代表不同的路面功能，白色路面代表人行道，绿色路面代表骑行道，黄色路面代表电动汽车车道，红色区域代表应急停车区，从而使城市道路分工更加明确，最大化地发挥城市交通能力，简称城市"四色交通"。城市地下空间的开发利用应贯彻统一规划，依法管理，坚持社会效益、经济效益和环境效益相结合，考虑防灾及人防需求。城市地下空间规划应实行竖向分层立体综合开发，横向相关空间相互连通，地面建筑与地下建筑协调配合，进而寻求人文景观与自然景观的均衡与统一，实现城市可持续发展。

3.1　地下人行系统

随着城市立体化发展的趋势和现代科学技术的不断进步，地下空间承载越来越多的城市功能。在城市空间和功能向地下渗透的过程中，也将大量的人流引入地下空间，为地下空间开发利用带来新的契机。在地下空间中，合理组织人流可以有效地改善城市重点区域的交通状况和人们的步行以及骑行环境。地下人行系统主要包括步行系统以及地下骑行道，地下人行道路面颜色为白色，地下骑行道路面颜色为绿色，在不同区域通过不同的路面颜色可以很容易辨别城市路面功能，为人们提供较为舒适与安全的出行环境。

3.1.1　对地下人行系统的认识

目前，不少有关城市地下人行系统的研究从不同层面、不同角度对其进行了诠释和理解。从整个城市这个复杂系统来看，地下人行系统是城市公共体系中的一个重要的子系统——人行系统是向地下空间延伸的一个重要组成部分。而从自身系统的完整角度理解，地下人行系统就是由城市地下空间中与步行方式以及城市骑行方式、活动相关的各种物质形态构成要素之间的相互作用、相互联系的总和。就功能组织而言，地下人行系统是由修建于地下供行人使用的公共通道有序、有组织的组合形成的，在整合地上地下空间及地下空间各功能区中起着重要的中介作用。

地下人行系统是由两个或两个以上具备步行交通功能和公共交通功能的独立的地下

实体要素或空间要素构成的集合体，通过多种方式的线形连接形成从点、线到综合体的地下空间层次和结构，并在一定条件下与地下商业街、文娱中心及地下其他静态交通相结合，整合城市区域地上和地下空间，形成综合性整体的系统。地下人行系统的空间基本要素首先包含地下步行交通空间、相对较短的骑行空间和地下公共空间，而商业、文娱等功能空间的融入，则是对地下人行系统中人流所蕴含的商业和社会效益的综合开发利用。

地下人行系统一般可分为主轴和支线各层地下公共通道。主轴与主要人流产生和吸引源直接连通，起到客流集散主骨架功能。客流量较大支线连接主轴和各个地块的地下空间，承担各地块的到发人流。

通过建立完善的地下人行体系可以在很大程度上实现人车分流，将人流引入地下，缓解地面交通压力，改善地面交通状况。

3.1.2　发展地下人行系统的必要性

完善的人行系统对防止中心区的衰退起着关键作用。地下人行系统作为地面人行系统的重要补充，在现代城市中的价值已经被人们逐步认识，其建设必要性主要体现在以下几个方面：

（1）城市空间连续的重要手段。城市空间是连接城市要素的纽带，连续性是其必要特征。而以机动车为主的现代城市规划打破了城市空间的连续性，而地下人行系统在三维方向上为人们步行提供了多方向选择，可以沿着连续的空间进行多样化的活动，使人们由一个场所到达另外一个场所。

（2）城市公共空间的重要补充。机动车道将城市地块分割成一个个孤岛，人们很难在地面上享受步行以及骑行的乐趣，且城市公共活动主要是以步行方式表现出来的，所以需要良好的人行系统来支撑，通过人行系统为人们创造出舒适的步行环境以及骑行环境，为人流转移及交通换乘提供方便。成都天府广场（图 3-1）以及广州流花车站（图 3-2）将地面空间与地下商业、文娱、地铁连接，合理组织人流，为人们提供舒适便捷的人行空间。

图 3-1　天府广场　　　　　　　　　　　　　　图 3-2　广州流花车站

（3）有利于城市综合体的建设。在城市重点区域中，地下人行系统可以连接城市与建筑两个环境，使更多的城市空间通过地下人行系统相互渗透，将城市公共空间与建筑内部空间立体交叉叠合和有机串联。同时结合城市交通整合为城市综合体，实现城市和建筑的一体化。如纽约洛克菲勒中心（图3-3），通过完整的地下步行系统不仅将21栋建筑连通，而且使整个中心与宾夕法尼亚火车站、中央火车站、纽约公共汽车站成为一个整体。

图 3-3　纽约洛克菲勒中心

（4）地下人行系统是实现城市现代交通工具转换的重要中介。现代城市中各种交通工具为人们提供了多样的选择，但各种交通工具只有相互配合，才能发挥更大效能。现代城市地铁已成为城市公共交通出行的主要方式，但其自由性和灵活性不够强，而地下人行系统为利用不同交通方式到达不同目的地的人们提供便捷的联系和多样的选择。在较小的尺度内完成空间的过渡和功能的转换，实现各种交通工具的整合，以充分发挥整体运转效率，节约城市空间资源。

3.1.3　地下人行系统的特点

在进行城市地下人行系统规划设计时，必须以人为本，充分考虑地下人行系统短途、连续、直接的特点，使其在交通枢纽中顺利完成人流转换，实现空间结构一体化。现将三要素解读如下：

（1）短途。人行流线在交通空间中实际经过的距离短，或由通勤者感觉"短"。比如不同层面之间利用电梯的垂直移动就要比平面的长距离移动要省时，且省力；同样，如某飞机场利用电动传送带帮助通勤者完成长距离的平面移动，使其感觉距离变"短"（图3-4）。

图 3-4　自动人行道

（2）连续。步行流线在整个交通空间中拥有自己独立的空间，即同其他交通流线不交叉，比如人、车流的分离，通勤者步行时不受干扰、阻碍。

（3）直接。步行流线所穿越的交通空间通敞、清晰，同其他交通流线相互之间的交汇自然，比如地铁中不同线路之间的同站台换乘。

人行系统与其他交通方式不同，具有较大的随意性，受人的感觉引导，由人的感觉评判，受环境影响较大。所以必须建立舒适、快捷、直接的人行系统，在满足功能的前提下，考虑人的心理感受。

3.1.4　地下人行系统的布局原则

1.　以整合地下交通为主

以地铁、地下公路和地下停车场为代表的地下机动车动态交通体系，是城市中心区发展的必然趋势，需要通过地下人行系统实现各种交通方式之间的高效换乘，才能更好地发挥城市交通体系的整体效应。

2.　体现城市功能的复合

地下人行系统首先提供步行功能以及城市骑行功能，同时人行系统内也包含有繁华的街头生活。将一些其他城市功能与人行系统相结合（如与商业结合形成地下商业街），一方面可以将人流吸引到地下，另一方面可以充分发掘这些人流的潜在商业效益，为此地下人行系统平面布局中应体现这种城市功能的复合。

3.　力求便捷

地下人行设施如不能为人行者创造内外通达、进出方便的条件，就会失去吸引力。在高楼林立的城市中心区，应将高楼楼层内部设施（如大厅、走廊、地下室等）与中心区外部步行设施（如地下过街道、天桥、广场等）衔接，并通过这些步行设施与骑行道将城市公交车站、地铁站、停车场等交通设施相连，共同组成一个连续的、系统的、完善的城市交通系统。

4. 环境舒适宜人

现代城市地下步行系统并不是人们传统印象中单调、黑暗的地下通道。通过引入自然光线、人工采光和自然通风与机械通风系统的结合，地下步行环境及舒适度将得到极大改善，这些改善使地下步行系统的平面布局更加灵活多变，而平面布局的丰富将使地下空间富有层次变化，内部空间品质得到提升，从而吸引更多的人进入地下空间(图 3-5)。

图 3-5　地下人行内部环境

3.1.5　地下人行系统的布局模式

地下人行系统从平面构成要素的形态来看，主要是由点状和线状要素构成。由于所组成的城市要素有其各自性质和特征，在系统中的作用和位置也不相同，相互联系的方法和连接的手段也趋于多样，因此地下步行系统的平面构成形态有多种。针对城市区域内地下步行系统各要素连接形成不同的平面形态，通过"点"（各实体及空间节点）与"线"（地下步行道、骑行道）在人行系统内组合成不同形态来分析，总的来说可将地下人行系统分为以下四种平面布局模式。

1. 网络串联模式

网络串联模式是指在地下人行系统中，以若干相对完善的独立节点为主体，通过地下步行街、骑行道等线形空间连接成网络的平面布局形态(图 3-6)。其主要特点是在地下步行网络中的节点比较重要，它既是功能集聚点，同时也是交通转换点，通过人行将不同的空间节点进行连接。任何节点的封闭都会在一定程度上影响整个地下人行系统的效率与完整性，因此在开发时应统一规划与管理。这种连接模式的优点是通过对空间节点的建筑设计可以形成丰富多彩的地下空间环境，识别性及人流导向作用较好。

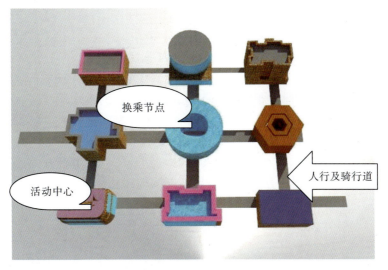

图 3-6　网络串联模式

2. 脊状并联模式

脊状并联模式是指以地下人行道(街)为"主干",周围各独立节点要素分别通过"分支"地下连通道与"主干"相连(图 3-7)。其主要特点是以一条或多条地下步行道(街)为网络的公共主干道,各节点要素可以有选择地开放其边界与"主干"相连。一般来说,主要地下步行道以及骑行车道由政府或共同利益业主团体共同开发,属于城市公共开发项目,以解决城市区域人行交通问题为主,而周围各节点在系统中相对次要。这种模式主要出现在中心区商业综合体的建设中,其优点是人流导向性明确,步行网络的形成不受限于各节点要素。但其识别性有限,空间特色不易体现,因此要通过增加连接点的设计来进行改善。

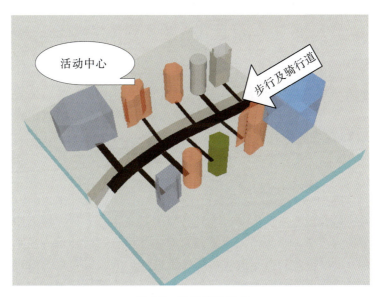

图 3-7　脊状并联模式

3. 核心发散模式

核心发散模式是指以一个主导的节点为核心要素，通过一些向外辐射扩展的地下步行道(街)与周围相关要素相连形成网络(图3-8)。其主要特点在于核心节点是整个地下人行网络交通的转换中心，同时在很多情况下也是区域商业的聚集地，核心节点周围所有节点要素都与中心节点有联系。相对而言，非核心节点相互之间联系较弱。这种模式通常应用在城市繁华区广场、公园、绿地、大型交叉道路口等地方，为了给城市提供更多的开放空间，将一些占地面积较大的商业综合体利用地下空间进行开发，同时通过区域地下步行道(街)同周围各要素方便联系。其优点体现在功能聚集，但人流的导向性差，识别性也比较差，必须借助标识系统和交通设施的引导。

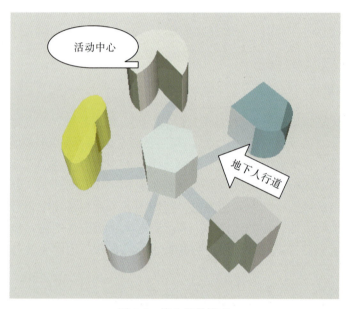

图 3-8　核心发散模式

4. 复合模式

城市功能的高度积聚使地下人行系统内部组成要素比以前更加丰富。以追求效率最大化为目标，在地下人行系统开发中，表现为相近各主体和相应功能的混合，开发方式趋于复合。体现在地下人行系统的平面中就是以上三种平面模式的复合运用(图3-9)。在不同区域，根据实际情况采用不同的平面连接方式，综合三种模式的优点，建立完善的人行系统。目前，相当一部分具有一定规模的人行系统都是采用各种方式的复合利用。

地下人行系统是实现城市现代交通工具转换的重要中介。现代城市中各种交通工具为人们提供了多样的选择，但各种交通工具只有相互配合，才能发挥更大效能。随着城市的发展，汽车一度盛行，骑行车道被占用，越来越少的骑行车道为城市骑车一族的出行安全带来了烦恼与隐患，而新型地下四色交通的提出为城市居民的日常出行带来了福音，不同的道路颜色各司其职，为积极向上、热爱生活的骑行者以及步行爱好者提供舒适安全的出行环境，同时增强了城市交通的自由性与灵活性，地下人行系统为利用不同交通方式到达不同目的地的人们提供便捷的联系和多样的选择，实现各种交通方式的整合，提升城市居民的生活品质。

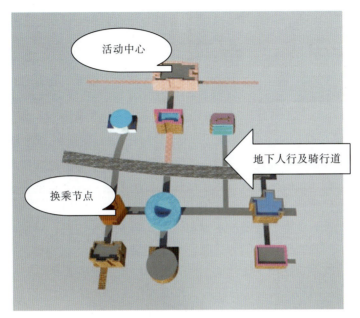

图 3-9　复合模式

3.2　地下公路系统

随着城市的扩张和快速发展，城市规模越来越大，城市人口也越来越多，城市之间的交流也越来越频繁，私家车数量不断增大，城市交通流量越来越大，交通拥堵问题日益突出，居民出行不便，城市之间交流不便，这些都无疑制约了城市经济的发展。地面空间无法满足交通的需求，为了解决这个问题，中国应该着手规划和建设城市地下公路交通，并用黄色路面代表电动汽车车道，明确路面功能，形成地下公路系统，缓解城市交通压力，进一步推动城市发展。

3.2.1　城市行车现状

近些年来，随着国民经济的快速增长，人流、物流、信息流以前所未有的速度涌向城市并向周边辐射。与此同时，中国城市机动车拥有量每年以高于 10% 的速度增加，交通需求不断增加，我国城市道路负荷也日益增加，最终导致我国城市行车环境差、交通延误、车速降低、时间损失、燃料费增加、排污量增加等问题。城市环境恶化，诱发交通事故，影响人们的工作效率及身心健康。越来越严重的城市堵车现状已经威胁城市的交通形势及社会经济发展，人们不得不痛定思痛为城市交通发展需求寻求出路(图 3-10)。

图 3-10　城市堵车现象

　　城市高架交通作为现代都市的产物应运而生，城市高架不但成为城市交通的承担者，同时也是城市景观的重要组成部分。城市交通如果仅从空中考虑修建高架，这对解决城市交通问题可以起到一定的作用，但不是最好的解决办法。城市高架快速公路网和公路交会处的立交等虽然表现出对空间的利用，但随之也带来对市容、环境等的负面影响，一层又一层的高架犹如盘旋的枷锁笼罩城市上空，给人以压抑感，对城市整体布局规划也有很大影响(图 3-11)。所以人们考虑将部分交通转入地下，在地下空间内，可以从不同的层面布置交通线路，也较少受地面上已有建筑物等的影响。例如，郑州的京广隧道快速路便是对地下空间的开发利用与探索，在很大程度上缓解了沿线交通压力(图 3-12)。

图 3-11　城市高架

图 3-12　城市隧道

3.2.2　地下公路系统的特点

城市发展需要扩展交通系统，首先考虑的是建设环路，同时要考虑开发地下交通系统。一般来讲，地下交通系统有两个大的类别。

第一，解决大量人群出行的轨道交通系统。目前主要是地铁系统，该系统提高人们出行的速度，解决大量人群的出行问题，并可准确预计到达目的地的时间，但由于要进站、出站、等车和换乘等因素，人们出行的速度还是有限的。另外，由于地铁的自由性和灵活性不够好，所以有时需要换乘其他交通方式到达目的地，具有一定的局限性。从运行部门来看，该系统具有短时高峰的特性，即上下班时人流拥挤，而其他时间则人流较少，并不能充分发挥其运输能力，运行成本也较高(图3-13)。所以在发展地铁的同时，也要规划与建设相关交通系统，从而带动整个城市交通系统的活力。

图 3-13　城市地铁

第二，地下快速公路系统。该系统的主要运输对象是小车(轿车和面包车)，是从地面公路中分流出来的车，在地下公路网中可使其运行速度达到 60km/h，同时又可缓解地面公路的紧张状况，相应地提高了车辆的运行速度。巴黎区域性快速地下公路网估计可分流 20% 的车辆，是一种解决交通拥挤的奇特方法。该系统的高峰时段和非高峰时段的差距没有地铁那么突出，其效率也比较均衡。该系统的建设成本低于地铁系统，运行成本也较低，且可以大大提高人们的出行速度，所定的收费标准也是城市车主们可以接受、愿意选择的。所以城市地下公路系统是改善城市交通的另一个主要方式。

相比于一般的地面城市道路，城市地下公路系统具其独有的特点，其核心体现为"快速"和"封闭"。

城市地下车行系统实行汽车专用、分向行驶、控制出入，为城市中长距离机动车交通、对外交通和过境交通提供快捷的交通服务。地下快速路禁止拖拉机、摩托车及其他一些时速过低的机动车行驶，以避免行驶秩序混乱，降低快速路的服务水平和效率，分向行驶，严格控制出入。地下快速路设计车速可以达到 60～100km/h，系统采用连续流而非间断流的运行方式，保证车辆连续快速通行，可以承受大容量的交通负荷。

地下快速车行系统全程封闭，主要通过出入口与常规路网进行衔接。因此相对于城市常规路网而言，地下快速车行系统是一个相对独立的系统。地下公路系统出行模式一般为"常规路网—地下快速行车路网—常规路网"，常规路网通过地下公路系统来集散交通，从而提高城市交通服务水平。

3.2.3　地下公路系统的布局原则

城市公路系统具有投资大、技术性强、周期长、专业面广的特点，且一旦建成很难更改，所以地下路网的规划是否合理直接影响到地下快速路的功效大小；直接关系到是否可以合理地降低造价，节约经费；关系到地下公路系统是否与其他交通方式相协调；关系到与周边环境是否相适应。所以，城市公路系统的规划十分重要，在进行规划与建设时应遵循以下基本原则：

（1）规划中应体现以人为本和可持续发展的设计理念，城市地下路网规模应与当地经济水平相适应。规模过大将会加重城市投资负担，不利于城市的经济发展。此外，在满足当地通行能力的前提下，因地制宜，减少拆迁，注重环境保护，力求经济效益、社会效益与环境效益相协调。

（2）地下公路系统的规划应有目的性，其布局密度应根据当地的交通量进行确定。若在交通量小的地方路网布局密度大则会造成浪费，反之，在交通量大的地方路网布局稀疏则不能满足交通需求。

（3）地下公路系统的规划应具有前瞻性和系统性。城市地下公路的规划与建设不仅要考虑当前社会的使用情况，也要考虑城市后期发展的需要。在兴建的同时应考虑与城市建筑、立交桥、城市管线以及轨道交通的协调与配合，做到统一规划、综合设计、分步建设，为城市后期建设与发展预留空间。

（4）城市地下公路系统的规划应具有阶段性，根据当地车流量的增加以及预测经济发展的速度来分阶段建设，这样在满足当前出行需求的同时节约经费。此外，地下路网的规划应随着人们的认识与经济水平的变化不断做出相应的调整，同时考虑与人流集散地相连接，不仅提高城市行车的可达性，同时降低地面交通量。

3.2.4　地下公路与城市功能的整合

城市交通建设除了解决城市交通拥堵问题之外，还肩负着引导城市结构布局调整与优化的任务。利用城市交通系统带动城市的再开发利用、整合城市商业区的断裂带，使城市形态向着集约化、紧凑化的格局发展。而城市地下公路系统在规划与建设的过程中在满足城市交通出行需求的同时，应该考虑与城市轨道交通、城市交通枢纽、城市商业区的整合，使城市交通设施与城市综合体在空间上交叉融合，达到资源利用的最大化，实现城市一体化、集约化、复合化发展。

1.　与地铁站的换乘

轨道交通具有快速、便捷、安全、运量大、运输效率高以及准时等特点，在北京、上海、广州、重庆等城市，地铁已成为城市公共交通的重要组成部分。越来越多的居民选择乘坐地铁出行，在很大程度上缓解了城市交通压力，解决了大部分居民的日常出行问题。城市地铁与路面公交、地面车站的换乘综合规划，极大程度上方便了乘客的出行，提高了城市居民的生活品质。所以，可以考虑地下公路系统与城市地铁车站的连接与换乘，在为地铁车站带来巨大客流量的同时，激发城市综合体各功能的潜力，优化配置城市交通资源，使城市交通向着整合、集约化方向发展（图 3-14、图 3-15）。

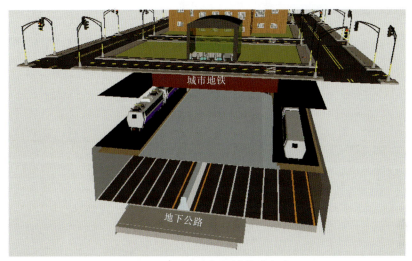

图 3-14　地下公路与地铁换乘方式一

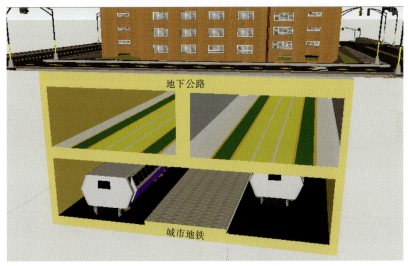

图 3-15　地下公路与地铁换乘方式二

2. 与城市交通枢纽的连接

关于既有交通枢纽，不同的发展时期有着不同的建设目标与定位。交通枢纽换乘设施规划布局不合理，会造成地区车流、人流、组织混乱，导致交通枢纽出行、换乘效率低下。且一般交通枢纽都位于城市核心区域或城市重要的交通节点处，是城市对外交流的窗口，往来客流量巨大，多种交通方式集中，土地开发建设强度高。因此，该类交通枢纽应在周边较短的距离内实现多模式交通方式的换乘，实现城市公共交通与地铁线路、铁路线路之间的良好对接。而地下公路系统与城市交通枢纽的连接无疑在很大程度上提高了乘客的换乘效率(图 3-16)。

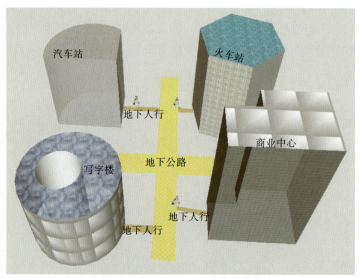

图 3-16　地下公路与交通枢纽连接图

3. 与商业中心的渗透

商业中心的主体商业圈应以交通综合体的交通可达性为催化剂,促成建筑物地下连通,形成地下公共步行系统和地下交通系统,连接贯通城市商业区,通过综合体及商务中心与地下交通的相互连通,提高城市地下交通的便捷性、可达性、安全性和舒适性,充分吸引轨道交通人流,实现人车立体分离(图 3-17)。当既有商业圈较为成熟时,综合体以及周边地下空间的开发功能、规模、业态应以补充、完善和提升为主。同时,地下公路系统的规划与建设应带动沿线经济的开发利用与发展,实现地上与地下的和谐统一。

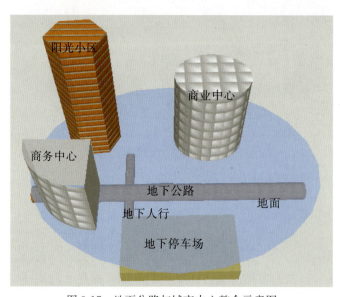

图 3-17　地下公路与城市中心整合示意图

3.3　地下停车场

随着人们生活水平的提高及汽车产业的发展，许多居民加入"有车一族"。因此，城市静态交通问题日益突出。机动车数量增加与公共停车数量之间比例严重失调，为城市发展造成严重的环境后果，也给城市商业发展带来巨大的隐患。城市生活中"停车难"、"抢车位"现象频繁上演，如何科学、合理、有效地利用城市地下空间进行城市车位配建，是实现城市发展的重要途径与必然选择。新型城市地下交通提出以红色路面代表停车功能，不同颜色的路面代表不同的功能，可以稳定城市交通秩序，提高路面的通行能力。

3.3.1　地下停车场布局原则

为了缓解城市停车难的现状，在城市交通改造规划的同时，应扩大停车设施的建设规模，加快建设速度。由于城市用地紧张，在地面大规模建设停车设施会受到很多限制，所以在城市规划与建设大型综合体的同时，应综合周边建筑考虑停车设施的布局与建设，以缓解城市停车难问题。地下停车场的布局原则如下。

1. 便捷性原则

大型地下停车场的使用便捷度直接影响着地下停车场的使用率，也是衡量一个大型地下停车场设计成败的关键。大型地下停车场作为城市公共服务设施的一部分，在设计时，可以结合人们在地上建筑中的日常行为习惯，采取合理的分区构成，使人们的寻找路径最短，人们在地下空间中的来往路线顺畅，也有利于后期的经营和管理。

在既有地下停车场的空间条件下如何优化出行过程，减少道路的分配层次，方便交通通行，缩短人们存、取车的时间和保持人们正确的方向感，是大型地下停车场使用便捷性与否的关键所在。空间设计主要取决于大型地下停车空间的内外交通组织流线、公共服务设施的配置情况和服务方式等的方便程度。

2. 经济性原则

我国在建筑设计方面的基本原则是"经济、适用、美观"。在现有的科学技术条件下，城市大型地下停车场的建设投资比地面建筑的投资要高得多，因此，大型地下停车场的设计应贯彻经济性的原则。

大型地下停车场的经济性所涵盖的内容较多。首先，在空间设计和利用上，对既有的地下停车空间进行合理的规划，充分开发地下停车库的停车容纳数量，切实提高地下停车场的利用率。其次，停车场的布置应根据周边地质和环境条件，规划相应的停车数量与停车方式。

3. 人性化原则

随着社会的不断进步，当今城市地下停车场环境沉闷、结构单一的停车状态已不能满足人们日益增长的审美需求。所以，在进行城市大型停车场建设时，应充分考虑人性化设计，从人的生理以及心理影响着手，打造出实用、愉悦、舒适的地下停车环境，吸引更多的市民到地下停车场停车，充分提高地下停车场的使用率。

3.3.2　地下停车场类型

城市地下停车场根据与地面建筑的位置关系、对待服务人群以及使用方式上的不同，可以分为以下几种类型。

1. 坡道式地下停车场和机械式地下停车场

1) 坡道式地下停车库

对于坡道式地下停车库，坡道是主要的垂直运输设施，也是车辆通向地下的唯一出入口。坡道在停车场中的建筑面积、空间及造价有相当大的比重，而且技术要求也高，它将直接影响汽车库的使用效率和安全运行。直线长坡上下，使用方便，结构简单，与地面的切口规整，这是常用的形式。但是它占地面积和空间比较大，在基地面积和空间受限的情况下，难以采用（图 3-18），而曲线坡道则可以节省面积和空间，较适合于多层地下车库的层面交通。但必须保持适当的坡度和足够的宽度以保证车辆的安全行驶。在实际工程中，常因地基环境条件比较复杂，往往出现折线坡道或者直线与曲线相结合的情况，根据具体条件，采取灵活布置（图 3-19）。

图 3-18　直线坡道　　　　　　　　　　　图 3-19　曲线坡道

2) 机械式地下停车库

随着科技的进步与发展，对停车方式进行了新的探索，停车方式由坡道式向机械式发展。机械停车库设备是提高单位面积内停车数量的停车方式，它是使用机械设备作为运送或者既运送且停放车辆的汽车库，分为运送器和停车位两个部分。机械式停车库在国外尤其是欧美、日本等国家发展较早，技术经验较为成熟。例如，20 世纪 80 年代初，日本东京就已有机械式停车库 3900 座，停车位 36 000 个，占全市总停车位数的 17%，很大程度上缓解了停车难的现状。

当前的机械式停车库是一种多层布置停车位的停车方式，基本上分为两层升降横移式、循环式和坑下式等多种停放形式。但是机械式停车库由于受到机械运转的限制，进出车都需要一定的操作时间，尤其是在高峰期会出现长时间候车现象，这也是机械式停车库的主要局限性。所以，在选用机械式停车库时应充分考虑周边条件，一般建在城市建筑密集、用地紧张、坡道式停车库建造困难的城市中心。

机械式停车库按其停放形式的不同可分为机械式立体停车库(图 3-20)和复式停车库(图 3-21)。机械式立体停车库是室内无车道并无人员停留的停车库。复式停车库是室内有车道,且有人员停留的停车库。机械设备类似于普通仓库的货架,采用机械设备传送汽车,在一个建筑层里叠置 2～3 层存放车辆的汽车库。相同的面积内可多停 30%～50% 的汽车,因此,可将净高适宜的、已建成的单层停车库改造成 2～3 层停放车辆的机械式停车库。在我国大部分城市中,由于场地受限,后期改扩建的车库使用此机械式停车库将具有积极的现实意义。

图 3-20　机械式立体停车库

图 3-21　复式停车库

2. 公用停车场和专用停车场

在城市停车场的建设上,其中一部分停车场是由政府投资建设,其目的在于解决城市居民出行、娱乐、购物、上下班、交通中转等社会活动的停车问题。这类停车库为城市集体财产,也属于城市公共设施服务的一部分,在我国称之为公用停车库。

城市公用停车库因供求量大、分布广,开发建设比较容易进行,是我国城市未来建设城市停车场的主力。在我国城市发展进程中,由于城市用地较为紧张,城市公用停车场多在城市地下进行建设。

专用停车库如居住区、写字楼、办公机关、工厂等所属单位的停车库,是停车库持有者供自己使用的停车库。另外,一些大型综合体楼宇、影院、大型商场等建筑配备的停车场中,一部分为单位个体专用,另一部分根据需要也可以对外公用,这样有利于资源的共享,是节约资源的最好途径。

3. 单建式地下停车场和附建式地下停车场

按照城市地下停车场和地上建筑之间的关系,可将城市地下停车场分为两种:单建式地下停车场和附建式地下停车场。

1)单建式地下停车场

单建式地下汽车库是指地面上没有建筑物的地下车库,一般建于城市广场、公园、道路、绿地或空地之下,主要特点是不论其规模大小,对地面上的空间和建筑物基本没有影响,除少量出入口和通风口外,顶部覆土后仍是城市开敞空间。主要利用城市的公园、广场、道路、城市绿地等城市限制的公共空间建设单建式停车场，其主要优点是不论其规模大小，对地上建筑的平面布局和功能基本不产生影响。单建式地下停车场的结构形式和柱网关系也不受地上建筑的限制，可以按照车辆存放的需要进行设计，单建式地下停车场的利用率和建造的经济性要比附建式地下停车库优越。

2）附建式地下停车库

城市建筑建设时，由于要深埋建筑基础，由此产生了很大部分的地下空间，根据不同功能的需要这部分空间用途也不同，如开发地下商场等。有些地上建筑由于停车需求比较大，而且自身地上空间要恢复城市绿地和城市广场等需要，这时将地下空间作为停车使用，那么这类地下停车场统称为附建式地下停车库。附建式地下停车场与地上建筑紧密结合，节省了城市用地。但这种类型的地下停车场最大的缺点是受限于地上建筑的结构柱网关系。

所以，在进行地下停车场建设时要充分结合周边环境和地形条件，使地下停车场最大限度缓解和改善城市停车问题。

3.3.3　地下停车场设计要素

1. 出入口设计

相对于地上建筑而言，地下停车场深埋地下，其建筑外体形态不可见，对停车场的规模、形状、范围和走向没有全面清晰的认识，所以地下停车场的出入口直接影响人们对地下空间的印象。当今，我国对于地下停车场出入口的设计仅仅停留在引导人流进出以及消防疏散等基本功能（图3-22），而忽略了整体空间相容性及人的心理感受。

图 3-22　地下停车场出入口

地下停车场的出入口是停车设施内部流线与外部交通衔接之处，确保车辆安全、高效、方便地进出对地下停车设施的成功运营至关重要。出入口设计时以地下停车库与周边环境相融合为前提，必须非常明显，才能吸引驾驶员的注意。我们可以考虑通过地上空间的辅助设施与地下停车出入口组合在一起，形成统一的空间意象，或者采用巧妙的方式通过总体设计加以解决，在不影响出入口整体使用功能的条件下，争取建立起清晰的整体意象。

1）创造标识性入口

在地下停车场入口处可以通过设计独特的标识性入口形象来增强其可识别性。出入口应醒目突出，进入的方向要明确，整体形象让人们比较容易看到和接近，整体外部形态要有吸引力，色彩应赏心悦目，易于区分识别，如图 3-23 所示。此停车场的出入口设计能够较好地与周围环境相融合，易于驾驶者识别。同时，出入口的镂空设计不仅可以引入自然光，还给驾驶者缓冲的时间，增加了空间围合感。出入口的设计在满足功能的前提下，应尽可能给人以赏心悦目的感觉，以其特色的出入口设计加深人们记忆，提升城市形象。广州的动漫星城地下城市综合体（图 3-24），出入口处采用造型独特、富有动感的白色钢筋混凝土网格构架，并配以清晰的导向系统，宽敞明亮并附有特色的出入口成为其宣传的品牌形象。

图 3-23　停车场出入口

图 3-24　广州动漫星城入口

2）创造主题入口

增强地下停车场地上出入口自身形态的可识别性，也可以结合出入口形态"主体空间"营造，比如在出入口形态设计上引入当地具有文化氛围的雕塑、壁画以及光环境等营造出入口的空间环境，可以引入地域性、人文性等元素作为创作的主题元素，并与地下停车空间的整体风格相协调，这样往往可以使人们看到入口空间特征，产生对地下空间的关联和象征性认知，留下深刻的印象。例如，位于瑞士西南部的洛桑地下停车场（图 3-25），设计师在停车场出入口运用灯光和色彩的元素将平淡无奇的出入口变得趣味横生，同时也使地下停车场典型的压抑沉闷感一扫而空。

图 3-25　洛桑地下停车场出入口

2. 停车场环境设计

1）交通流线

大型地下停车场空间中，整个空间形态呈现"柱森林"的形式，平面布局呈现以柱体为单位的点以相同的间距阵列而成，空间形态单一，格式塔理论分析表明简单的几何图形排列的空间本身不具有明确的方向性，也导致其空间的交通流线呈现格栅网络布局，其优点是可以沿着几个方向无限延伸，四通发达，但其缺点是这样的空间往往会致使身处其中的人们无法判断自己所处的具体位置而迷失方向（图 3-26）。

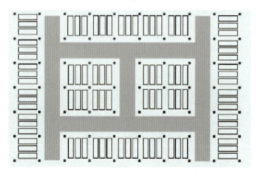

图 3-26　地下停车场栅格网络布局

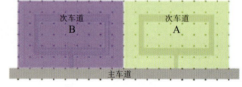

图 3-27　分级网络交通

分级网络交通在栅格网络布局的基础上增强空间意象，使得每个单元的识别性得以提高，人们对方向感的把握有所改善，比较而言，分级网路交通流线层次分明、信息针对性强、简洁明了，有利于地下空间的定位（图 3-27）。路径是组成城市意象的主要要素之一。在城市中，明晰的道路关系有利于增加城市意象，如美国纽约曼哈顿的城市道路规划。为了增强大型地下停车空间的环境意象，应该使用分级网络交通流线形式。分级网络交通形式是：首先将各个停车区域在空间层次上进行分类，然后根据各个停车区域所在的位置，使用相应级别尺度的交通流线将各个停车区域连接起来。即地下停车空间的主干道要简单明了，呈直线状，将每个划分好的停车区域串联起来，创造有效的主干道。主干道是地下交通空间的命脉，它连接着所有停车区域和进入各个子区域空间的通道，而次要通道是在每个停车区域内完成其空间的交通流线。这样一个良好的分级网络交通流线使得各个空间与其等级的交通路线划分清晰明了，更容易增强人们对空间的认知。

但是，仅仅通过分级网络交通还不足以使驾驶者快速准确地获取地下空间有效信息。因此，分级网络交通设计时，在主通道和子空间的节点上应设置标识导向系统，使驾驶者可以在到达某个特定的子空间之前，清楚地了解全面的信息，在每一步寻路时都做出正确的决策。在任何一个上一级的交通流线系统内，全面并快速地了解应对后面发生的信息，都是避免迷路和缩短寻路的有效策略。贯彻并实施这种组织方式并使之清楚地表达给驾驶者，才能够发挥分级交通系统的优势。

这种分级的交通组织模式非常适合于大型地下空间和复杂的建筑，整个空间被道路和节点划分为不同的部分，又各自组成路径和区域，一旦被人们理解，使用者就可以按照其信息继续或者进入下一子区域。

在这种分级的网络交通系统里，空间组织、交通节点、路径的清晰度以及标识的设置和表达等要素都应是分级和易于辨认的。只有保证人们明了空间交通系统的组织原则，才能够成功地使人们形成空间认知和寻路完成。

主干道的节点设置在分级网路交通系统中，对于寻路过程和其空间使用效率起到决定性的作用。在设置各种建筑手法和标识以及其他有关寻路信息的线索时，应首先重点考虑节点的位置，这些位置是人们做出正确决策的关键所在。

在当今城市大型地下停车空间中，空间简单单一，都以简单的柱网结构形态呈现，加之地下空间的特殊环境，整个空间环境气场完全压制了人的存在。因此，我们结合大型地下停车场的柱网关系和出入口位置开展区域划分，化整为零，可以借助简单的数理逻辑建立区位框架以及宏观定位系统。简单地说，就是将整个大型地下停车场划分为多个小型的、相对独立的停车区域。适宜的尺度和体量有助于场地归属感的形成，形成清晰的片区概念，这样增加了空间差异性，有利于人们对空间的认知和寻路(图 3-28)。

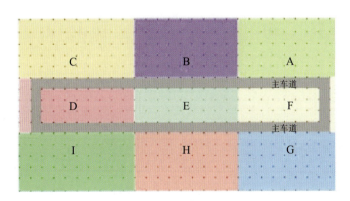

图 3-28　地下停车场分区图

2）交通标识

城市大型地下停车场的标识导向系统应该具有合理性、便捷性和有效性。地下停车场的标识导向系统可以分为三级。一级节点标识导向系统是提供地下停车空间信息最多的标识，它一般设置于停车空间的主出入口、停车空间主车道、进入各个区域的交通节点以及使用者容易聚散的地区，以满足人们尽可能多的信息需求。例如，在进入各个区域的交通节点上可以设置一级节点导向——泊车找空位显示屏停车诱导系统等(图3-29)。驾驶者可以通过此诱导系统迅速得知剩余车位,并进行下一节点导向。

图 3-29　泊车位显示图

二级节点标识系统是地下空间标识导向系统中最为关键的导向环节,它给身在地下空间中的人们提供区域内的信息导向服务,这一环节承接着一级标识导向和二级标识导向之间的工作,维持地下空间标识导向系统系统地、连贯地、有效地完成导向。三级节点标识是标识导向系统中最为细节和具体化的一环,也是标识导向系统中最为基础的一个层次,一般来说三级节点标识导向系统在空间环境中的数量最多,信息种类也最丰富,为地下空间中的人群提供具体的空间信息和明确的方位导向(图3-30)。

图 3-30　位置导向标识

大型地下停车空间标识导向系统在设置设计上应能够主动地指挥人们合理分流，而不是被动地等待人们去寻找、发现。要达到这样的要求，标识导向系统还应该遵循以下一些原则：①位置适当；②导向的连续性；③导向的一致性；④系统放置位置要醒目；⑤标识上的信息要规范性和国际化；⑥区别性；⑦简单便利；⑧信息内容要明确；⑨信息要简单充足。

总的来说，在进行地下空间开发利用时，应合理布局各种交通方式的衔接模式，实现交通一体化设计，通过合理设计与组织实现机动交通与人行交通的优化配置。有效调整动态交通与静态交通，最终达到人车分流，满足静态停车需求，营造便捷、人性、趣味、舒适的城市交通环境。

3.4　综　合　管　廊

城市地下综合管廊是指在城市道路的地下空间建造一个集约化隧道，将电力、通信、供水排水、热力、燃气等多种市政管线集中为一体，实行"统一规划、统一建设、统一管理"。综合管廊设有专门的检修口、吊装口和监测、控制系统，是合理利用地下空间资源，解决地下各类管网设施能力不足、各自为政、开膛破肚、重复建设，促进地下空间综合利用和资源共享的有效途径。

3.4.1　城市综合管廊发展

近年来，我国的城市化进程不断加快，城市综合实力不断增强，对外交流日益增多，城市地下空间不断被开发利用，综合管廊的重要性也越来越被人们认识。

1978 年 12 月，宝钢在上海动工兴建。被称为宝钢生命线的电缆干线和支管线大部分采用了综合管廊方式敷设，埋在地下 5~13m(图 3-31)。

图 3-31　宝钢综合管廊

1994 年，上海开始建设浦东新区张杨路地下综合管廊(图 3-32)。张杨路地下综合管廊位于浦东新区张杨路南北两侧人行道下，全长 11.25km。沟体为钢筋混凝土结构，其横断面为矩形，由电力室和燃气室两部分组成，地下综合管廊里配有各种安全配套设施，有排水、通风、照明、通信广播、闭路电视、火灾报警、可燃气体检测、计算机数据采集等系统。

图 3-32 浦东新区张杨路综合管廊

1997 年，连云港建造了西大堤地下综合管廊，断面为矩形，内设有给水管道、电力电缆、电信电缆。2000 年，北京中关村广场修建综合管廊，加强了管线的管理，同时也增强了管线的安全性。2003 年，上海松江新城示范性地下综合管廊开始建造，沟内铺设了粗细不等的电力电缆、通信电缆、燃气管道等(图 3-33)。

图 3-33 松江新城综合管廊

目前，我国一些经济发达的城市和新区在建或已建综合管廊，虽然并没有大面积的普及，但是随着我国科学发展观的提出与不断实践，城市可持续发展观念深入人心。近几年，许多城市掀起新一轮城市基础设施建设的热潮，城市化步伐也在不断加快，现在各大中型城市已经意识到城市综合管廊的优点，越来越多的城市着手规划建设城市综合管廊。修建城市综合管廊具有以下优点：

(1)美化城市环境。由于地下综合管廊将各类管线集中设置在一条隧道内，消除了通信、电力等系统在城市上空布置道道蜘蛛网及地面上竖立的电线杆、高压塔等，从而美化城市环境，创造良好的居民生活环境。

(2)改善城市交通。地下综合管廊建成后，能很好地保护地下管线，避免频繁地发生事故，同时在补充、更新和扩容管线时，不需要开挖路面，避免了路面反复开挖，降低了路面的维护保养费用，确保了道路交通功能。

(3)节约城市空间。由于道路下的管线集中设置在综合管廊内，使得道路地下空间得到充分利用，腾出了大量宝贵的城市地面空间，增强道路空间的有效利用。

(4)增强城市安全。即使受到强烈的台风、地震等灾害，城市各种管线由于设置在地下综合管廊内，可以避免电线杆折断、倾倒、电线断路而造成的二次灾害，从而有效增强城市的防灾抗灾能力，提高城市基础设施的安全性，保证城市的安全。

建设综合管廊的综合效益如表 3-1 所示。

表 3-1　建设综合管廊综合效益汇总表

管线效益	道路效益	社会效益
1. 节省管线维修埋设费用； 2. 管线增容容易； 3. 提高管线传输品质； 4. 延长管线服务年限； 5. 巡视、检查、维修方便； 6. 紧急情况可迅速处理； 7. 实现管线统一管理	1. 节省道路维修费； 2. 增加道路使用年限； 3. 扩大地下空间使用率	1. 减少挖路，提高生活品质； 2. 改善城市景观； 3. 促进交通通畅，降低车行成本； 4. 维护道路交通安全； 5. 提高政府施政形象； 6. 健全城市防灾体系

3.4.2　综合管廊选线原则

(1)应遵循节约用地的原则，确定纳入的管线，统筹安排管线在综合管廊的空间位置，协调综合管廊与其他地上、地下工程的关系。

(2)应符合城镇总体规划要求，在城镇道路、城市居住区、城市环境、给水工程、排水工程、热力工程、电力工程、燃气工程、信息工程、防洪工程、人防工程等专业规划基础上，确定综合管廊的系统规划。

(3)应考虑城市长期发展的需要，预留一定的管线空间。

(4)应明确管廊的空间位置。

(5)应有管线各自对应的主管单位批准的专项规划。

(6)应根据城市总体发展规划，充分调查城市管线地下通道现状，合理确定主要经济指标，科学预测规划需求量，坚持因地制宜、远近兼顾、全面规划、分步实施的原则，确保综合管廊系统规划和城市经济技术水平相适应。

（7）应明确综合管廊的最小覆土厚度、相邻工程管线与地下建筑物的最小水平间距和最小垂直间距。

（8）应根据敷设管线的等级和数量分为干线综合管廊、支线综合管廊和电缆沟。

①干线综合管廊应设置在机动车道、道路绿化带下，其覆土深度应根据地下设施竖向规划、道路施工、行车荷载、绿化种植及设计冻深等综合因素确定；

②支线综合管廊宜设置在道路绿化带下、人行道或非机动车道下，其覆土深度应据地下设施竖向规划、道路施工、行车荷载、绿化种植及设计冻深等综合因素确定；

③电缆沟应设置在人行道下。

综合管廊工程是一项复杂的地下综合工程，在城市道路中实施综合管廊工程要协调好道路路面、高架道路、地下道路、地下铁路或其他地下建筑物的相互影响。综合管廊规划应根据道路路网规划和管线专项规划确定，并且在两者的基础上反馈非相关管线专项规划，经过多次协调最终形成综合管廊的系统规划。

3.4.3　综合管廊的适建条件

各城市可根据实际需求，因地制宜合理选择城市综合管廊的建设区域，优化方案。对于地下管线敷设矛盾突出、经济实力较强的城市可进行较大规模的建设，但应从前期决策、规划设计到建设实施做出详细的论证。暂无条件建设的城市，也应遵循统一规划、分期实施的原则，先在重点地段进行试点建设，逐步推广。一般来说，适建城市综合管廊有以下几个区域：

（1）城市新区。新建地区需求量容易预测，建设障碍限制较少，应统一规划、分步实施，高起点、高标准地同步建设城市综合管廊。

（2）城市主干道或景观道路。在交通运输繁忙及工程管线设施较多的城市交通主干道下，为避免反复开挖路面、影响城市交通，宜建设城市综合管廊。

（3）重要商务商业区。为降低工程造价，促进地下空间集约利用，宜结合地下轨道交通、地下商业街、地下停车场、城市地下公路等地下工程同步建设城市综合管廊。

（4）旧城改造。在旧城改造建设过程中，结合架空线路入地改造、旧管线改造、维修更新等工程尽可能建设城市综合管廊。

（5）其他区域。不宜开挖路面的路段、广场或主要道路的交叉处，需同时敷设两种以上的工程管线及多回路电缆的道路、道路与铁路的交叉处等，可结合工程实际做出适当的规划与选择。

3.5　配　套　设　施

3.5.1　照明系统

隧道照明是指隧道内的基本照明和洞口附近的缓和照明。基本照明是在隧道中部，为保证以设计车速行驶的车辆和行人安全通过隧道所需要的最低照明标准。驾驶人员由亮视场突然进入暗视场时，视觉机能有一个适应过程。为保证视觉机能的连续性，在洞外连接洞口的引道及驾驶员视野范围内，白天需要采取遮光措施，在洞内连接洞口的一段长度里需要进行缓和照明。同时，引道与洞内缓和段之间的亮度变化率应有一个界限，以保证视觉连续和暗适应的过渡。缓和照明段的长度决定于停车视距或驾驶人员的暗适应时间与设计车速的乘积。

　　与地面建筑相比，地下建筑最大的特点是基本无天然采光，主要借助人工措施照明。另外，地下建筑的环境对灯具及线路影响较大。因此，地下照明应具有使用时间长、对照度高、可靠性强的特点，合理选用光源、灯具及性能优越的照明系统，提高照明质量和节能效果。主要采用以下措施：一是通过新型采光方法和材料有效地利用天然光（图 3-34）；二是在人工照明中选用高品质的照明光源，适合人眼长期使用（图 3-35）；三是对各类灯具进行无级连续调光和缓和的场景切换控制，利用光照的方向性和层次性等特点渲染建筑的功能，烘托环境的气氛。

图 3-34　天然采光

图 3-35　隧道照明

　　今后，地下照明设施将继续朝着智能化、小型化、标准化的方向发展。网络系统更加优化，功能更加完善，扩展更加便捷，保护更加可靠，节能更加可观。当前的控制系统中，照明控制箱和智能控制器都是独立运行的，为生产、设计、使用与维护都带来不便。如果把两者集成到一个箱体内，做成一体化照明智能控制箱，使用时只需连接外部连线，安装更方便，使用更可靠，也更加节省人力、物力、财力，带来更大的经济效益，实用价值更高。

3.5.2　标示牌及指示信号灯

　　标示牌的作用是警示驾驶行为、指示驾驶路线、规范交通秩序。对于地下交通的标示牌，有更高的要求，不仅要求有以上作用，还要做好标示牌的颜色和光线处理。

　　城市地下道路的交通标志设置应综合考虑、布局合理，防止出现信息不足或过载现象，信息应连续。对于混合行驶的城市地下道路，应注意大车对交通标志的遮挡，重要信息宜重复显示。

　　地下交通信号灯分为：机动车信号灯、非机动车信号灯、人行横道信号灯、方向指示灯(箭头信号灯)、车道信号灯、闪光警告信号灯、公路与地铁平面交叉道口信号灯。

1. 指示信号灯的一般规定

(1)城市地下道路交通设施设计应按等级进行统筹规划、总体设计,等级划分应符合《城市道路交通设施设计规范》GB50688 相关规定。

(2)城市地下道路的交通标志应设置在驾驶人员最易看到、并能准确判读的醒目位置,在小半径平曲线或竖曲线等路段设置标志,应注意侧墙等对标志的遮挡,保证交通标志的视认距离。

(3)城市地下道路的交通标志材料宜采用电光标志。电光标志宜体薄量轻,便于悬挂;亮度衰减慢,便于长期工作;宜采用主动发光与被动反光相结合。

(4)城市地下道路的交通标志设置应综合考虑、布局合理,防止出现信息不足或过载现象,信息应连续,对于混合行驶的城市地下道路,应注意大车对交通标志的遮挡,重要信息宜重复显示。

(5)在城市地下道路周边地面路网一定范围内,应设置城市地下道路入口指示标志,引导车辆。

2. 交通标志

(1)地下道路入口前应设置的交通标志有:地下道路指示标志以及根据交通管理需求而设置的禁令标志、指示标志等。

①地下道路指示标志用于指示地下道路的名称和长度,宜设置在地下道路的入口前至少 50m 处;

②地下道路的入口前宜设置开车灯行驶标志,可与地下道路指示标志合并设置;

③根据交通管理需求,在地下道路入口前应设置限速、限高、限制通行、禁止停车等禁令标志;

④当地下道路出口与地面道路交叉口之间的距离较短或地下道路有多个出口时,应在地下道路内设置指路标志;

⑤针对限高有特殊要求的城市地下道路,应设置限高标志,在进入地下道路入口前应连续设置三次超高警告,条件受限时,不应少于两次,最后一次应为硬杆型的防撞门架,各次警告之间应保持一段距离,并能够保证超高车辆及时分流,门架前也应设置分流超高车辆的绕行通道。

(2)地下道路内部设置的标志包括紧急电话指示标志、消防设备指示标志、人行横洞指示标志、车行横洞指示标志、应急车道标志、疏散指示标志。

①应急车道指示标志用于指示应急车道位置,设置在应急车道的前端 5m 左右,双面显示;

②消防设备指示标志用于指示地下道路内消防设备位置,应设置于消火栓上方;

③紧急电话指示标志用于指示地下道路内紧急电话位置,应设置于紧急电话上方,双面显示;

④行人横洞指示标志用于指示地下道路行人横洞位置,在发生紧急状况时指示人员逃生路线,应设置于行车方向左侧人行横洞处,双面显示;

⑤车行横洞指示标志用于指示地下道路行车横洞位置，在发生紧急状况时指示车辆改行，应设置于行车方向左侧行车横洞处，双面显示；

⑥疏散指示标志应设置于地下道路侧墙上，安装高度净空应不大于 1.3m，间距应不大于 50m。疏散标志标示方向同时还应该标识距离。疏散标志宜采用电光标志，照明方式宜为内部照明，单面显示。

(3)多点进出的地下道路出口指示应采取分级指引策略，分别在减速车道的渐变段起点前 400~500m、前 1km 设置出口预告标志，在减速车道的渐变段起点处设置出口指示标志，最后在出口分流端设置出口确认标志。

(4)多点进出的地下道路主线合流端前应提前设置合流警告标志，并宜设置振荡标线配合标志使用。

(5)城市地下道路主线、匝道线形变化较大路段处，应设置引导驾驶者行驶方向的线形诱导标，线形诱导标每处设置数量不应少于三块，诱导标志宜采用电光标志。

3. 交通标线与标识

(1)隧道内交通标线主要包括道路标线、轮廓标、诱导标、立面标记以及凸起路标等。用不同的路面颜色代表不同的路面功能，各个车道各司其职，从而提高路面的服务水平与通行能力(图 3-36、图 3-37)。

(2)地下道路出入口的洞口内及洞外 50~100m 范围内宜设置实线车道分界线，禁止超车。

(3)城市地下道路连续弯道、视距不良等危险路段宜设置实线车道分界线，禁止超车。

(4)城市地下道路主线以及出入口地下匝道等车行道两侧应连续设置轮廓标，轮廓标设置应符合《城市道路交通设施设计规范》GB50688 规定。

(5)城市地下道路洞门、洞内紧急停车带的迎车面端部宜设置立面标记。

(6)城市地下道路应在小半径、急弯、陡坡、长大下坡、合流段等事故易发路段前设置减速振荡标线和危险警告标志，采取相应减速措施。

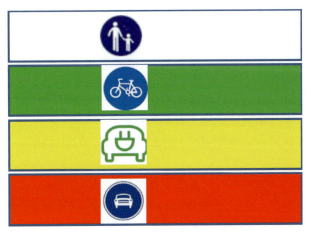

图 3-36　四色交通图

图 3-37 地下公路路面着色图

（7）城市地下道路分合流端、交叉口处应进行渠化。

（8）当城市地下道路需要限制车行道的行驶速度、控制车行道行驶车辆的类型或指定车行道前进方向、提示出口信息时，可设置相应的路面文字标记。

（9）标线涂料宜采用热熔型反光涂料。

4. 交通防护设施

（1）地下道路内部不设检修道时，侧墙下部必须设置防撞设施。

（2）地下道路的主线分流端部应设置防撞设施。

（3）地下道路出入口敞开段的护栏端部应做安全性处理。

5. 交通控制及诱导设施

（1）交通信号控制及诱导设施主要包括车辆检测器、交通信号灯、车道指示器、可变信息标志、可变限速标志以及交通区域控制单位等外场设备。

（2）交通信号灯的设置以及技术要求应符合下列：

①在城市地下道路入口应设置红、黄、绿和左转箭头组成的交通信号灯，可结合城市地下道路入口前的防撞门架设置；

②交通信号灯应显示清晰，视距应不小于 200m，尺寸、光学性能等应符合国标《道路交通信号灯》GB14887 要求。

（3）车道指示器的设置以及技术要求应符合下列：

①车道指示器应设置在地下道路各车道中心线上方，不得侵入道路建造限界内；

②在地下道路内车行横洞处应设一组车道指示器；

③在地下道路直线路段，间距宜 500m 设置一组，在曲线路段，根据需要适当间距适当加密；

④车道指示器宜由红色叉形灯、黄色以及绿色箭头灯组成；

⑤车道指示器的尺寸、光学性能等应符合国标《道路交通信号灯》GB14887 要求，安装于车道正上方，安装高度可根据地下道路实际净高进行调整，但不得侵入建筑限界；

⑥双面显示车道指示器不得同时显示绿色箭头灯。

3.5.3　联络通信

语音通信系统是为了保证地下巡检人员的正常通信，需要配置应急电话广播调度系统，实现有线、无线通信调度以及应急广播功能。现在地下通信系统推出了独特的光纤语音组网，以保证地下信号的畅通，为居民出行带来安全。

3.5.4　排水设施

隧道及地下工程渗漏水是长期以来困扰工程质量与安全的一个头痛问题，也是当前地下工程建筑中突出的质量通病和亟待深入解决的问题。据相关报道可知，至 2002 年底，共有公路隧道 1700 座，总延长 704km 出现渗漏，其中严重漏水隧道达 500 余座，约占总座数的 30%。所以说隧道渗漏水情况是相当严重的，这与我们建造的现代化地下工程有相当的距离，所以必须做好隧道的防排水工作，保证运营期间的安全与工作环境。

1. 防水措施

(1)衬砌背后设置排水管、沟时，应根据隧道的渗水部位及开挖情况适当选择排水设施位置，并配合衬砌进行施工。施工时应防止漏水使浆液流失。灌注砼或压浆液不得进入沟管内，以免造成管堵塞，排水不畅。

(2)在初期支护与二次衬砌间铺设防水层，防水层宜选用耐老化、耐细菌腐蚀、易操作、顶破强度及延伸率较好的塑料板材。防水层可在拱部和边墙整环铺设，亦可在拱部和边墙部位铺设(图 3-38)。

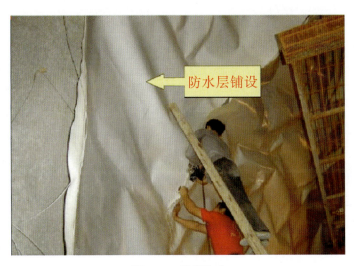

图 3-38　隧道防水

(3)对地表水引起的渗漏，应根据地势、地形因地制宜地在洞顶设置防排水设施，如将地表填平、铺砌、勾补、抹面、喷护砼等，将坑穴或钻探孔堵死、封闭，达到防渗抗渗目的。

（4）对由地下水引起的渗透，首先要探明水的来源和水流的形成，然后采取相应的措施：

①衬砌背后采用压注水泥砂浆防水止水，压浆顺序应从下而上，从无水、少水的地段向有水或多水处，从下坡向上坡方向，从两端洞口向洞身中间压浆；

②当采用水泥砂浆压注后仍有渗漏水地段时，可采用化学浆液。采用化学浆液施工时，应符合隧道施工规范的有关要求。

（5）洞外排水要根据当地地形、地质、气候情况，并密切与农田水利工程联系在一起，因地制宜地设置疏水、截水、引水设施，全面考虑，综合治理。

2. 排水措施

（1）隧道施工有平行导坑和横洞时，应充分利用辅助导坑，降低正洞水位，使正洞水流通过辅助导坑引出洞外。

（2）隧道向下坡开挖时，一定要防止洞外水流入洞内，尤其在雨季，当洞口处在汇水区域时，会发生洪水"倒灌"事故，此时应在洞口前设置拦水坝截住洞外水，并疏通洞顶及两侧排水系统。

（3）采取机械抽水。排水方式可根据距离、坡度、水量和设备等情况选用排水沟或管路，分段接力或一次将水排出洞外。

（4）视线路坡度分段开挖反坡排水沟，在每段下坡终点开挖集水坑，使水流至坑内，再用水泵将水抽到下段水沟流入下一个集水坑，这样逐段前进，将水排出洞外，反坡水沟坡度不宜小于 0.5%（图 3-39）。

图 3-39　隧道排水沟

（5）隧道较短时，可在开挖面附近开挖集水井，安装水泵，将水一次排出洞外。

（6）沟管断面、集水坑的容量应根据当地实际排水量确定。

（7）抽水机的功率应大于排水量所需功率 20% 以上，并有备用抽水机。

（8）做好停电时的应急排水准备工作。

第4章 城市地下交通断面规划与设计

4.1 洞门与洞口段

隧道洞口位置应根据地形、地质、水文条件，同时结合环境保护、洞外有关工程及施工条件、运营要求，通过综合分析比较确定。

隧道应早进洞、晚出洞，同时应符合下列要求：

(1)隧道洞口的设置，应减少对原有坡面的破坏。

(2)当洞口处有坍方、落石、泥石流等威胁时，应尽早进洞。

(3)线路跨沟或沿沟进洞时，应结合防排水工程，确定洞口位置。

(4)漫坡地形的洞口位置，宜结合弃碴的处理、填方利用、排水以及有利施工等因素，综合分析确定。

(5)洞口段应结合地形、地质条件和施工方法等确定加固措施，必要时可采取地表注浆。

4.1.1 洞门结构形式

洞口结构形式应根据洞口的地形、地质等条件确定，并符合下列要求：

(1)采用斜交洞门时，其端墙与线路中线的交角不应小于 $45°$，在松软地层中不宜采用斜交洞门。

(2)设有运营通风的隧道，洞门结构形式应结合通风设施一并考虑。

(3)位于城镇、风景区、车站附近的洞门，宜考虑建筑景观及环境协调要求。

(4)有条件时可采用斜切式或其他新型洞门结构。

4.1.2 洞门设计

洞口设计应符合下列规定：

(1)当洞顶仰坡土石有剥落可能时，仰坡坡脚至洞门端墙背的水平距离不宜小于1.5m；洞门端墙顶高出仰坡坡脚不宜小于 0.5m；洞门端墙与仰坡间水沟的沟底至衬砌拱顶外缘的高度不宜小于1m。

(2)当洞口有翼墙或挡土墙时，沿轨枕底面水平由线路中线至邻近翼墙、挡土墙的距离，至少有一侧(曲线地段系曲线外侧)不应小于3.5m。

(3)洞门墙应根据地基情况设置变形缝，墙身应设置泄水孔。

4.1.3　洞门墙基础设置

洞口墙基础设置应符合下列要求：

(1)基础必须置于稳固的地基上，并埋入地面下一定深度，土质地基埋入的深度不应小于 1m。

(2)在冻胀性土上设置基础时，基底应置于冻结线以下 0.25m，或采取其他工程措施。

(3)在松软地基上设置基础，当地基承载力不足时，应结合具体条件采取扩大基础等措施。

4.1.4　洞口其他设施设置

洞口其他设施设计应遵守下列规定：

(1)洞口仰坡周围应设置排水、截水设施，并与路堑排水系统一并布置。

(2)当洞口边仰坡局部土石失稳时，应结合地形、地质特点，采取清刷、设置支挡建筑物等措施根治，不留后患。

(3)洞口仰坡和边坡土石有剥落可能时，其坡面应予加固，有条件时应优先采用绿色护坡。

(4)当洞口段路基基床为土层或遇水易软化的软弱岩层时，路基面应采用 M10 水泥砂浆砌片石铺砌。

(5)洞口应设置必要的检查设备及相关标志。

(6)旅客列车行车速度为 160km/h 的铁路隧道，应视洞口环境及旅客舒适度要求考虑设置洞口缓冲设施。

(7)旅客列车行车速度为 160km/h 的铁路隧道，洞口过渡段设置应符合国家现行《铁路路基设计规范》(TB 10001)的规定。

4.2　隧道衬砌一般规定

隧道应设衬砌，并应优先采用复合式衬砌，地下水不发育的 I、II 级围岩的短隧道，可采用喷锚衬砌。

衬砌结构的型式及尺寸可根据围岩级别、水文地质条件、埋置深度、结构工作特点，结合施工条件等，通过工程类比和结构计算确定，必要时，还应经过试验论证。

4.2.1　隧道衬砌设计

隧道衬砌设计应符合下列规定：

(1)隧道应采用曲墙式衬砌，VI级围岩的衬砌应采用钢筋混凝土结构。

(2)因地形或地质构造等引起有明显偏压的地段，应采用偏压衬砌；V、VI级围岩的偏压衬砌应采用钢筋混凝土结构；Ⅳ级围岩的偏压衬砌也宜采用钢筋混凝土结构。

(3)隧道洞口段衬砌应加强，加强长度应根据地质、地形等条件确定，一般单线隧道洞口加强衬砌长度不应小于 5m，双线和多线隧道应适当加长。

(4)围岩较差地段的衬砌应向围岩较好地段延伸，延伸长度宜为 5~10m。

(5)偏压衬砌段应延伸至一般衬砌段内 5m 以上。

(6)单线Ⅲ级以上、双线Ⅲ级及以上地段均应设置仰拱；单线Ⅲ级、双线Ⅱ级及以下地段是否设置仰拱应根据岩性、地下水情况确定；不设仰拱的地段应设底板，底板厚度不得小于 25cm，并应设置钢筋，钢筋净保护层厚度不应小于 30mm。

(7)硬软地层分界处及对衬砌受力有不良影响处，应设置变形缝。

(8)电力牵引的隧道，当长度大于 2000m 或位于隧道群地段和车站两端时，应根据需要设置接触网补偿下锚的衬砌段。

4.2.2　连接处加强

隧道与运营通风洞、辅助坑道的横通道及其他联络通道等连接处的衬砌应加强。

位于曲线地段隧道断面的加宽，除圆曲线部分应按规定处理外，缓和曲线部分可分两段加宽。自圆曲线至缓和曲线中点，并向直线方向延长 13m，应采用圆曲线加宽断面；其余缓和曲线，自直缓分界点向直线段延长 22m。应采用缓和曲线中点加宽断面，其加宽值取圆曲线加宽值的一半。

位于曲线地段车站上的隧道及区间曲线地段的双线隧道，断面加宽值应根据站场及线路具体情况计算确定。

4.3　附属构筑物

4.3.1　避车洞

避车洞应交错设置在隧道两侧边墙上，大避车洞之间设置小避车洞，应符合下列规定：

(1)隧道长度为 300~400m 时，可在隧道中部设一个大避车洞，长度小于 300m 时，可不设大避车洞。

(2)洞口紧接桥或路堑，当桥上无避车台、路堑侧沟无平台时，应与隧道一并考虑布置避车洞。

(3)避车洞不应设于衬砌断面变化处或变形缝处。

(4)旅客列车行车速度为 160 km/h 的隧道内，避车洞内应沿洞壁设置高 1.2m 的钢制扶手。

避车洞应有衬砌，其结构类型应与隧道衬砌类型相适应；避车洞底面应与道床、人行道或侧沟盖板顶面平齐。

4.3.2 电缆槽

隧道内应设置电缆槽,电缆槽的布置和设置条件,除应符合有关专业的要求外,尚应符合下列规定:

(1)通信、信号电缆可设在一个电缆槽内,且必须和电力电缆分槽敷设。

(2)通信、信号电缆槽的弯曲半径不宜小于1.2m,电力电缆槽的弯曲半径宜为电缆外径的6~30倍。

(3)槽底有高低差时,纵向应顺坡连接。

(4)电缆槽应设盖板,盖板顶面应与避车洞底面或道床顶面平齐,当电缆槽与水沟同侧并行时,应与水沟盖板平齐。

隧道长度大于500m时,应在设电缆槽同侧的大避车洞内设置余长电缆腔,间距可为420m或600m,隧道长度为500~1000m时,可只在隧道中部设置一处。

4.3.3 其他设施

隧道内需设置无人增音站时,其位置可根据通信要求确定,亦可与车洞结合使用,但应将大避车洞加深2.5m。当不能结合时,应另行修建无人增音站,其尺寸宜与大避车洞相同。

无人增音站内应预留通信电缆出入通路和预埋接地装置(接地体),并应有防排水措施,要求做到不渗水、不漏水。

隧道内当需设置变压器洞、信号继电器箱洞及无线电通信电台箱洞等设备洞室时,可根据有关专业要求协商处理。

电力牵引的长隧道,必要时可设置存放维修接触网的绝缘梯车洞,并宜利用施工辅助坑道或避车洞修建,其间距宜为500m。

4.4 辅助坑道一般规定

隧道辅助坑道(横洞、平行导坑、斜井、竖井、泄水洞)的选择,应根据隧道长度、施工期限、地形、地质、水文等条件,结合施工和运营期间通风、排水、防灾救援、疏散及弃碴等需要,通过技术经济比较确定。

辅助坑道的断面尺寸应根据用途、运输要求、地质条件、支护类型、设备外形尺寸、技术条件、人行安全及管路布置等因素确定。当需作为通风道时,应核算其面积。

辅助坑道应视需要设置永久支护。辅助坑道的洞(井)口、软弱围岩段及辅助坑道与正洞连接段的衬砌应加强。

辅助坑道在隧道主体工程竣工后,应按下列规定进行处理:

(1)排水系统应整理,水流应通畅。

(2)需要利用的辅助坑道应设置永久支护及衬砌,其洞(井)口应设置安全防护设施,不予利用的洞(井)口应封闭。

辅助坑道的洞(井)口位置选择、施工场地布置及弃碴处理等,应符合环境保护要求。

4.5　综　合　管　廊

综合管廊就是地下城市管道综合走廊，即在城市地下建造一个隧道空间，将电力、通信、燃气、供热、给排水等各种工程管线集于一体，设有专门的检修口、吊装口和监测系统，实施统一规划、统一设计、统一建设和管理，是保障城市运行的重要基础设施和"生命线"。它是实施统一规划、设计、施工和维护，建于城市地下，用于铺设市政公用管线的市政公用设施。

4.5.1　国内外发展状况

1. 国外发展

在发达国家，综合管廊已经存在了一个多世纪，在系统日趋完善的同时其规模也有越来越大的发展。

1) 法国

早在 1833 年，巴黎为了解决地下管线的敷设问题和提高环境质量，开始兴建地下管线综合管廊。如今巴黎已经建成总长度约 100km、系统较为完善的综合管廊网络。

此后，英国的伦敦、德国的汉堡等欧洲城市也相继建设地下综合管廊。

2) 日本

1926 年，日本开始建设地下综合管廊，到 1992 年，日本已经拥有综合管廊长度约310km，而且在不断增长。

建设供排水、热力、燃气、电力、通信、广电等市政管线集中铺设的地下综合管廊系统(日本称"共同沟")，已成为日本城市发展现代化、科学化的标准之一。

早在 20 世纪 20 年代，日本首都东京市政机构就在市中心九段地区的干线道路下，将电力、电话、供水和煤气等管线集中铺设，形成了东京第一条地下综合管廊。此后，1963 年制定的《关于建设共同沟的特别措施法》，从法律层面规定了日本相关部门需在交通量大及未来可能拥堵的主要干道地下建设"共同沟"。国土交通省下属的东京国道事务所负责东京地区主干线地下综合管廊的建设和管理，次干线的地下综合管廊则由东京都建设局负责。

如今已投入使用的日比谷、麻布和青山地下综合管廊是东京最重要的地下管廊系统。采用盾构法施工的日比谷地下综合管廊建于地表以下 30 多米处，全长约 1550m，直径约7.5m，如同一条双向车道的地下高速公路。由于日本许多政府部门集中于日比谷地区，须时刻确保电力、通信、供排水等公共服务，因此日比谷地下综合管廊的现代化程度非常高，它承担了该地区几乎所有的市政公共服务功能。

于 20 世纪 80 年代开始修建的麻布和青山地下综合管廊系统同样修建在东京核心区域地下 30 多米处，其直径约为 5m。这两条地下综合管廊系统内电力电缆、通信电缆、天然气管道和供排水管道排列有序，并且每月对其进行检修。其中的通信电缆全部用防火帆布包裹，以防出现火灾造成通信中断；天然气管道旁的照明用灯则由玻璃罩保护，防止出现电火花导致天然气爆炸等意外事故。这两条地下综合管廊已相互连接，形成了一条长度超过 4km 的地下综合管廊网络系统。

在东京的主城区还有日本桥、银座、上北泽、三田等地下综合管廊，经过了多年的共同开发建设，很多地下综合管廊已经联成网络。东京国道事务所公布的数据显示，在东京市区 1100km 的干线道路下已修建了总长度约为 126km 的地下综合管廊。在东京主城区内还有 162km 的地下综合管廊正在规划修建。

3）俄罗斯

1933 年，苏联在莫斯科、列宁格勒、基辅等地修建了地下综合管廊。

4）西班牙

1953 年西班牙在马德里修建地下综合管廊。

其他如斯德哥尔摩、巴塞罗那、纽约、多伦多、蒙特利尔、里昂、奥斯陆等城市，都建有较完备的地下综合管廊系统。

2. 国内发展

中国仅有北京、上海、深圳、苏州、沈阳等少数几个城市建有综合管廊，据不完全统计，全国建设里程约 800km，综合管廊未能大面积推广的原因不是资金问题，也不是技术问题，而是意识、法律以及利益纠葛造成的。

综合管廊建设的一次性投资常常高于管线独立铺设的成本。据统计，日本、台北、上海的综合管廊平均造价（按人民币计算）分别是 50 万元/米、13 万元/米和 10 万元/米，较之普通的管线方式的确要高出很多。但综合节省出的道路地下空间、每次的开挖成本、对道路通行效率的影响以及环境的破坏，综合管廊的成本效益比显然不能只看投入多少。台湾曾以信义线 6.5km 的综合管廊为例进行过测算，建综合管廊比不建只需多投资五亿元新台币，但 75 年后产生的效益却有 2337 亿元新台币。

其实北京早在 1958 年就在天安门广场下铺设了 1000 多米的综合管廊。2006 年在中关村西区建成了我国大陆地区第二条现代化的综合管廊。该综合管廊主线长 2km，支线长 1km，包括水、电、冷、热、燃气、通信等市政管线。1994 年，上海市政府规划建设了大陆第一条规模最大、距离最长的综合管廊——浦东新区张杨路综合管廊。该综合管廊全长 11.125km，收容了给水、电力、信息与煤气等四种城市管线。上海还建成了松江新城示范性地下综合管廊工程（一期）和"一环加一线"总长约 6km 的嘉定区安亭新镇综合管廊系统。中国与新加坡联合开发的苏州工业园基础设施建设，经过 10 年的开发，地下综合管廊也已初具规模。

住建部会同财政部开展中央财政支持地下综合管廊试点工作，确定包头等 10 个城市为试点城市，计划到 2018 年建设地下综合管廊 389km（2015 年开工 190km），总投资 351 亿元。根据测算，未来地下综合管廊需建 8000km，若按每千米 1.2 亿元测算，投资规模将达 1 万亿。

国务院高度重视推进城市地下综合管廊建设，2013 年以来先后印发了《国务院关于加强城市基础设施建设的意见》、《国务院办公厅关于加强城市地下管线建设管理的指导意见》，部署开展城市地下综合管廊建设试点工作。

除了住建部之外，包括发改委、财政部等相关部门都已经下发有关文件，支持地下综合管廊建设。2015 年 1 月，住建部等五部门联合发出通知，要求在全国范围内开展地下管线普查，此后决定开展中央财政支持地下综合管廊试点工作，并对试点城市给予专项资金补助。

试点的 10 个城市总投资 351 亿元，其中中央财政投入 102 亿元，地方政府投入 56 亿元，拉动社会投资约 193 亿元。我们的思路是以试点示范带动全国建设地下综合管廊的积极性。全国共有 69 个城市在建地下综合管廊约 1000km，总投资约 880 亿元。

4.5.2　分类

综合管廊宜分为干线综合管廊、支线综合管廊及缆线管廊。

(1)干线综合管廊。用于容纳城市主干工程管线采用独立分舱方式建设的综合管廊。

(2)支线综合管廊。用于容纳城市配给工程管线采用单舱或双舱方式建设的综合管廊。

(3)缆线管廊。采用浅埋沟道方式建设，设有可开启盖板但其内部空间不能满足人员正常通行要求，用于容纳电力电缆和通信线缆的管廊。

4.5.3　建设意义

地下综合管廊系统不仅能解决城市交通拥堵问题，还极大方便了电力、通信、燃气、供排水等市政设施的维护和检修。此外，该系统还具有一定的防震减灾作用。如 1995 年日本阪神大地震期间，神户市内大量房屋倒塌、道路被毁，但当地的地下综合管廊却大多完好无损，这大大减轻了震后救灾和重建工作的难度。

地下综合管廊对满足民生基本需求和提高城市综合承载力发挥着重要作用。

地下综合管廊建设避免了由于敷设和维修地下管线频繁挖掘道路而对交通和居民出行造成影响和干扰，保持路容完整和美观；降低了路面多次翻修的费用和工程管线的维修费用，保持了路面的完整性和各类管线的耐久性；便于各种管线的敷设、增减、维修和日常管理；地下综合管廊内管线布置紧凑合理，有效利用了道路下的空间，节约了城市用地；减少了道路的杆柱及各种管线的检查井、室等，优美了城市的景观；架空管线一起入地，减少架空线与绿化的矛盾。

4.6　隧道断面规划

城市地下交通隧道与普通隧道设计一样，都追求可靠、简单、实用的目标。根据目前的交通隧道规范，在满足行车安全的要求下，城市地下交通隧道的断面设计如图 4-1、图 4-2 和表 4-1 所示。

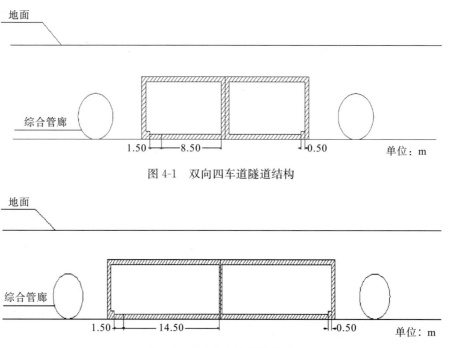

图 4-1　双向四车道隧道结构

图 4-2　双向六车道隧道结构

表 4-1　隧道建筑限界尺寸

设计时速/(km/h)		车道宽度/m	左侧向宽/m	右侧向宽/m	人行道宽/m		自行车道宽度/m
					左侧	右侧	
80	两车道	3.75×2	0.5	0.5	0.5	0.5	1.5
	三车道	3.75×3	0.5	0.5	0.5	0.5	

第 5 章　城市地下交通断面安全距离

近年来城市地下空间不断被开发利用，地下工程近接施工问题逐渐突显，如何研究并妥善解决此类问题已成为当前研究的热点之一。尽管 URT 交通体系竖向布置近似于当前的城市下穿隧道，但将来也可能会布置在较深的地下空间位置，其安全与否将成为一个重大问题。近接施工最根本的原因是新建隧道的施工引起围岩应力的重分布，导致结构发生沉降或较大变形，致使结构的轴力及弯矩发生变化，进而影响既有结构的安全使用。此外，该种受力特征会因工程修建的时间先后关系、空间位置关系以及施工方法的不同而产生变化。

5.1　坑道开挖后岩体的二次应力及位移状态

坑道开挖之前，岩体处于初始应力的平衡状态。坑道开挖后，岩体的初始应力状态遭到破坏，岩体应力在坑道外一定范围内产生了重新分布，其重分布后的岩体状态呈二次应力状态。

影响岩体二次应力状态的因素很多，如岩体的初始应力状态、岩体的构造（结构面、岩块的组合形态）、坑道的形态尺寸、埋深及坑道开挖的施工技术等。但目前对岩体二次应力状态的研究多是以下述假定为前提：

(1)视岩体为均质的、各向同性的连续介质。

(2)只考虑自重造成的初始应力场。

(3)坑道形状以圆形为主。

(4)坑道位于一定深度，可简化为无限体中的孔洞问题。

坑道开挖后周围岩体的应力、位移状态，视围岩体的临界强度(单轴抗压极限强度)有两种情况：一种是坑道开挖后围岩仍处于弹性状态(假定岩体初始应力为弹性应力状态)。此外，围岩除因破坏产生稍许松弛外，其本身是稳定的，为弹性二次应力及位移状态。另一种是坑道开挖后，在其周围一定范围内的应力超过了围岩的单轴抗压极限强度而处于塑性(甚至松动)状态，而在此范围以外的围岩仍处于弹性状态。当围岩处于塑性及弹性状态时为弹塑性二次应力及位移状态。

5.1.1　坑道开挖后的弹性二次应力及位移状态

1. 弹性二次应力状态

假设岩体的初始竖向荷载为 σ_x，水平荷载为 σ_y，其侧压力系数 $\lambda = \dfrac{\sigma_x}{\sigma_y}$。在岩体中开

挖一个半径为 a 的圆形坑道（图 5-1）后，其二次应力状态可用弹性力学中的吉尔西解表达，表达式为

$$\begin{cases} \sigma_r = \dfrac{\sigma_y}{2}\left[(1-\alpha^2)(1+\lambda) + (1-4\alpha^2+3\alpha^4)(1-\lambda)\cos 2\theta\right] \\[2mm] \sigma_\theta = \dfrac{\sigma_y}{2}\left[(1+\alpha^2)(1+\lambda) + (1+3\alpha^4)(1-\lambda)\cos 2\theta\right] \\[2mm] \tau_{r\theta} = \dfrac{\sigma_y}{2}(1-\lambda)(1+2\alpha^2-3\alpha^4)\sin 2\theta \end{cases} \tag{5-1}$$

式中，α——$\alpha = \dfrac{a}{r}$，当 $r=a$ 时，表示在坑道的周边上；

σ_r——径向应力；

σ_θ——切向应力；

$\tau_{r\theta}$——剪应力；

a——坑道开挖半径；

r——坑道到所求应力点的径向距离；

θ——坑道中心垂直轴与所求应力点方向的夹角。

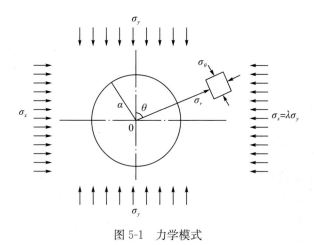

图 5-1　力学模式

下面分析式(5-1)所表达的应力状态特征。

1)坑道周边的应力状态

坑道周边处（$r=a$，即 $\alpha=1$）的应力状态由式(5-1)得

$$\begin{cases} \sigma_r = 0 \\ \sigma_\theta = \sigma_y\left[(1-2\cos 2\theta) + \lambda(1+2\cos 2\theta)\right] \end{cases} \tag{5-2}$$

即沿坑道周围只存在切向应力 σ_θ，径向应力为 0。这说明坑道的开挖使坑道周边的围岩从二向（或三向）应力状态变成单向（或二向）应力状态。沿坑道周边的切向应力大小及其分布状态主要决定于侧压力系数 λ 值。

当以不同的 λ 值（$\lambda=0$、1/3、1/2、1）代入式(5-2)中，即可得到切向应力 σ_θ 沿坑道周边的应力分布状态，如图 5-2 所示。从图中可以看出：

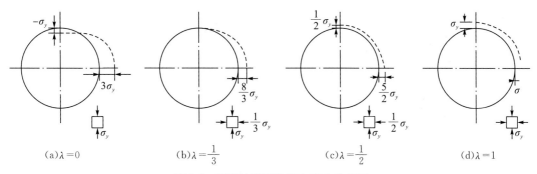

图 5-2　圆形坑道周边切向应力分布图

（1）$\lambda=0$。当 $\lambda=0$，即只有初始垂直应力时，拱顶处（$\theta=0$）出现最大切向拉应力，其值 $\sigma_t=-\sigma_y$，相当于初始垂直应力值。若令 $\sigma_\theta=\sigma_y(1-2\cos2\theta)=0$，则 $\cos2\theta=\dfrac{1}{2}$，$2\theta=$ 60°，即受拉区出现在与垂直轴成 30°角的范围内。侧壁处（$\theta=90°$）的切向拉应力 $\sigma_t=3\sigma_y$。切向应力分布见图 5-2(a)。

（2）$\lambda=\dfrac{1}{3}$。随着 λ 值的增加，拱顶处切向应力及其范围逐渐减小。当 $\lambda=\dfrac{1}{3}$ 时，拱顶处（$\theta=0°$）的切向应力 $\sigma_\theta=0$，侧壁处（$\theta=90°$）$\sigma_\theta=\dfrac{8}{3}\sigma_y$。见图 5-2(b)。

（3）$\lambda=\dfrac{1}{2}$。当 $\lambda=\dfrac{1}{2}$ 时，拱顶（$\theta=0°$）处的切向应力 $\sigma_\theta=\dfrac{1}{2}\sigma_y$，侧壁（$\theta=90°$）处 $\sigma_\theta=\dfrac{5}{2}\sigma_y$。如图 5-2(c)。

（4）$\lambda=1$。当 $\lambda=1$ 时，即初始垂直应力等于初始水平应力（$\sigma_\theta=\sigma_y$）时，围岩的应力为

$$\begin{cases}\sigma_r=\sigma_y(1-\alpha^2)\\\sigma_\theta=\sigma_y(1+\alpha^2)\end{cases}\tag{5-3}$$

当 $r=a$，即 $\alpha=1$ 时，$\sigma_r=0$，$\sigma_\theta=2\sigma_y$。如图 5-2(d)。

上述对坑道周边切向应力 σ_θ 的分析表明：

（1）λ 为 $0\sim\dfrac{1}{3}$ 时，坑道拱顶（拱底）局部范围是受拉的。由于岩石的抗拉强度较低，当切向应力超过其强度时，拱顶可能发生局部掉块或落石，但不会造成整个坑道的破坏。当 $\lambda>\dfrac{1}{3}$ 时，整个坑道周边的切向应力皆为压应力，坑道变得稳定。

（2）在侧壁范围内，λ 为 $0\sim1.0$ 时，周边切向应力总是压应力，而且总比拱顶范围的应力值大。这说明，侧壁处在较大的应力状态下，当 $\lambda=0$ 时侧壁中点（$\theta=90°$）的压应力最大，$\sigma_\theta=3\sigma_y$。而随着 λ 值的增大，侧壁中点的压应力逐渐减小，当 $\lambda=1$ 时其值变为 $\sigma_\theta=2\sigma_y$。

侧壁处在较大的压应力作用下，是造成侧壁剪切破坏或岩爆的主要原因之一，而且是造成整个坑道失稳的主要原因，应予以足够重视。

（3）当 $\lambda=1$ 时，坑道周边各点的切向应力皆相同，为一个常数值（$\sigma_\theta=2\sigma_y$），这种应力状态对圆形坑道的稳定是很有利的。

（4）围岩的侧压力系数通常为 0.2～0.5，在这个范围内，隧道周边的切向应力（σ_θ）都是压应力。因此要十分注意切向应力的变化，它是造成隧道破坏的主要原因之一。

2）围岩应力向深处变化情况

以 $\lambda=0$ 及 $\lambda=1$ 两种情况，对围岩应力向深处变化情况作以下分析。

（1）$\lambda=0$ 时的应力分布如图 5-3 所示。

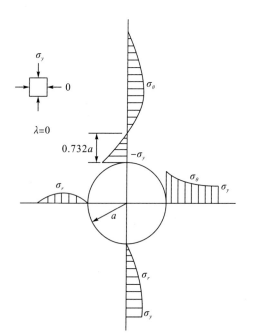 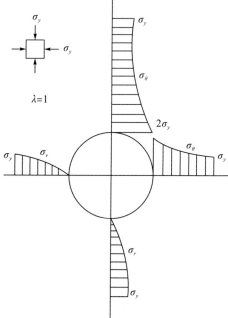

图 5-3　圆形坑道水平、垂直轴上的应力（$\lambda=0$）　　图 5-4　圆形坑道水平、垂直轴上的应力（$\lambda=1$）

当 $\lambda=0$ 时，式（5-1）变为

$$\begin{cases} \sigma_r = \dfrac{\sigma_y}{2}\left[(1-\alpha^2)+(1-4\alpha^2+3\alpha^4)\cos 2\theta\right] \\[2mm] \sigma_\theta = \dfrac{\sigma_y}{2}\left[(1+\alpha^2)+(1+3\alpha^4)\cos 2\theta\right] \end{cases} \tag{5-4}$$

① 在坑道水平方向上（$\theta=90°$ 或 $270°$）

由式（5-4）得径向应力 $\sigma_r=\dfrac{3}{2}\sigma_y(\alpha^2-\alpha^4)$，即在坑道周边等于 0；随着 r 的增大，σ_r 也在增大，但 r 继续增大时 σ_r 变小，最后趋近于 0。切向应力 $\sigma_\theta=\dfrac{\sigma_y}{2}(2+\alpha^2+\alpha^3)$，即 σ_θ 在坑道周边等于 σ_r；随着 r 的增大，σ_θ 逐渐减小，并趋近于初始应力 σ_y。

② 在坑道垂直方向上（$\theta=0°$ 或 $180°$）

由式（5-4）得径向应力 $\sigma_r=\dfrac{\sigma_y}{2}(2-5\alpha^2+3\alpha^4)$，即 σ_r 在坑道周边等于 0，随着 r 增大，σ_r 逐渐增大，并趋于 σ_y。切向应力 $\sigma_\theta=\dfrac{\sigma_y}{2}(\alpha^2-3\alpha^4)$，在坑道周边处 $\sigma_\theta=-\sigma_y$；当 $r=1.732a$ 时，$\sigma_\theta=0$。但随着 r 的增大，σ_θ 由拉应力变为压应力并逐渐减小趋于 0。

（2）$\lambda = 1$ 时的应力分布如图 5-4 所示。

当 $\lambda = 1$ 时，式（5-1）变为

$$\begin{cases} \sigma_r = \sigma_y(1 - \alpha^2) \\ \sigma_\theta = \sigma_y(1 + \alpha^2) \end{cases} \tag{5-5}$$

由于应力分布是回转对称的，水平轴和垂直轴方向上的径向应力 σ_r 及切向应力 σ_θ 变化是相同的。径向应力 σ_r 在坑道周边为 0；而随着 r 的增大；σ_r 逐渐增大并趋近于 σ_y。切向应力 σ_θ 在坑道周边为 $2\sigma_y$；随着 r 的增大，σ_θ 逐渐减小，且也趋近于 σ_y。同时随着 r 的增大，$\sigma_r + \sigma_\theta$ 始终保持为 $2\sigma_y$。

从上述围岩应力向深处变化情况看，坑道开挖后的二次应力分布范围是有限的，视 λ 值不同而不同，其范围大致为 $(5 \sim 7)a$（λ 愈大其范围愈大）。在此之外，围岩仍处在初始应力状态。这说明坑道开挖对围岩的影响范围是有限的。

前面的应力分析，是以圆形坑道为基础的。当坑道形状不是圆形时，相应公式都要改变，此时可用有限单元数值分析法进行求解，但在初步设计中，亦可采用将不同形状坑道变换成当量的圆形坑道的方法近似地加以分析，或直接以坑道跨度代替公式中的坑道直径。当然并不是所有坑道形状都能这样处理。根据弹性理论计算分析，各种形状坑道都能这样处理，各种形状坑道顶点（A 点）和侧壁中点（B 点）的切向应力可用以下表达式：

$$\begin{cases} \sigma_{\theta A} = \sigma_y(m\lambda - 1) & \text{顶点} \\ \sigma_{\theta B} = \sigma_y(n - \lambda) & \text{侧壁中点} \end{cases} \tag{5-6}$$

式中，λ——围岩侧压力系数；

m、n——坑道周边应力计算系数。其值列于表 5-1。

表 5-1　不同形状坑道的应力集中系数

高：跨	2：1			1：1			1：2		
编号	1	2	3	4	5	6	7	8	9
形状									
应力计算系数 m	5.0	4.0	3.9	3.2	3.1	3.0	2.0	1.9	1.8
应力计算系数 n	2.0	1.5	1.8	2.3	2.7	3.0	5.0	1.9	3.9

由表 5-1 可知：编号 4、5、6 的坑道，基本上都可以按圆形坑道来处理，不会造成很大误差。对铁路坑道来说，单、双线坑道断面直接采用圆形断面的求解公式是可以的。

2. 弹性位移状态

我们要研究由于坑道开挖产生应力释放而引起的释放位移如图 5-5 所示。现分两种情况进行讨论。

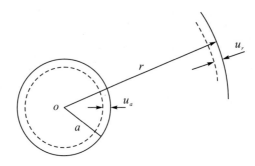

图 5-5 坑道开挖释放位移图

1) $\lambda = 1$ 的情况

在平面应变问题中，应力-应变方程为

$$\varepsilon_r = \frac{1-\mu^2}{E}\left(\sigma_r - \frac{\mu}{1-\mu}\sigma_\theta\right) = \frac{1+\mu^2}{E}\left[\sigma_r(1-\mu) - \mu\sigma_\theta\right] \tag{5-7}$$

几何方程为

$$\varepsilon_r = \frac{\mathrm{d}u}{\mathrm{d}r}, u = \int_r \varepsilon_r \mathrm{d}r$$

$$u = \int_r \frac{1+\mu}{E}\left[\sigma_r(1-\mu) - \mu\sigma_\theta\right]\mathrm{d}r \tag{5-8}$$

式中，E——弹性模量；

　　　u——坑道周边的位移；

　　　μ——泊松比；

　　　ε_r——径向应变。

由前述知，$\lambda = 1$ 时，$\sigma_r = \sigma_y(1-\alpha^2)$，$\sigma_\theta = \sigma_y(1+\alpha^2)$。代入式(5-8)得

$$
\begin{aligned}
u &= \int_r \frac{1+\mu}{E}\left[\sigma_y(1-\alpha^2)(1-\mu) - \mu\sigma_y(1+\alpha^2)\right]\mathrm{d}r \\
&= \int_r \frac{1+\mu}{E}\left[(1-2\mu) - \alpha^2\right]\sigma_y \mathrm{d}r = \int_r \frac{1+\mu}{E}\left[(1-2\mu) - \frac{a^2}{r^2}\right]\sigma_y \mathrm{d}r \\
&= \frac{1+\mu}{E}\left[(1-2\mu)r + \frac{a^2}{r}\right]\sigma_y
\end{aligned}
\tag{5-9}
$$

式(5-9)所求得的径向位移为 r 处坑道开挖后的相对位移，它包含着坑道开挖前该处存在的径向位移 u_{r0}，则 r 处因坑道开挖引起的径向释放位移 $u_r = u - u_{r0}$。

$$
\begin{aligned}
\varepsilon_{r0} &= \frac{1-\mu^2}{E}\left(\sigma_r - \frac{\mu}{1-\mu}\sigma_\theta\right) = \frac{1-\mu^2}{E}\left(\sigma_y - \frac{\mu}{1-\mu}\sigma_y\right) \\
&= \frac{1-\mu^2}{E}(1-2\mu)\sigma_y \qquad (\sigma_r = \sigma_\theta = \sigma_y)
\end{aligned}
\tag{5-10}
$$

坑道开挖前

$$\varepsilon_{r0} = \varepsilon_{\theta 0} = \frac{u_{r0}}{r}$$

$$u_{r0} = r\varepsilon_{r0} = \frac{1+\mu}{E}(1-2\mu)\sigma_y r \tag{5-11}$$

$$u_r = \frac{1+\mu}{E}\left[(1-2\mu)r + \frac{a^2}{r^2}\right]\sigma_y - \frac{1+\mu}{E}(1-2\mu)\sigma_y r = \frac{1+\mu}{E}\cdot\frac{a^2}{r}\sigma_y \tag{5-12}$$

当 $r=a$ 时，坑道周边处的径向释放位移为

$$u_a = \frac{1+\mu}{E} a\sigma_y \tag{5-13}$$

2）$\lambda \neq 1$ 的情况

此时将吉尔西解中的 σ_θ、σ_r 表达式代入式(5-8)中，同时减去坑道开挖前 r 处的径向位移值，即可得到坑道开挖后 r 处的径向释放位移 u_r。

$$u_r = \frac{(1+\mu)a}{2Er}\sigma_y\left[(1+\lambda)+(1-\lambda)(4-4\mu-a^2)\cos2\theta\right] \tag{5-14}$$

此式当 $r=a$，$\lambda=1$ 时，同样可得到式(5-13)。

当 $r=a$ 时，由式(5-14)可得到坑道周边径向位移 u_a 为

$$u_a = \frac{1+\mu}{E} \cdot \frac{\sigma_y}{2} a\left[1+\lambda+(3-4\mu)(1-\lambda)\cos2\theta\right] \tag{5-15}$$

由式(5-13)、式(5-15)可知 u_a 随 λ 的不同而发生变化。在不同的 λ 值条件下，坑道开挖后的断面收敛状态是不同的。当 $\lambda=1$ 时，坑道断面是均匀缩小的。随着 λ 值的减小，坑道上、下顶点继续向坑道内挤入，而水平直径处向外扩张，变成扁平的断面形状，在多数情况下坑道顶的垂直位移均大于坑道侧壁位移。

5.1.2　坑道开挖后形成塑性区的二次应力及位移状态

塑性是指围岩在应力超过一定值后产生塑性变形的性质。此时应力即使不增加，变形仍将继续。当围岩内应力超过围岩的抗压强度后，对于脆性围岩，在坑道周边产生如岩爆、剥离等。而对于塑性围岩，则在坑道周边产生径向塑性位移，由于应力要向内外释放。一部分变成向内的径向位移而消失，另一部分向外应力传至邻近围岩体，使其应力增高。当增高后的围岩应力超过围岩的抗压强度后，围岩将继续产生塑性变形，而塑性松动区不断向外扩大，但塑性区内的岩体没有失稳，尚有一定的承载能力，它可阻止塑性位移的发展，最后当塑性围岩应力小于围岩极限抗压强度时，其塑性松动区停止发展，形成弹塑性应力平衡状态。在坑边周围形成了塑性区和弹性区。如图 5-6 所示，在弹塑性区的交界面上，其应力既满足弹性应力条件又满足塑性应力条件且位移相容。

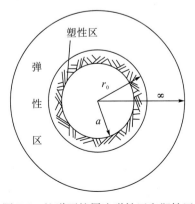

图 5-6　坑道开挖周边弹性区和塑性区

1. 形成塑性变形的塑性判据

目前在弹塑性分析求解中，多数假定产生塑性条件的应力圆包络线是一条直线（即摩尔-库仑假定），它取决于围岩的单轴抗压强度 R_b 和内摩擦角 φ。

设塑性区内的径向应力为 σ_{rp}，切向应力为 $\sigma_{\theta p}$，则由图 5-7 可知：

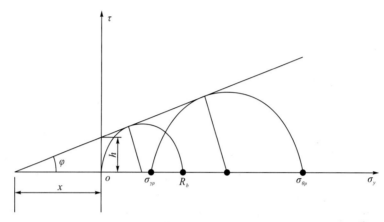

图 5-7   弹塑性区应力圆包络线

$$\sin\varphi = \frac{\dfrac{\sigma_{\theta p} - \sigma_{rp}}{2}}{x + \dfrac{\sigma_{\theta p} + \sigma_{rp}}{2}} = \frac{\sigma_{\theta p} - \sigma_{rp}}{2x + \sigma_{\theta p} + \sigma_{rp}} \tag{5-16}$$

$$\sin\varphi = \frac{\dfrac{R_b}{2}}{x + \dfrac{R_b}{2}} = \frac{R_b}{2x + R_b} = \frac{R_b}{2} \cdot \frac{1 - \sin\varphi}{\sin\varphi} \tag{5-17}$$

将式(5-17)代入式(5-16)，得

$$\sigma_{\theta p}(1 - \sin\varphi) - \sigma_{rp}(1 + \sin\varphi) - R_b(1 - \sin\varphi) = 0 \tag{5-18}$$

此式可写为

$$\sigma_{\theta p} - \frac{(1 + \sin\varphi)}{(1 - \sin\varphi)}\sigma_{rp} - R_b = 0$$

令

$$\frac{(1 + \sin\varphi)}{(1 - \sin\varphi)} = \xi$$

则

$$\sigma_{\theta p} - \xi\sigma_{rp} - R_b = 0 \tag{5-19}$$

由图 5-7 知，$x = h \cdot \cot\varphi$，将它代入式(5-17)中，得 $R_b = \dfrac{2h \cdot \cos\varphi}{1 - \sin\varphi}$，故式(5-18)写成

$$\sigma_{\theta p}(1 - \sin\varphi) - \sigma_{rp}(1 + \sin\varphi) - 2h\cos\varphi = 0 \tag{5-20}$$

式(5-19)或式(5-20)是目前通常采用的判别坑道周围是否出现塑性区的依据（即塑性判据），但它假定坑道周围出现塑性区后其岩性没有变化（即 h、φ 值不变）。实际上围岩在开挖后由于爆破、应力重分布等影响已被破坏，其 h、φ 值皆有变化。设围岩的残余黏结力为 c_r，残余内摩擦角为 φ_r，则式(5-19)变为

$$\sigma_{\theta p} - \xi_r \sigma_{rp} - R_{br} = 0 \tag{5-21}$$

或

$$\sigma_{\theta p}(1 - \sin\varphi_r) - \sigma_{rp}(1 + \sin\varphi_r) - 2c_r \cos\varphi_r = 0 \tag{5-22}$$

式中，$\xi_r = \dfrac{1 + \sin\varphi_r}{1 - \sin\varphi_r}$；　　$R_{br} = \dfrac{2c_r \cos\varphi_r}{1 - \sin\varphi_r}$。

2. 确定塑性区内的应力及位移状态

1）塑性区内的应力状态

（1）塑性区内围岩岩性不变情况。

弹性力学中采用极坐标表示的应力平衡微分方程式（径向）为

$$\frac{\partial \sigma_r}{\partial r} + \frac{1}{r} \cdot \frac{\partial \tau_{\theta r}}{\partial \theta} + \frac{\sigma_r - \sigma_\theta}{r} + k_r = 0$$

当 $\lambda = 1$ 处于轴对称且不考虑体力时，上式变成

$$\frac{\partial \sigma_r}{\partial r} + \frac{\sigma_r - \sigma_\theta}{r} = 0$$

则塑性区内的应力平衡微分方程为

$$\frac{\mathrm{d}\sigma_{rp}}{\mathrm{d}r} + \frac{\sigma_{rp} - \sigma_{\theta p}}{r} = 0$$

或

$$\sigma_{\theta p} - \sigma_{rp} = r \frac{\mathrm{d}\sigma_{rp}}{\mathrm{d}r} \tag{5-23}$$

将式（5-19）的塑性判据代入式（5-23）得

$$\xi\sigma_{rp} + R_b - \sigma_{rp} = r \frac{\mathrm{d}\sigma_{rp}}{\mathrm{d}r}$$

对 r 积分后得

$$\ln r + c_1 = \frac{1}{\xi - 1} \ln[\sigma_{rp}(\xi - 1) + R_b] \tag{5-24}$$

引入边界条件：当 $r = a$ 时，$\sigma_{rp} = 0$。求出积分常数 c_1 为

$$c_1 = \frac{1}{\xi - 1} \ln R_b - \ln a \tag{5-25}$$

将式（5-25）代入式（5-24）并整理后得

$$\begin{cases} (\xi - 1)\ln \dfrac{r}{a} = \ln\left[\dfrac{\sigma_{rp}(\xi - 1)}{R_b} + 1\right] \\[3mm] \left(\dfrac{r}{a}\right)^{\xi-1} = \dfrac{\sigma_{rp}(\xi - 1)}{R_b} + 1 \\[3mm] \sigma_{rp} = \dfrac{R_b}{\xi - 1}\left[\left(\dfrac{r}{a}\right)^{(\xi-1)} - 1\right] \end{cases}$$

将 σ_{rp} 代入塑性判据得

$$\sigma_{\theta p} = \frac{R_b}{\xi - 1}\left[\left(\frac{r}{a}\right)^{(\xi-1)}\xi - 1\right]$$

所以塑性区内的应力为

$$\begin{cases} \sigma_{rp} = \dfrac{R_b}{\xi-1}\Big[\Big(\dfrac{r}{a}\Big)^{(\xi-1)} - 1\Big] \\[3mm] \sigma_{\theta p} = \dfrac{R_b}{\xi-1}\Big[\Big(\dfrac{r}{a}\Big)^{(\xi-1)}\xi - 1\Big] \end{cases} \tag{5-26}$$

根据式(5-26)可以绘出沿水平直径方向的应力分布，如图 5-8 所示。

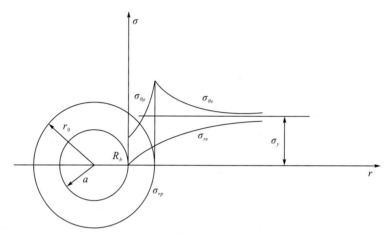

图 5-8　圆形坑道周围塑性的应力分布

在坑道周边($r=a$)处的应力：$\sigma_{rp}=0$，$\sigma_{\theta p}=R_b$，它与弹性状态时应力 $\sigma_{rp}=0$，$\sigma_{\theta e}=2\sigma_y$ 比较：$\sigma_{re}\ll\sigma_{\theta e}$。这说明塑性区围岩因松弛而产生应力释放。坑道周边处切向应力由 $2\sigma_y$ 下降到 R_b。

同时应力向围岩内部转移，在弹塑性交界面处形成了一个高应力的岩石承载环，为维持坑道的稳定而所需的支护抗力大为降低。

(2)塑性区内围岩岩性变化情况。

塑性区内围岩应力计算公式为

$$\begin{cases} \sigma_{rp} = \dfrac{R_{br}}{r-1}\Big[\Big(\dfrac{r}{a}\Big)^{(\xi_r-1)} - 1\Big] \\[3mm] \sigma_{\theta p} = \dfrac{R_{br}}{r-1}\Big[\Big(\dfrac{r}{a}\Big)^{(\xi_r-1)}\xi_r - 1\Big] \end{cases} \tag{5-27}$$

整个推导过程与岩性无变化情况相同，R_{br}、ξ_r 计算同前。

2)整个塑性区内的位移状态(岩性不变情况)

当 $\lambda=1$ 时，在弹塑性交界面上的径向位移如图 5-9 所示。

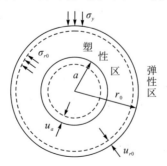

图 5-9　圆形坑道弹塑性位移

根据式(5-11)求得

$$u_{r0} = \frac{1+\mu}{E}(\sigma_y - \sigma_{r0})r_0 \qquad (5\text{-}28)$$

式中，r_0——塑性区半径；

　　　σ_{r0}——弹塑性交界面上的径向应力，其他符号同前。

根据塑性区内围岩体积不可压缩的假定(即塑性变形前的体积等于塑性变形后的体积)，可求出坑道周边处的塑性径向位移 u_a 值，即

$$\pi(r_0{}^2 - a^2) = \pi\big[(r_0 - u_{r0})^2 - (a - u_a)^2\big]$$

将此式展开并略去二阶无穷小后，得

$$u_a = \frac{r_0}{a}u_{r0} \qquad (5\text{-}29)$$

将式(5-28)代入式(5-29)即得

$$u_a = \frac{1+\mu}{E}(\sigma_y - \sigma_{r0})\frac{r_0{}^2}{a} \qquad (5\text{-}30)$$

式(5-30)说明，坑道周边径向塑性位移 u_a 与塑性区半径 r_0 的二次方成正比，说明坑道周边位移的发展比塑性区半径的发展更快一些。

5.2　隧道近接施工影响的分区

5.2.1　近接区划分标准

日本 1997 年公布了《既有铁路隧道近接施工指南》，同时也发表了大量近接施工案例研究的论著，该指南对既有铁路隧道近接施工类问题做了较全面、系统的阐述。认为近接施工的种类、工程的设计与规模、近接施工方法、既有隧道的空间位置关系、地形(质)条件、既有隧道衬砌的结构健全度以及相应的对策等都将影响近接工程的近接度划分。近接度一般划分为三个范围即无条件范围、要注意范围、限制范围(要对策范围)。近接程度应根据具体的近接工程种类和规模、地层条件等因素进行分类，按分类划分实施相对应的施工前调查、影响预测、对策、安全监视等。其中，既有隧道与新建结构物的间隔距离(这里间隔是指既有隧道衬砌外面到近接工程的最小距离)对近接度的划分影响最甚，近接度的具体划分见表 5-2～表 5-9。近接度判断时采用隧道外径值 D，即旧隧道或新隧道衬砌外轮廓的垂直高度与水平宽度中的最大值；在新旧隧道并列、交叉的场合，采用新建隧道的外径 D。

其中，表 5-2 适用于新建隧道在既有隧道左右并列情况，即从既有隧道断面中央向上下方向引 45°线的范围内并列的情况。在此线的上方或下方新建隧道时，应按隧道交叉的情况处理。隧道间隔小于 0.5D 时，预计对隧道结构有重大影响，应慎重处理。若新建隧道采用爆破法施工时，还应考虑爆破震动的影响。

表 5-2   新旧隧道并列的近接度划分

两座隧道的位置关系	隧道间隔	近接度的划分
新建隧道在既有隧道高的位置	$<1.0D$	限制范围
	$1.0D\sim2.5D$	要注意范围
	$>2.5D$	无条件范围
新建隧道在既有隧道低的位置	$<1.5D$	限制范围
	$1.5D\sim2.5D$	要注意范围
	$>2.5D$	无条件范围

表 5-3   新旧隧道交叉的近接度划分

两座隧道的位置关系	隧道间隔	近接度的划分
新建隧道在既有隧道的上方	$<1.5D$	限制范围
	$1.5D\sim3.0D$	要注意范围
	$>3D$	无条件范围
新建隧道在既有隧道的下方	$<2D$	限制范围
	$2D\sim3.5D$	要注意范围
	$>3.5D$	无条件范围

表 5-4   隧道上部明挖的近接度划分

残留埋深比 h/H	近接度的划分
<0.25	限制范围
$0.25\sim0.5$	要注意范围
>0.5	无条件范围

表 5-5   隧道上部填土的近接度划分

原埋深	填土高度 $\triangle H/H$	近接度的划分
$<1.0D$	>0.5	限制范围
	$0.5\sim1.0$	要注意范围
$1.0D\sim3.0D$	>1.0	限制范围
	$0.5\sim1.0$	要注意范围
	<0.5	无条件范围
$>3.0D$	>1.0	要注意范围
	<1.0	无条件范围

表 5-6　穿越隧道上覆结构物近接度的划分

隧道上部 5m 以上的预计增加荷载/0.01MPa	近接度的划分
>4.0	限制范围
1.0~4.0	要注意范围
<4.0	无条件范围

表 5-7　隧道侧面开挖近接度的划分

与既有隧道的距离	近接度的划分
<1.0D	限制范围
1.0D~2.0D	要注意范围
>2.0D	无条件范围

表 5-8　穿越坝体近接度的划分

积水规模	近接度的划分
大规模积水(>10 000m³)	限制范围
中规模积水(100~10 000m³)	要注意范围
小规模积水(<100m³)	无条件范围

表 5-9　地层扰动(如爆破)近接度的划分

与隧道的距离	近接度的划分
<2.0D	限制范围
2.0D~5.0D	要注意范围
>5.0D	无条件范围

此外，日本的铁路隧道和公路隧道均给出了基本近接的影响分区标准以及判别原则，见表 5-10。

表 5-10　分区标准

近接区域划分	特征
A——强影响区	新建工程对既有结构物有较强的影响，且通常产生的危害较大
B——弱影响区	新建工程对既有结构物存在一定影响，但影响有限，通常不会产生较大的危害，但仍应引起注意
C——无影响区	新建工程对既有结构物的影响较弱，通常不需要考虑

5.2.2　分区判别准则

近接度的判别准则可从地层和结构两大方面来考虑，共分为五个基本类型，其选择应视具体工程的近接类型而定，具体的判别准则见表 5-11。

表 5-11　影响分区准则表

准则分类	准则基本类型
Ⅰ. 地层准则	应力准则
	塑性区准则
	位移准则
Ⅱ. 既有结构准则	既有结构物强度准则
	既有结构物刚度准则
Ⅲ. 符合准则	前两者组合应用

1.　应力准则

应力准则按引起应力重分布的梯度变化范围和应力集中度（系数）进行划分。根据围岩的软硬程度可分为弹性准则及弹塑性准则，前者适用于较硬的围岩，后者则适用于较软弱的岩土。

2.　塑性区准则

塑性区准则按塑性区不叠加（处于临界状态）确定分区指标。近接施工引起周边应力重分布后若仍处于弹性状态时，既有结构物的受力变化并不大，且围岩强度仍有潜力；仅在塑性区出现且与既有结构物连通时，才会对既有结构物产生较大的影响。可见，该准则较应力准则标准有所降低。

3.　位移准则

位移准则是指按新建工程引起既有结构物处的地层变位程度划分影响区域的准则。当既有结构物出现如基础不均匀沉降、地表下沉及隧道产生较大纵向位移等条件下，表明位移影响响应最甚，应按位移值来进行近接影响区域、近接度的划分。

4.　既有结构物强度准则

既有结构物强度准则是指按新建工程引起既有结构物承载力改变程度划分影响区域、近接度的准则。该准则主要根据既有结构物的健全程度及新建工程对其的影响程度来进行划分，若既有结构物的健全度越高，则允许近接的距离越小，反之则越大。

5.　既有结构物刚度准则

既有结构物刚度准则是指按新建工程引起既有结构物形状改变程度及内部构造物允许的变位要求来划分影响区域的准则。

5.3　近接度的定义及近接影响度

5.3.1　近接度概念

对于具体的工程，几何上的近接程度称为几何近接度，可以用下式表示：

$$A = \frac{S}{D}$$

式中，S 为新建（后续）和既有（先建）结构间的净距；D 为近接工程的当量规模尺寸。

近接影响度是指对于确定的近接工程，根据一定的判别准则，在采用确定的施工方法和措施的情况下，新建（后建）工程施工对既有（先建）结构影响的程度。近接影响分区（简称影响分区）则是对于确定的近接类型，在采用常规的施工措施条件下，根据一定的判别准则，反映既有（先建）结构影响程度关于新（后）建结构的 N 维影响因素空间中的区划。这样就把确定的近接工程固有的近接特性，如几何近接度、影响分区和在采取特殊对策措施下实际工程的影响程度区分开来。

5.3.2　近接影响分区相关因素

事实上对某一具体工程给出近接影响度的确切表达式是十分困难的事，因此为了从宏观上指导近接影响分区的判断，需要一个定量的表达式。本节从分析判别准则（C）的影响因素及其逻辑关系入手，结合工程实际，给出一个相对完善的近接影响度的表达式。根据判别准则的阈值，得到影响分区和分区界线。

一般近接施工影响程度分区的影响因素如下：

(1)近接施工的类型（受力特征）。

(2)新建结构物的规模尺度（当量直径 D）影响系数 α_0。

这是新旧结构物当量直径的比值，是一个无量纲量，为一正有理数。

(3)新建结构物与既有结构物的位置关系影响系数 α_1。

这里的位置关系即新旧隧道在平面中的角度关系（也可以投影在平面内）。

通常取新旧隧道平行案例作为基准情况，此时泛，其余交叉、重叠、交错等情况在此基准值基础上进行修正。可见 α_1 为无量纲且大于零的有理数。

(4)施工影响系数 α_2。

施工方法不同，应力释放率存在较大差别，亦会对近接施工产生较大的影响。常见的三种施工方法为盾构法、矿山法、明挖法。盾构法由于断面封闭较早，尤其辅以同步注浆工艺下具有较强的及时支护能力，其近接水平可以较高，影响相对较小；明挖法相较于盾构法、矿山法的支护相对滞后，在大规模开挖前就可以施作围护结构。但这并不绝对，当矿山法采用较强的超前支护和预衬砌时，也具备较强的预支护能力，将大大减小应力释放率。

(5)地质条件（G）影响系数 α_3。

地质条件包含着地质构造、地层岩性等复杂影响因素，可通过两种方法确定，一种是按围岩级别或岩土分类建立联系，第二种是按地层物理力学参数建立联系。前者以某一级围岩或地层土类别为基准，后者则以某一级围岩或地层的物性指标为基准。

第一种方法，从物性指标来看，一般有 γ、E、μ、c、φ，如果基准值为 γ_0、E_0、μ_0、c_0、φ_0，则可将 α_3 表达为如下函数：

$$\alpha_3 = F_3\left(\frac{\gamma}{\gamma_0}, \frac{E}{E_0}, \frac{\mu}{\mu_0}, \frac{c}{c_0}, \frac{\varphi}{\varphi_0}\right)$$

该方法分析量相对较少，可以通过上下限控制、线性或非线性内插的方法宏观确定，可操作性好，便于推广应用，缺点是公式相对比较复杂，精确性难以保证。

(6)埋深条件(H)影响系数 α_4。

埋深对近接施工的影响主要体现在两个方面，一是几何因子，二是地层初始应力。一般来说，埋深越大，初始应力越大，对既有结构物产生的影响也越大。目前，我国地铁盾构的相关规范、荷载计算和实践均把 $2D$ 作为盾构深浅埋的分界值，即当埋深 $H = 2D$ 时，基准埋深影响因素 $\alpha_4 = 1$。

(7)既有结构物的健全度影响系数 α_5。

根据 1997 年铁道部颁布的行业标准《铁路隧道设备劣化评定标准——隧道》(T2820.2—1997)，规定采用劣化度的方法判定隧道结构物的功能状态，将结构物的劣化等级分为 5 级。2003 年交通部颁布的《公路隧道养护技术规范》，也将劣化度分为 5 级。上述两规范的判定结果表述基本一致，尽管在个别等级的判定上有所差别，但在结果的判定上是保持一致的。因此，引入劣化度指标来反映劣化程度，将其分为 5 级，与劣化等级相对应，具体的劣化等级和劣化度的对应关系见表 5-12。

表 5-12　劣化等级和劣化度划分表

劣化度(Q)	劣化等级(铁路)	判定分类(公路)	措施
5	AA(极严重)	3A(严重破坏)	立即采取
4	A1(严重)	2A(较严重破坏)	尽快采取
3	B(较重)	1A(破坏)	必要时采取
2	C(中等—影响较轻)	B(轻微破损)	加强监视
1	D(轻微)	S(情况正常或很轻微)	正常保养

(8)对策(M)影响系数 α_6。

这里的对策措施专指新建工程所采取的措施，如支护结构类型、强度、刚度、辅助工法等。对于确定的近接工程，对策措施对应力释放率和近接影响度具有决定性的作用，土仓压力、推进力、推进速度、管片同步以及二次注浆压力和注浆量等都将对施工产生重大影响。

(9)综合系数 K。

在实际工况十分复杂，且在多重因素相互作用的情况下，单一因素难以准确表述其施工影响，需综合上述的一个或多个影响因素进行考虑，可通过构造相应的函数来解决问题。

5.3.3　近接影响度的表达式

假定上述影响因素基本相互独立，且相互不干扰，均对近接影响度的判别产生独立影响。根据影响因素的逻辑关系，可认为每个因素的权重相同，不分主次，认为上述各影响因素修正系数对近接影响判别准则具有乘数效应，给出确定近接类型的近接影响判别准则的表达式如下：

$$C_{ij} = K_{ij} \cdot \alpha_{0ij} \cdot \alpha_{1ij} \cdot \alpha_{2ij} \cdot \alpha_{3ij} \cdot \alpha_{4ij} \cdot \alpha_{5ij} \cdot \alpha_{6ij}$$

式中，i——近接施工的种类，$i = 1, 2, 3, \cdots, N$；

$\quad\quad j$——近接施工影响判别准则类型，$j = 1, 2, 3, \cdots, L$；

$\quad\quad C_{ij}$——第 i 种近接施工类型关于第 j 个判别准则的值；

$\quad\quad K_{ij}$——第 i 种近接施工类型关于第 j 个判别准则的影响综合系数，实质为基准情况时的判别准则值；

$\quad\quad \alpha_{0ij}$——第 i 种近接施工类型下，关于基准几何近接度的修正系数，为一有理数；

$\quad\quad \alpha_{1ij}$——第 i 种近接施工类型下，关于第 j 个判别准则的基准位置角度关系的影响修正系数，为一正有理数，取并行位置为基准位置，则有 $\alpha_{1ij} = 1$；

$\quad\quad \alpha_{2ij}$——第 i 种近接施工类型下，关于第 j 个判别准则的基准施工方法的影响修正系数，为一正有理数；

$\quad\quad \alpha_{3ij}$——第 i 种近接施工类型下，关于第 j 个判别准则的基于一定围岩级别或土石分级的地质条件影响修正系数，为一正有理数；

$\quad\quad \alpha_{4ij}$——第 i 种近接施工类型下，关于第 j 个判别准则的基准埋深的影响修正系数，为一正有理数；

$\quad\quad \alpha_{5ij}$——第 i 种近接施工类型下，关于第 j 个判别准则的既有结构物基准劣化度的影响修正系数，为一正有理数，可取基准劣化度 $Q = 1$，此时 $\alpha_{5ij} = 1$；

$\quad\quad \alpha_{6ij}$——第 i 种近接施工类型下，关于第 j 个判别准则的新建侧基准施工措施的影响修正系数，为一正有理数，可取基准施工措施为非近接施工条件下的常规施工措施，此时 $\alpha_{6ij} = 1$。

判别准则值的大小反映着近接影响程度，为使不同判别准则下的近接影响度有统一的量化表达，同时与习惯一致，便于应用，可以将近接影响度分为度。实际使用中可以使 I 在 0~5 的范围内变化，根据一定的阈值标准，可以在近接影响度和判别准则间构建一定的函数关系：

$$I_{ij} = \varphi(C_{ij})$$

式中，I_{ij}——第 i 种近接施工类型关于第 j 个判别准则的近接影响度。

引用关于近接影响分区标准的文献，将影响区分为强、弱和无影响三级。根据近接影响分区的相关定义，是指对于确定的施工方法和常规措施条件，依据一定判别准则的新(后)建工程的空间区划，这个判别准则可以通过常规施工条件下的近接影响度来反映。

将常规施工条件下的影响度(简称常规影响度)与影响分区相联系，其具体对应关系见表 5-13。

表 5-13   常规影响度的划分与影响分区的对应关系

近接影响区	常规影响度
强影响区 A	$2 \leqslant I \leqslant 5$
弱影响区 B	$1 \leqslant I < 2$
无影响区 C	$0 < I < 1$

根据影响分区是基于常规施工措施的概念，有 $\alpha_{6ij} = 1$，相应的分区表达式为 6 维影响因素空间中的点集，即：

$$\begin{cases} A = \{(A, \theta, T, G, Q, M) \mid 2 \leqslant I_{ij} \leqslant 5\} & \text{强影响区} \\ B = \{(A, \theta, T, G, Q, M) \mid 1 \leqslant I_{ij} < 2\} & \text{弱影响区} \\ C = \{(A, \theta, T, G, Q, M) \mid 0 < I_{ij} < 1\} & \text{无影响区} \end{cases} \tag{5-31}$$

设 α_{0ij} 与几何近接度具有以下关系：

$$\alpha_{0ij} = F(A) = F(S/D) \tag{5-32}$$

根据式(5-32)，当其他影响因素确定时，关于后建隧道(结构)对既有隧道(结构)的等值影响度的净距集合(等值线)表达式可表示为

$$S = F^{-1}\left(\frac{\psi^{-1}(I_{ij})}{K_{ij} \cdot \alpha_{1ij} \cdot \alpha_{2ij} \cdot \alpha_{3ij} \cdot \alpha_{4ij} \cdot \alpha_{5ij} \cdot \alpha_{6ij}}\right)D \tag{5-33}$$

相应的影响分区界线表达式为

$$S_k = F^{-1}\left(\frac{\psi^{-1}(I_{ijk})}{K_{ij} \cdot \alpha_{1ij} \cdot \alpha_{2ij} \cdot \alpha_{3ij} \cdot \alpha_{4ij} \cdot \alpha_{5ij}}\right)D \tag{5-34}$$

式中，k——影响分区界线序号，$k = 1$ 或 2，$k = 1$ 为强影响序号，$k = 2$ 为弱影响序号；

S_k——对应于第 k 个影响分区界线的新(后)建结构与既有(先建)结构的距离；

I_{ijk}——第 i 种近接施工类型关于第 j 个判别准则的第 k 个影响界线的近接影响度，当 $k = 1$ 时，有 $I_{ijk} = 1$；$k = 2$ 时，有 $I_{ijk} = 2$。

总而言之，由于近接工程本身问题的复杂性，即便给出了关于相关近接影响度、影响分区的表达式，要想确定 α_{0ij}、α_{1ij}、α_{2ij}、α_{3ij}、α_{4ij}、α_{5ij}、α_{6ij} 和 K_{ij} 等系数仍有难度，譬如 α_{0ij}、α_{1ij}、α_{5ij} 和 α_{6ij} 为单因素影响系数，可以通过对单因素不同参数值的解析，得到近接影响度与该参数的定量关系(如统计公式)，从而确定参数的系数值；但其余系数可以是多因素影响系数，需在全面分析相关影响因素的基础上，通过大量的计算和实例结果，利用统计方法，构造相应的函数关系得到。

5.4   近接施工相应对策

从上述对近接度的影响因素分析可知，尽管影响因素众多，但一旦确定近接类型，可变参数仅剩下三个，即 α_{3ij}、α_{5ij}、α_{6ij}。因此，相应的对策可以从以下三个方面入手：①加固既有结构物；②对新建结构采取措施；③对既有结构和新建结构之间土或岩层采取对策。具体原理与措施如下。

1. 对既有结构的加固措施

对既有结构的加固措施有回填压浆、拱架加强、内衬加强、横撑加强和托换。对于盾构隧道，还包括管片间螺栓的加强和紧固。

回填灌浆通过物理化学方法向土中压注某种胶凝材料，达到加固既有结构与周围岩（土）层接触面目的。

拱架加强包括横向加强钢架和纵向加强钢架。对于盾构隧道来说，管片接头处往往是最薄弱的地方，而纵向加强拱架可与螺栓孔相结合紧固，以此来增强结构的纵横向刚度和强度，避免使接头处产生过大的张开导致螺栓破坏。在实际工程中，加粗（或增加根数）和紧固螺栓目的均是加强管片连接处的强度。

由上述的分析可知，在近接情况下一旦隧道结构局部出现拉力，对结构影响将相当不利。故为了提高结构抵抗纵向变形能力，可通过对结构施加初始预压力来抵消结构可能存在的拉力。因此在近接严重的共建隧道中，可以对先建隧道预留预应力索道或预穿预应力索道，进行后张拉操作来有效提高结构抵抗近接施工的能力。

加强对策：拱架加强、内衬加强、铺固加强、横撑加强、改建等。

维修对策：剥离可能掉落的浮块、表面清扫、整理排水沟、防止漏水等。

2. 对新建隧道或工程预先采取措施

研究表明地下工程近接施工不利影响的根本原因在于后建隧道施工产生的应力释放或加载，因此，其主要控制措施应该从新建隧道的加、卸载效应入手。对于盾构施工，为了减小对近接既有结构物的影响，需将地层变形控制在最小限度内，具体措施包括减少超挖、防止蛇行以及防止盾尾空隙的发生等，最重要的是控制盾构掘进对正面及周围土体的扰动与出土量来减少地层损失，因此必须准确设定正面土压力，控制掘进速度，加强同步注浆，根据后期沉降情况，及时进行二次注浆，对刀盘和盾构机盾壳与土层之间加注泡沫或泥浆，以减少对土体的扰动。此外，在近接施工中，应严格控制轴线偏差和盾构姿态，尽量避免纠偏，必须时不宜过大过快。

根据影响预测的结果，认为有必要时，为减轻影响应改变新建工程计划或增加对策。不得不在强影响区和弱影响区进行施工时，为减轻对既有隧道的影响，需要改变新建工程的计划或增加新的对策。

3. 对既有工程和新建工程之间的围岩采取加固措施

预测近接施工有不良影响时，而且隧道的防护、近接工程侧的对策不充分时，为减轻、消除影响，应对中间地层采取对策。一般采取强化、改良地层的方法，如压浆法、冻结法等，也可采取隔断影响的方法，如地下连续壁、管棚、钢管桩等。

通常情况下，上述对策并不是完全独立的。例如，加固改良地层可能既属于对新建结构的对策，又可能属于对中间地层的对策，也可能属于对既有结构的对策，往往需要综合应用以上几种方法以达到预期的效果。

此外，施工监测是地下工程的重要组成部分。在近接工程施工中，由于其固有的高风险性、复杂性和不可预见性，监测更有其重要意义。近接工程的隧道施工时应加强监测工作，重点对隧道的径向变形、位移、土压力、管片结构内力、加劲肋应力及土体深层力学、位移等项目进行监测。监测资料应及时反馈，以根据监测资料及时调整掘进参数和注浆参数。

4. 对策措施与近接度的对应关系

结合文献资料以及类似工程的经验，建议设置几级措施分别与常规近接影响度相对应，见表 5-14。

表 5-14　近接施工的对策与常规近接度的对应关系

近接影响分区	常规近接影响度	具体措施
A	$2 \leqslant I \leqslant 5$	视情况对新建隧道采取 I 级措施或联合措施（即对既有结构、中间地层和新建隧道都采用措施）
B	$1 \leqslant I < 2$	新建隧道采取 II 级施工参数
C	$0 < I < 1$	新建隧道采取 III 级施工参数

5.5　新建隧道对既有隧道安全距离的数值分析

5.5.1　本构模型

土层材料采用 Mohr-Coulomb 模型计算，破坏屈服准则采用 Mohr-Coulomb 准则，变形模式采用大应变变形模式，结构单元采用线弹性本构关系。

1. 线弹性模型

隧道衬砌采用线弹性模型。线弹性模型基于广义胡克定律，其本构方程为

$$\sigma = D^{el} \varepsilon^{el}$$

其中，σ 为应力分量向量；ε^{el} 为应变分量向量；D^{el} 为弹性矩阵。

2. Mohr-Coulomb 模型

实际工程中土的应力应变关系是很复杂的，具有非线性、弹塑性、黏塑性、剪胀性、各向异性等性状，同时应力路径、强度发挥度以及土的组成、结构、形态和温度等均对其有影响。事实上，没有任何一种本构模型能考虑所有的影响因素，也没有任何一种模型能够适用于所有土体和加载情况。因此，对于土体而言，选择相对适合的本构模型对于数值分析结果的准确性起着至关重要的作用。对于安全系数较大，不容易发生屈服的土体，可以选用线弹性模型进行数值模拟。但在盾构隧道施工过程中，土体会发生屈服，即材料的应力与应变呈非线性关系。土体发生屈服后的变形既包括弹性变形部分，亦包括塑性变形部分。为了表现地基土的非线性力学特性，采用 Mohr-Coulomb 弹塑性模型进行分析，土体的屈服函数可表示为

$$\begin{cases} F = R_{mc}q + p\,\tan\varphi - c = 0 \\ R_{mc} = \dfrac{1}{\sqrt{3}\cos\varphi}\sin\left(\Theta + \dfrac{\pi}{3}\right) + \dfrac{1}{3}\cos\left(\Theta + \dfrac{\pi}{3}\right)\tan\varphi \\ \cos(3\Theta) = \dfrac{J_3^{\frac{3}{3}}}{q^{\frac{3}{3}}} \end{cases}$$

其中，φ 为 p-q 应力面上 Mohr-Coulomb 屈服面的倾斜角，即土体直剪试验的内摩擦角；c 为内聚力；Θ 为极偏角；J_3 即第三偏应力不变量。

5.5.2　既有隧道影响分析

新建隧道上方存在既有隧道结构时，两隧道的竖向垂直距离 D 取 3m、5m、10m、15m、20m 五种情况进行计算模拟，既有隧道结构埋深取 15m。在既有隧道衬砌结构和新建隧道衬砌结构上布设的监测点如图 5-10 所示。

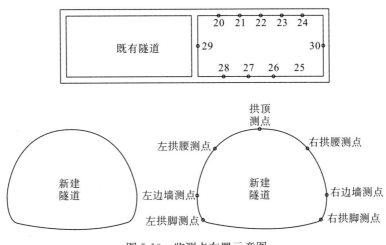

图 5-10　监测点布置示意图

1. 既有隧道结构弯矩

新建隧道下穿既有隧道施工，相当于在既有隧道结构下部附加了一定的"卸载荷载"，因此新建隧道的施工会引起既有隧道结构内力的重新调整。

由表 5-15、图 5-11 和图 5-12 可知，随着新建隧道净距 D 的增大，既有结构不同部位的弯矩呈现不同的变化趋势，中间岩墙中部位置的弯矩随新建隧道净距 D 的增大，呈正负交替变化，但大小均比原来既有结构的弯矩小。既有隧道右边墙弯矩随净距 D 的增大依次增大，且在净距 $D=5$m、10m、15m 时，相对于新建隧道前既有结构弯矩增量比均为 1.8 倍左右，说明新建隧道对既有结构右边墙位置弯矩影响较大。既有隧道顶板和底板越靠近边墙和中间岩墙位置的弯矩随新建隧道净距的增大或减小均变化较大。

表 5-15　新建隧道不同埋深下既有结构测点的弯矩

（单位:kN·m）

测点	20	21	22	23	24	25	26	27	28	29	30
无新建隧道	80.0514	244.148	194.751	175.761	97.9738	77.8649	325.293	379.423	21.3835	-5.07948	25.7814
18m(D=3m)	78.9822	253.906	198.863	168.46	74.1635	8.01386	401.233	449.459	13.1971	-4.47188	76.1797
增量比	-1.34%	4.00%	2.11%	-4.15%	-24.30%	-89.71%	23.35%	18.46%	-38.28%	-11.96%	195.48%
20m(D=5m)	88.3583	257.668	214.024	169.471	59.4654	-15.2426	373.952	433.384	18.5975	2.45814	72.2086
增量比	10.38%	5.54%	9.90%	-3.58%	-39.30%	-80.42%	14.96%	14.22%	-13.03%	-51.61%	180.08%
25m(D=10m)	109.735	255.376	214.093	163.255	54.8018	-10.8069	358.774	402.388	-42.1793	-0.48053	72.8048
增量比	37.08%	4.60%	9.93%	-7.12%	-44.06%	-86.12%	10.29%	6.05%	97.25%	-90.54%	182.39%
30m(D=15m)	113.278	256.264	220.384	182.605	55.8933	-19.4808	361.961	424.436	-59.7512	1.49419	71.8422
增量比	41.51%	4.96%	13.16%	3.89%	-42.95%	-74.98%	11.27%	11.86%	179.43%	-70.58%	178.66%
35m(D=20m)	112.637	259.751	225.476	175.283	49.0778	-7.60701	335.011	395.12	-57.3771	-0.41299	79.5204
增量比	40.71%	6.39%	15.78%	-0.27%	-49.91%	-90.23%	2.99%	4.14%	168.32%	-91.87%	208.44%

（左侧纵向标注：邻近既有结构）

注:D 为新建隧道与既有隧道竖向的净距。

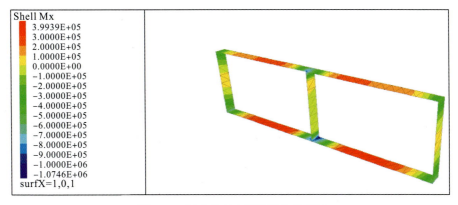

图 5-11　新建前既有隧道结构的弯矩

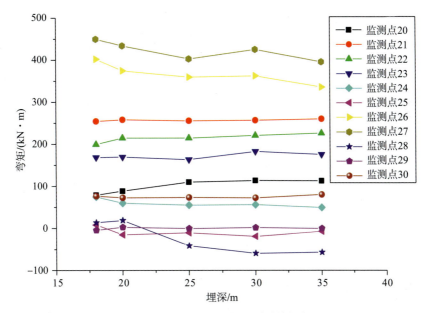

图 5-12　新建隧道不同埋深对既有隧道结构弯矩的影响

2. 既有隧道结构轴力

由图 5-13 可知，新建前既有隧道结构的中间岩墙所受的轴力最大，受压，边墙次之，除顶板中部位置受拉为 0.811 kN·m，顶板和底板测点均处于受压。

由表 5-16、图 5-13 和图 5-14 可知，中间岩墙的轴力在新建隧道净距 $D=3\text{m}$、5m 时轴力较新建前分别增大 6.62%、2.08%，在净距 $D=10\text{m}$、15m、20m 时轴力较新建隧道前分别减小 5.85%、9.38%、9.38%。边墙位置轴力较新建隧道前均要小，且净距在 $D=3\text{m}$、5m 时轴力较新建隧道前依次减小 34.14%、30.73%，而在净距 $D=20\text{m}$ 时，减小 22.43%。既有隧道顶板和底板处的轴力大小均随与新建隧道净距增大而增大。

表5-16　新建隧道不同埋深下既有结构测点的轴力

(单位:kN·m)

测点		20	21	22	23	24	25	26	27	28	29	30
	无新建隧道	−131.126	−36.4668	0.81117	−42.9997	−131.101	−243.436	−165.436	−161.032	−257.122	−2389.15	−768.66
邻近既有结构	18m(D=3m)	−409.817	−299.724	−235.847	−258.607	−321.823	−605.813	−540.19	−474.971	−523.628	−2547.38	−506.267
	增量比	212.54%	721.91%	29174.92%	501.42%	145.48%	148.86%	226.53%	194.95%	103.65%	6.62%	−34.14%
	20m(D=5m)	−365.428	−279.022	−228.834	−266.666	−344.829	−529.673	−473.806	−421.055	−460.906	−2438.75	−532.431
	增量比	178.68%	665.14%	28310.36%	520.16%	163.03%	117.58%	186.40%	161.47%	79.26%	2.08%	−30.73%
	25m(D=10m)	−305.523	−235.518	−218.577	−279.949	−377.583	−419.426	−436.402	−447.222	−520.972	−2249.49	−589.52
	增量比	133.00%	545.84%	27045.89%	551.05%	188.01%	72.29%	163.79%	177.72%	102.62%	−5.85%	−23.31%
	30m(D=15m)	−314.135	−253.321	−247.91	−312.165	−414.265	−452.32	−496.425	−529.285	−622.408	−2165.1	−614.978
	增量比	139.57%	594.66%	30662.03%	625.97%	215.99%	85.81%	200.07%	228.68%	142.07%	−9.38%	−19.99%
	35m(D=20m)	−350.313	−285.161	−284.159	−341.99	−450.218	−478.692	−541.279	−589.859	−691.179	−2164.93	−596.23
	增量比	167.16%	681.97%	35130.76%	695.33%	243.41%	96.64%	227.18%	266.30%	168.81%	−9.38%	−22.43%

注:D为新建隧道与既有隧道竖向的净距。

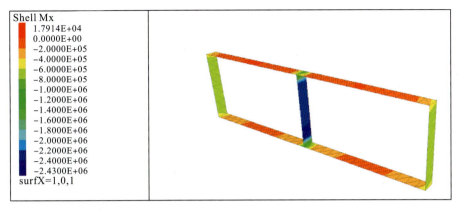

图 5-13　新建前既有隧道结构的轴力

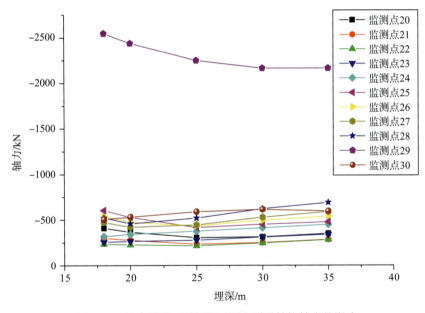

图 5-14　新建隧道不同埋深对既有隧道结构轴力的影响

5.5.3　新建隧道影响分析

1. 新建隧道对围岩塑性区影响

由图 5-15～图 5-19 可知，新建隧道拱顶和仰拱处的塑性区深度较小，塑性区主要集中在中间岩墙和边墙，且中间岩墙和边墙的塑性区面积大于拱顶和仰拱部位的塑性区面积。净距 $D=3m$、$5m$ 时围岩塑性区与既有隧道发生贯通，根据塑性区分布可知该条件下对既有隧道结构稳定和新建隧道结构的稳定影响较大。随着隧道净距的继续增大，新建隧道围岩塑性区的分布未与既有隧道围岩塑性区贯通，但新建隧道随着埋深的增大，中间岩墙塑性区增大，边墙塑性区向拱腰位置扩展。

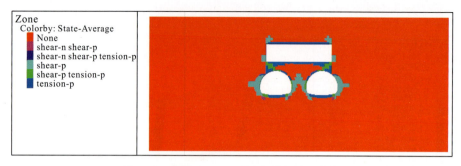

图 5-15　净距 $D=3$m 时围岩的塑性区分布

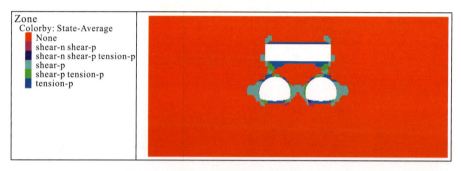

图 5-16　净距 $D=5$m 时围岩的塑性区分布

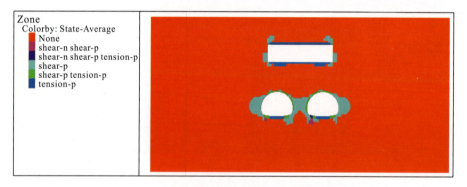

图 5-17　净距 $D=10$m 时围岩的塑性区分布

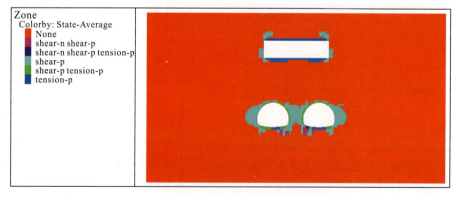

图 5-18　净距 $D=15$m 时围岩的塑性区分布

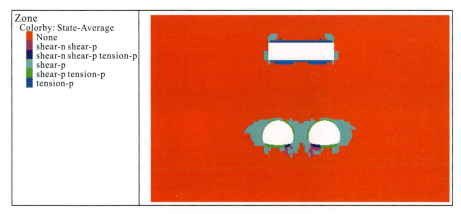

图 5-19　净距 $D=15$m 时围岩的塑性区分布

2. 新建隧道对地表沉降影响

隧道的施工使隧道下部的土体应力得到释放，造成一定的地层损失，致使隧道周围土体向隧道径向方向移动导致地表发生不均匀沉降。图 5-20～图 5-23 为土体开挖全过程的位移变化云图，在开挖过程中，土体整体沿先建隧道的径向发生移动，表现为新建隧道拱顶上部土体发生下沉而拱底下部土体发生回弹。

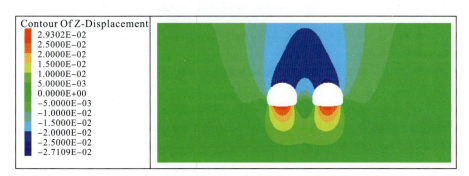

图 5-20　无既有结构埋深为 20m 的竖向位移云图

图 5-21　邻近既有结构埋深为 20m 的竖向位移云图

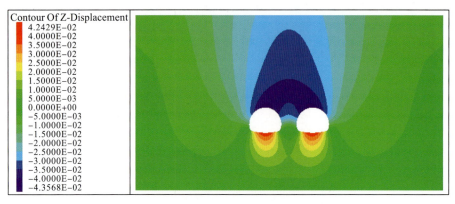

图 5-22   无既有结构埋深为 30m 的竖向位移云图

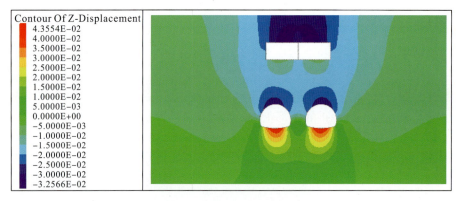

图 5-23   邻近既有结构埋深为 30m 的竖向位移云图

　　表 5-17 为新建隧道不同埋深下有无既有结构最大地表沉降表，图 5-24～图 5-25 为地表沉降竖向位移变化曲线，在隧道开挖时，土体整体沿新建隧道的径向发生移动，在隧道上方呈漏斗状。在埋深 H=18～35m 时，随着隧道埋深 H 的增加，地表沉降呈增大的趋势。新建隧道上部有既有结构时，对比没有既有结构在净距 D=3m、5m、10m 时，地表沉降最大值依次减小了 10.99%、3.65%、0.85%，呈现递减趋势；而净距 D=15m、20m 时，地表沉降最大值依次增大 2.01%、4.02%。

表 5-17   新建隧道不同埋深下有无既有结构最大地表沉降值　　　　　　　　（单位：cm）

埋深 H 工况	18m (D=3m)	20m (D=5m)	25m (D=10m)	30m (D=15m)	35m (D=20m)
无既有结构	1.76225	1.95416	2.39232	2.85717	3.22531
有既有结构	1.56861	1.81448	2.37187	2.91450	3.35501
增量比	−10.99%	−3.65%	−0.85%	2.01%	4.02%

注：D 为新建隧道与既有隧道竖向的净距。

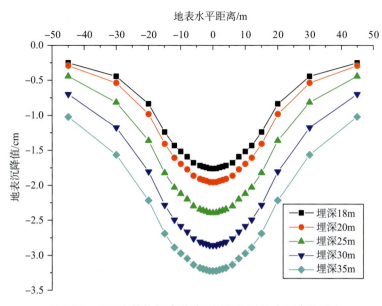

图 5-24　无既有结构新建隧道不同埋深对地表沉降的影响

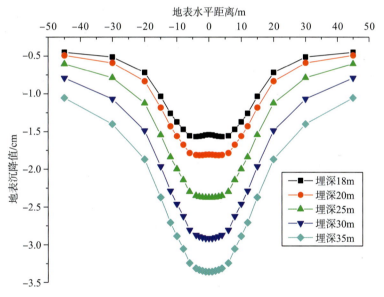

图 5-25　邻近既有结构新建隧道不同埋深对地表沉降的影响

3. 新建隧道结构弯矩

新建隧道近距离下穿既有隧道施工时，由于上方既有隧道已经施工结束，相当于在正常的新建隧道修建过程中在其上方附加了一定的"卸载荷载"，所以新建隧道的拱顶和拱脚处弯矩也较相同埋深条件下的隧道拱顶和拱脚处弯矩小。

由图 5-26～图 5-32 和表 5-18 可知，随着埋深 H 的增大，新建隧道的衬砌结构弯矩也随之增加，左右拱脚处的弯矩明显较拱顶、拱腰和边墙的大。当新建隧道上方有既有结构时，衬砌结构的正负弯矩均减小，相比于上部无既有结构，左拱脚处的弯矩随新建隧道与

既有隧道的净距 $D=3$m、5m、10m、15m、20m 时的减小比率依次为 33.09%、30.89%、21.27%、15.26%、11.58%。而拱顶处的弯矩减小比率随净距 D 增加呈现先减小后增大，对于双洞隧道，邻近另一隧道侧的左边墙和左拱腰弯矩较右边墙和右拱腰的大。

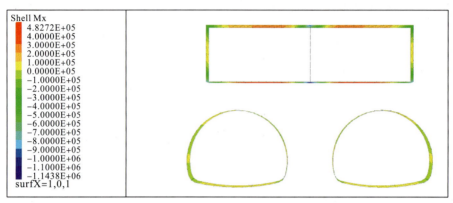

图 5-26　净距为 3m 既有隧道和新建隧道结构弯矩图

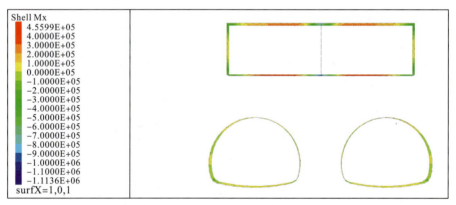

图 5-27　净距为 5m 既有隧道和新建隧道结构弯矩图

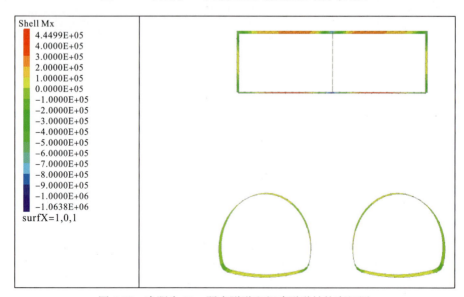

图 5-28　净距为 10m 既有隧道和新建隧道结构弯矩图

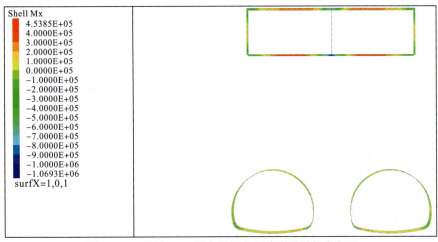

图 5-29　净距为 15m 既有隧道和新建隧道结构弯矩图

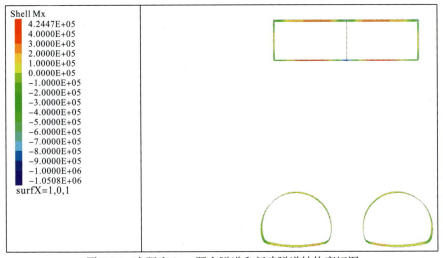

图 5-30　净距为 20m 既有隧道和新建隧道结构弯矩图

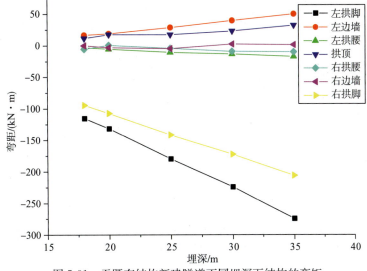

图 5-31　无既有结构新建隧道不同埋深下结构的弯矩

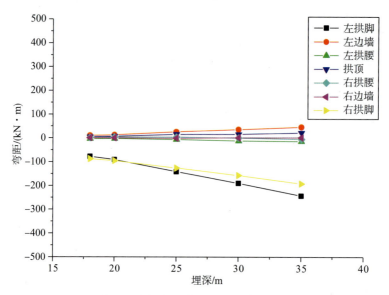

图 5-32 邻近既有结构新建隧道不同埋深下结构的弯矩

表 5-18 新建隧道不同埋深下结构弯矩   （单位：kN·m）

	埋深	左拱脚	左边墙	左拱腰	拱顶	右拱腰	右边墙	右拱脚
无既有结构	18m	−115.508	17.1451	−2.69399	11.8638	−5.21164	0.367996	−94.09
	20m	−131.573	19.3716	−4.95292	17.9021	1.00452	−2.73361	−106.975
	25m	−179.639	29.0988	−10.3836	17.7292	−3.91423	−4.26664	−141.464
	30m	−224.154	39.9496	−13.1356	23.2904	−8.92896	2.63568	−172.19
	35m	−274.53	50.3705	−16.9983	32.4826	−9.75236	1.61242	−205.687
邻近既有结构	18m(D=3m)	−77.2865	10.8536	−3.90168	4.55654	1.25236	1.25692	−88.4463
	增量比	−33.09%	−36.70%	44.83%	−61.59%	−75.97%	241.56%	−6.00%
	20m(D=5m)	−90.933	13.0102	−3.61628	6.92416	3.29669	0.761847	−96.0337
	增量比	−30.89%	−32.84%	−26.99%	−61.32%	228.19%	−72.13%	−10.23%
	25m(D=10m)	−141.438	26.1952	−6.89053	15.2523	3.18032	−0.54178	−126.646
	增量比	−21.27%	−9.98%	−33.64%	−13.97%	−18.75%	−87.30%	−10.47%
	30m(D=15m)	−189.957	36.4596	−12.607	15.9775	−0.07993	1.5563	−157.184
	增量比	−15.26%	−8.74%	−4.02%	−31.40%	−99.10%	−40.95%	−8.71%
	35m(D=20m)	−242.741	46.9945	−14.2747	23.0262	−5.0474	2.3633	−192.187
	增量比	−11.58%	−6.70%	−16.02%	−29.11%	−48.24%	46.57%	−6.56%

注：D 为新建隧道与既有隧道竖向的净距。

4. 新建隧道结构轴力

同理，新建隧道近距离下穿既有隧道施工，相当于在正常的新建隧道修建过程中，在其上方附加了一定的"卸载荷载"，所以新建隧道结构受到的轴力也较相同埋深条件下隧道结构的轴力小。

　　由图 5-33~图 5-39 可知，随着埋深的增加，新建隧道的轴力均增大，其上方存在既有隧道时，新建隧道的拱顶和拱脚处轴力较相同埋深条件下的隧道拱顶和拱脚处轴力小。据表 5-19 可知，新建隧道下穿既有隧道时，随着两者的竖向净距 D 的增加，相比上方无既有隧道时，轴力较小，比率均依次减小。

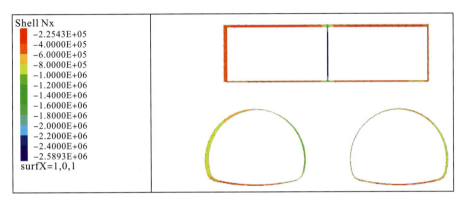

图 5-33　净距为 3m 既有隧道和新建隧道结构轴力图

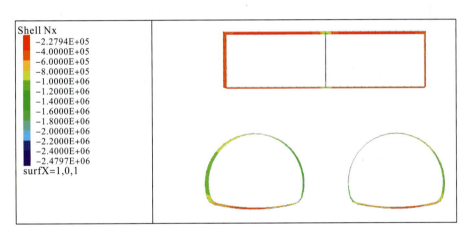

图 5-34　净距为 5m 既有隧道和新建隧道结构轴力图

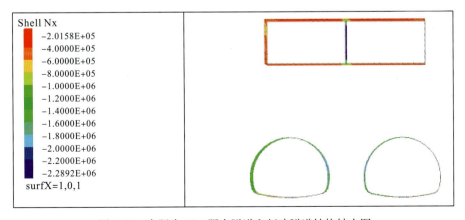

图 5-35　净距为 10m 既有隧道和新建隧道结构轴力图

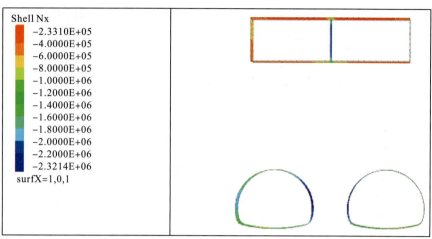

图 5-36　净距为 15m 既有隧道和新建隧道结构轴力图

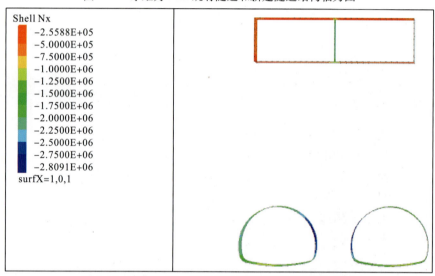

图 5-37　净距为 20m 既有隧道和新建隧道结构轴力图

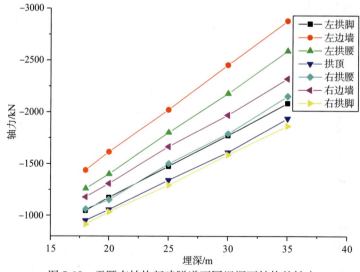

图 5-38　无既有结构新建隧道不同埋深下结构的轴力

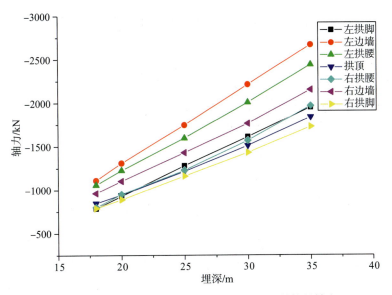

图 5-39　邻近既有结构新建隧道不同埋深下结构的轴力

表 5-19　新建隧道不同埋深下结构的轴力　　　　　　（单位：kN）

	埋深	左拱脚	左边墙	左拱腰	拱顶	右拱腰	右边墙	右拱脚
无既有结构	18m	−1045.52	−1438.75	−1262.71	−952.212	−1062.28	−1179.72	−913.622
	20m	−1173.38	−1616.33	−1401.68	−1057.33	−1152.03	−1310.46	−1034.84
	25m	−1474.28	−2024.02	−1803.9	−1343.96	−1502.03	−1666.38	−1294.03
	30m	−1773.25	−2456.36	−2180.09	−1612.51	−1792.01	−1973.24	−1586.73
	35m	−2083.97	−2882.82	−2593.83	−1940.42	−2155.17	−2323.7	−1866.72
邻近既有结构	18m(D=3m)	−785.983	−1113.41	−1060.98	−850.224	−804.477	−965.164	−792.056
	增量比	−24.82%	−22.61%	−15.98%	−10.71%	−24.27%	−18.19%	−13.31%
	20m(D=5m)	−928.387	−1313.46	−1228.93	−947.332	−953.366	−1105.24	−894.121
	增量比	−20.88%	−18.74%	−12.32%	−10.40%	−17.24%	−15.66%	−13.60%
	25m(D=10m)	−1278.51	−1749.07	−1598.98	−1217.6	−1229.78	−1432.34	−1164.67
	增量比	−13.28%	−13.58%	−11.36%	−9.40%	−18.13%	−14.04%	−10.00%
	30m(D=15m)	−1609.49	−2215.48	−2009.36	−1512.51	−1570.95	−1766.06	−1433.87
	增量比	−9.24%	−9.81%	−7.83%	−6.20%	−12.34%	−10.50%	−9.63%
	35m(D=20m)	−1948.47	−2671.29	−2440.55	−1839.45	−1967.21	−2153.63	−1729.61
	增量比	−6.50%	−7.34%	−5.91%	−5.20%	−8.72%	−7.32%	−7.34%

注：D 为新建隧道与既有隧道竖向的净距。

第6章　城市地下交通隧道动力响应分析

6.1　城市地下矩形隧道断面设计

城市地下交通隧道与普通隧道设计一样，都追求可靠、简单、实用的目标。根据目前的交通隧道实际，在满足行车安全的要求下，普通交通隧道断面尽量采用矩形断面。矩形断面一般用于埋深较浅、采用明挖法施工的城市交通隧道。矩形隧道断面设计也需要满足建筑限界要求，但由于施工方法的不同，其断面设计较为简单，如设计时速为80km/h的城市地下交通隧道的典型断面如图6-1所示。

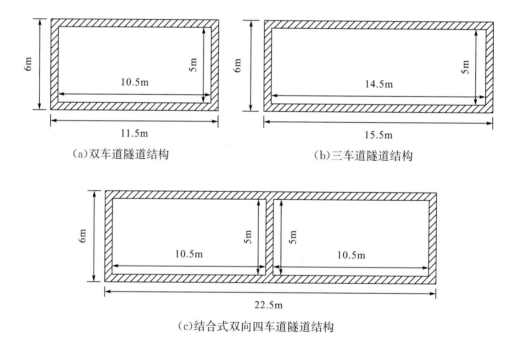

（a）双车道隧道结构　　　　　　　　　（b）三车道隧道结构

（c）结合式双向四车道隧道结构

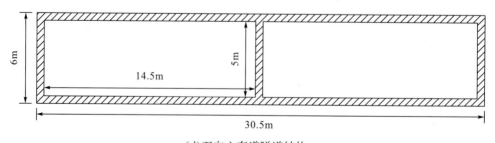

（d）双向六车道隧道结构

图6-1　城市矩形交通隧道典型断面示意图

　　目前城市地下交通隧道最常采用的断面形式为(c)，即结合式双向四车道断面。而在建设空间受限制的情况下，可能采用(a)和(b)两种形式断面，修建两条分离式的交通隧道，当交通流量中等时，一般采用两条(a)型断面隧道组合；当交通流量需求较大时，则采用两条(b)型断面隧道组合。(d)型断面则适用于交通流量大，周围建筑环境简单的情况。

　　虽然目前在修建城市下穿隧道时已经大量采用了包括双向六车道在内的矩形结构，技术上较为成熟，但矩形结构在修建时需要采用明挖法施工，城市中心难以清理出足够大的场地以满足大规模基坑开挖要求，一定程度上限制了矩形隧道在城市地下交通系统中的应用。为解决这一问题，可以借鉴地铁施工时的逆作法，以减小施工对周围环境的影响。此外，矩形断面隧道，尤其是大跨度的矩形断面隧道在埋深较大时难以采用，其原因在于上覆岩土层压力较大，对跨度达 14m 的框架结构顶部梁的结构安全性十分不利。

6.2　城市地下交通隧道的结构地震动力响应理论

　　地震地质灾害是指由于地震惯性力作用直接或间接触发的，并对人类生命、财产及环境造成破坏和损失的相对孤立或彼此联系的地质作用(现象)，主要类型包括滑坡、崩塌、泥石流、砂土液化等。

　　地震作用下，隧道常常出现各种病害。汶川 5·12 大地震之后，震区许多隧道均出现了大量结构破坏，造成当地交通中断，极大地影响了抗震救灾工作，给社会造成了巨大的人员和财产损失。因此，研究山岭隧道在地震作用下的响应规律具有很大的现实意义。根据不同的研究结果，可有针对性地对各种可能出现的病害展开预防或整治工作，保证隧道在地震作用下的安全性。

　　目前国内正在大量规划和建设城市新区，如成都天府新区、兰州新区、厦门新区等，虽然新城区在规划上具有较为先进的理念，尽量避免了重要交通线路与既有重要建筑之间出现相互影响。但是，目前城市建设中仍然存在一定问题，追求过快的建设速度导致城市规划出现一定的滞后性，对后期的交通线路建设提出诸多挑战，尤其是在人口稠密的老城区，新建的城市地下交通网络将会下穿大量的重要建筑物，考虑到国内许多城市的地层条件较差，软土和砂卵石地层比例大，且地下水丰富，在进行下穿隧道建设时，稍有不慎即可能导致周围重要建筑物出现基础承载力下降、局部不均匀沉降乃至建筑物开裂、倾斜等不良后果，造成重大安全隐患和财产损失。为此，在进行城市地下交通隧道建设时，必须在充分调查沿线地质条件及周围敏感建筑详细情况的基础上，提出科学合理的施工及支护方案。

　　由于新建城市地下交通隧道周围存在重要建筑物，其在地震作用下的动力响应规律存在耦合效应，包括新建交通隧道导致的周围地层中地震波传播规律变化对既有重要建筑物的影响，以及既有建筑物导致周围地层中地震波传播规律变化对新建地下交通隧道动力响应的影响。目前对各种断面形式、地质条件、不同埋深及不同地震烈度条件下的隧道结构动力响应规律研究较为深入，但对此类城市软弱围岩、大跨度隧道结构及邻近重要建筑物条件下的隧道结构动力响应及相互影响规律的研究较为有限，对新建城市地下交通隧道的抗震设计指导作用有限，因此有必要开展此类研究，以确定合理的安全距离。

6.2.1 抗震计算理论解析方法简介

目前常用的地下结构抗震设计计算方法主要有地震系数法、反应位移法、质量弹簧法、动力有限元法等。在日本，一般山岭隧道采用地震系数法，而对浅埋土质隧道包括沉管隧道则用反应位移法，沉管隧道抗震设计规范中将动力有限元法作为反应位移法的检验工具。美国各地区有各自的设计准则，如 SFBART 地铁抗震设计标准和 SCRTD 地下结构抗震设计补充标准，这些设计补充准则中的参数只适用于特定地区。

目前我国的地下结构抗震设计，一般主要采用地震系数法，如铁路工程抗震设计规范，而核电厂抗震设计规范中主要采用反应位移法，对动力有限元法也有所提及。而在1992 年发布的《地下铁道设计规范》中，对于结构设计的要求本就较少，对于抗震设计仅略有提及，并且没有涉及具体的计算方法。

1. St. John 法

St. John 法是在考虑土与结构相互作用时，引入 Peck 柔度比 F。若 $F>20$，则认为衬砌是完全柔性的，衬砌屈从于介质的变形；若 $F<20$，则衬砌阻止介质变形。

$$F = \frac{2E(1-\mu_L^2)R^3}{E_L(1+\mu)t_k^3} \tag{6-1}$$

式中，E、μ——介质弹性模量及泊松比；

$\quad\quad E_L$、μ_L——衬砌的弹性模量及泊松比；

$\quad\quad R$、t_k——衬砌的半径及厚度。

(1) $F>20$ 时，隧道屈从地层变形。地震时，隧道屈从于地层运动的应力及应变评价分析方法是局域均质各向同性弹性体的传播理论。在水平方向上，由于平面波传播产生的描述质点运动的方程，可以分别用在传播方向上的轴向应变及曲率来表示：

$$\frac{\partial u}{\partial x} = -\frac{1}{C}\frac{\partial u}{\partial t}; \frac{\partial^2 u}{\partial x^2} = -\frac{1}{C^2}\frac{\partial^2 u}{\partial t^2} \tag{6-2}$$

式中，$\dfrac{\partial u}{\partial x}$、$\dfrac{\partial^2 u}{\partial x^2}$——质点速度和加速度；

$\quad\quad t$——时间；

$\quad\quad C$——波的传播速度。

① P 波作用下：

纵向应变： $\quad\quad\quad\quad\quad\quad \varepsilon_l = \dfrac{V_P}{C_P}\cos^2\varphi \tag{6-3}$

法向应变： $\quad\quad\quad\quad\quad\quad \varepsilon_n = \dfrac{V_P}{C_P}\sin^2\varphi \tag{6-4}$

剪切应变： $\quad\quad\quad\quad\quad\quad \varepsilon_{r1} = \dfrac{V_P}{C_P}\sin\varphi\cos\varphi \tag{6-5}$

曲率： $\quad\quad\quad\quad\quad\quad\quad \dfrac{1}{\rho} = \dfrac{a_P}{C_P^2}\sin\varphi\cos^2\varphi \tag{6-6}$

②S 波作用下：

纵向应变：
$$\varepsilon_l = \frac{V_S}{C_S}\sin\varphi\cos\varphi \tag{6-7}$$

法向应变：
$$\varepsilon_n = \frac{V_S}{C_S}\sin\varphi\cos\varphi \tag{6-8}$$

剪切应变：
$$\varepsilon_{r1} = \frac{V_S}{C_S}\cos^2\varphi \tag{6-9}$$

曲率：
$$\frac{1}{\rho} = \frac{a_S}{C_S^2}\cos^2\varphi \tag{6-10}$$

③瑞雷波压缩分量作用下：

纵向应变：
$$\varepsilon_t = \frac{V_{RP}}{C_R}\cos^2\varphi \tag{6-11}$$

法向应变：
$$\varepsilon_n = \frac{V_{RP}}{C_R}\sin^2\varphi \tag{6-12}$$

剪切应变：
$$\varepsilon_{r1} = \frac{V_{RP}}{C_R}\sin\varphi\cos\varphi \tag{6-13}$$

曲率：
$$\frac{1}{\rho} = \frac{a_{RP}}{C_R^2}\sin\varphi\cos^2\varphi \tag{6-14}$$

④瑞雷波剪切分量作用下：

纵向应变：
$$\varepsilon_n = \frac{V_{RS}}{C_R}\cos^2\varphi \tag{6-15}$$

剪切应变：
$$\varepsilon_{r1} = \frac{V_{RS}}{C_R}\sin\varphi\cos\varphi \tag{6-16}$$

曲率：
$$\frac{1}{\rho} = \frac{a_{RS}}{C_R^2}\cos^2\varphi \tag{6-17}$$

式中，V 为质点最大波速；a 为质点最大加速度。

(2)$F < 20$ 时，隧道结构阻止地层运动。地震时隧道阻止地层运动的应力及应变评价方法是基于无限均质各向同性弹性介质中的波传播理论及弹性基础梁理论。后者需要计算地层与隧道结构间的相互作用，为了简便，只计算水平剪切波和垂直剪切波作用下的隧道轴向内力（纵波一般不起控制作用）。

隧道上作用波长为 L、振幅为 A 的入射正弦剪切波，如图 6-2 所示。

如无地层限制，则隧道横向及轴向位移为

$$\begin{cases} U_x = \sin\varphi\sin\left(\dfrac{2\pi x}{L/\cos\varphi}\right)A \\[2mm] U_y = \cos\varphi\sin\left(\dfrac{2\pi x}{L/\cos\varphi}\right)A \end{cases} \tag{6-18}$$

现将隧道视为弹性地基梁，其地基系数如下：

当横向振动时

$$K_h = \frac{2\pi C}{L}; C = \frac{4(1-\mu)}{(3-4\mu)(1+\mu)}E\omega \tag{6-19}$$

式中，ω——隧道的宽度；

　　E、μ——介质的弹性模量及泊松比。

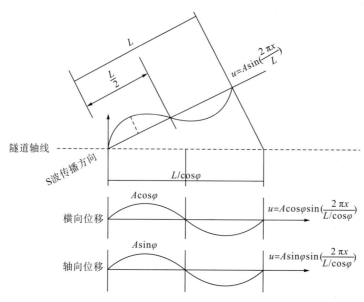

图 6-2　剪切波产生的位移

当竖向振动时

$$K_v = \frac{2\pi C}{L}; C = \frac{E\omega}{2(1-\mu)(1+\mu)} \tag{6-20}$$

①水平剪切波

弯矩：
$$M = \frac{1}{3}(4E_L I_L C^2)^{\frac{1}{3}}A \tag{6-21}$$

剪力：
$$Q = CA \tag{6-22}$$

轴力：
$$N = CA \tag{6-23}$$

单位长度荷载：
$$S = \frac{4}{5}\left(\frac{4C^4}{E_L I_L}\right)^{\frac{1}{3}}A$$

式中，$C = \dfrac{4(1-\mu)}{(3-4\mu)(1+\mu)}E\omega$；

　　A——相应的水平移动的振幅。

②竖直剪切波

弯矩：
$$M = \frac{1}{3}(4E_L I_L B^2)^{\frac{1}{3}}A \tag{6-24}$$

剪力：
$$Q = BA \tag{6-25}$$

轴力：
$$N = CA \tag{6-26}$$

单位长度荷载为：
$$S = \frac{4}{5}\left(\frac{4B^4}{E_L I_L}\right)^{\frac{1}{3}}A$$

式中，$C = \dfrac{E\omega}{2(1-2\mu)(1+\mu)}$；

　　A——相应的竖直移动的振幅；

　　E_L——混凝土弹性模量；

　　I_L——隧道断面惯性矩。

2. SCRTD 法

地层的刚度比隧道刚度大，山岭隧道尤为如此，因此认为隧道屈从于地层变形，而偏于安全地忽略了隧道与地层的相互作用。

1) 纵向应变(45°剪切波产生)

$$\varepsilon_L = \pm \frac{V_{\max}}{2C_{SQ}} \pm 0.7R \frac{a_{\max}g}{C_{SQ}^2} \tag{6-27}$$

上式右边第一项为纵向拉压应变，第二项为纵向弯曲应变。

式中，C_{SQ}——有效剪切波速，$V_{SQ} = (0.8 \sim 0.9)C_S$；

$a_{\max}$——地层质点最大的加速度(以 g 为单位)；

R——隧道衬砌半径；

$V_{\max}$——地层质点最大速度；

C_S——剪切波速度。

2) 横向应变

隧道衬砌横断面的弯曲应变：

$$\varepsilon_{\theta b} = \pm 2\left(\frac{t_k}{R}\right)\left(\frac{V_S}{C_{SQ}}\right)$$

同时横断面还有压应变：

$$\varepsilon_{\theta c} = \frac{3EV_sR}{8C_{SQ}t_kE_L}$$

二者相加为总的横向(切向)应变：

$$\varepsilon_{tot} = \left(\frac{V_S}{C_{SQ}}\right)\left[\pm 2\left(\frac{t_k}{R}\right) + \frac{3}{8}\left(\frac{R}{t_k}\right)\left(\frac{E}{E_L}\right)\right] \tag{6-28}$$

式中，t_k——衬砌厚度；

E、E_L——地层及衬砌的弹性模量。

3. Schukla 法

美国学者 Schukla 等在 20 世纪 80 年代应用弹性地基梁原理，采用拟静力方法来考虑土体与地下结构的相互作用，建立了地下结构的数学模型。地震波在长大的地下结构内传播时，会在垂直于结构轴线的截面内产生横向应力，在平行于地下结构轴线方向上产生轴向应力及弯曲应力。

该法与 St. John 法考虑土与结构相互作用的计算方法基本相同，只是地震位移的表达式不同。设隧道长度为 $2L$，将轴向和弯曲振动地震位移相应地表示为

$$\begin{cases} u_g = U_g \sin\frac{2\pi x}{\zeta} = U_g \sin\alpha x \\ v_g = V_g(1 - \cos\alpha x) \end{cases} \tag{6-29}$$

式中，ζ——地震波长；

U_g、V_g——地基土的最大轴向和横向地震位移；

u_g、v_g——隧道轴线处地基土的轴向和横向地震位移。

然后由弹性地基梁公式求出隧道的轴向和横向位移，进而求出隧道结构的内力。

4. 福季耶娃法

苏联学者福季耶娃提出，对于 P 波和 S 波，只要波长大于隧道洞径的 6 倍，且隧道埋深较大（大于洞径 3 倍），隧道长度大于洞径 5 倍，则地震响应的动力学问题就可以用围岩在无限远处承受一定荷载（等代荷载）的静力法解答（拟静力法）。

P 波的等代荷载：（拉＋，压－）

$$\begin{cases} \sigma_x(\infty) = \pm \dfrac{1}{2\pi} k_c \gamma C_P T_o \\[2mm] \sigma_y(\infty) = \dfrac{\mu_o}{(1-\mu_o)} \sigma_x(\infty) \end{cases} \tag{6-30}$$

式中，k_c——地震系数（与地震烈度有关），$k = a_1/g$（ a_1 为地震加速度，g 为重力加速度）；

γ_o——岩石的容重；

C_P——弹性压缩波在地层中的传播速度；

T_o——岩石质点振动的卓越周期；

μ_o——岩石的泊松比。

S 波的等代荷载：

$$\tau_{xy}(\infty) = \pm \frac{1}{2\pi} k_c \gamma C_S T_o \tag{6-31}$$

式中，C_S——弹性剪切波在地层中的传播速度。

对于不同的地震波入射角，在等代荷载作用下均可用静力法求出隧道衬砌内力，从而得出内力包络图。在绘制内力包络图时，要考虑等代荷载的四种组合：

$$\sigma_{拉} + \tau_{剪} \qquad\qquad \sigma_{拉} - \tau_{剪}$$
$$\sigma_{压} + \tau_{剪} \qquad\qquad \sigma_{压} - \tau_{剪}$$

5. 反应位移法

20 世纪 70 年代日本学者从地震观测着手，提出地下线状结构物的设计方法，即反应位移法。基本原理是用弹性地基梁来模拟地下线状结构物，将地震时地基的位移作为已知条件作用在弹性地基梁上，以求解在梁上产生的应力和应变。由于地下结构物不会发生共振响应，略去结构自身在地震中的惯性力，则地下结构地震反应公式可简化为拟静力公式：

$$[K]\{U\} = [K_S]\{u_g\} \tag{6-32}$$

式中，矩阵 $[K]$ 包括地下结构的刚度 $[K_l]$ 和地基抗力 $[K_S]$，关键是确定地震位移协 $\{u_g\}$ 和抗力系数 $[K_S]$，通常将 $[K_S]$ 取对角阵，K_S 相当于文克尔弹簧系数。

6. 南昆法

20 世纪 90 年代，我国修建南昆铁路时，西南交大、铁二院、兰州铁道大学、铁十五局四家单位针对高烈度地震区隧道抗震问题做了专门的研究，对当时不能考虑波的性质、未计入隧道结构的振动特性及围岩阻尼作用的惯性力法进行了改进，提出了一系列计算方法和建议算法。

（1）隧道有抗震缝段纵向抗震计算（Schukla 公式）。建议在设有抗震缝的隧道洞口段，纵向轴力可采用 Schukla 公式进行计算。

（2）隧道无抗震缝段纵向抗震计算（南昆公式）。在远离隧道洞口不设抗震缝地段，建议按南昆公式进行隧道纵向抗震检算。南昆公式建立在无限均质各向同性弹性介质中波的传播理论基础上。

隧道上作用着与轴线成任意入射角 φ、波长为 L、振幅为 A 的剪切波，其波型为简谐波，则沿剪切波平面质点动位移为

$$U = A \sin \frac{2\pi x}{L} \tag{6-33}$$

将波动位移分解，则土体的横向及轴向位移为

$$\begin{cases} U_x = A \sin\varphi \sin\left(\dfrac{2\pi x}{L/\cos\varphi}\right) \\ U_y = A \cos\varphi \sin\left(\dfrac{2\pi x}{L/\cos\varphi}\right) \end{cases} \tag{6-34}$$

假设将隧道视为弹性梁，则其横向位移曲率为

$$\frac{1}{\rho} = \frac{\partial^2 U_y}{\partial x^2} = -\left(\frac{2\pi}{L}\right)^2 \cos^3\varphi A \sin\left(\frac{2\pi x}{L/\cos\varphi}\right) \tag{6-35}$$

式中，ρ——曲率半径。

则隧道衬砌产生的内力为

　　a. 弯矩：

$$M = \frac{E_L I_L}{\rho} = \left(\frac{2\pi}{L}\right)^2 \cos\varphi E_L I_L A \sin\left(\frac{2\pi x}{L/\cos\varphi}\right) \tag{6-36}$$

　　b. 剪力：

$$Q = \frac{\partial M}{\partial x} = \left(\frac{2\pi}{L}\right)^2 \cos^4\varphi E_L I_L A \sin\left(\frac{2\pi x}{L/\cos\varphi}\right) \tag{6-37}$$

　　c. 轴力：

$$N = E_L I_L \frac{\partial M}{\partial x} = \left(\frac{2\pi}{L}\right) \sin\varphi \cos\varphi E_L I_L A \cos\left(\frac{2\pi x}{L/\cos\varphi}\right) \tag{6-38}$$

式中，E_L、I_L 及 A_L——弹性模量、惯性矩及隧道横截面面积。

上述情况适用于衬砌与围岩不发生相互作用，即隧道衬砌柔度很大，其与围岩一样变形；如果隧道衬砌比围岩刚度大，则衬砌比围岩变形要小，即衬砌与围岩间产生相互作用。假设将隧道视为弹性地基梁，则其横向微分方程可写为

$$E_L I_L \frac{\mathrm{d}^4 U_L}{\mathrm{d}x^4} = P = K_h(U_y - U_L) \tag{6-39}$$

式中，K_h——软岩地基弹性模量（弹性抗力）；

　　　U_L——隧道横向位移（实际）。

$$E_L I_L \frac{\mathrm{d}^4 U_L}{\mathrm{d}x^4} + K_h U_L = K_h U_y \tag{6-40}$$

解上述方程得出隧道弹性地基梁曲率小于弹性梁的曲率，其比值为

$$R_1 = \frac{1}{1 + \dfrac{E_L I_L}{K_h}\left(\dfrac{2\pi}{L}\right)^4 \cos^4\varphi} \tag{6-41}$$

采用同样手段可以推导出轴向力的表达式，此纵向微分方程为

$$E_L I_L \frac{\mathrm{d}^2 U_L}{\mathrm{d}x^2} = K_a (U_a - U_x) \tag{6-42}$$

式中，U_a——隧道的纵向变形（实际）；

K_a——围岩的纵向地基模量。

轴向变形应比弹性梁变形要小，其比值为

$$R_2 = \frac{1}{1 + \dfrac{E_L I_L}{K_a} \left(\dfrac{2\pi}{L}\right)^2 \cos^2 \varphi} \tag{6-43}$$

若令 $\sin\left(\dfrac{2\pi x}{L/\cos\varphi}\right)$ 及 $\cos\left(\dfrac{2\pi x}{L/\cos\varphi}\right)$ 等于 1，则内力最大。当入射角 $\varphi=0$ 时，弯矩及剪力均最大。而入射角 $\varphi=45°$ 时轴力最大。

$$\begin{cases} M_m = \dfrac{\left(\dfrac{2\pi}{L}\right)^2}{1 + \dfrac{E_L I_L}{K_h} \left(\dfrac{2\pi}{L}\right)^4} E_L I_L A \\[4mm] Q_m = \dfrac{\left(\dfrac{2\pi}{L}\right)^3}{1 + \dfrac{E_L I_L}{K_h} \left(\dfrac{2\pi}{L}\right)^4} E_L I_L A \\[4mm] N_m = \dfrac{\left(\dfrac{2\pi}{L}\right)^2}{2 + \dfrac{E_L I_L}{K_a} \left(\dfrac{2\pi}{L}\right)^2} E_L I_L A \end{cases} \tag{6-44}$$

考虑到隧道衬砌与土体的横截面变形和它们的相对刚度有关，这里采用 Peck 教授提出的柔度比 F 概念，它是反映土体与衬砌之间相对刚度的无因次参数。将系数 R_1 看作地基对衬砌受力的横向传递系数 ρ_h，采用 F/π 来近似考虑 K_h 的影响，则横向传递系数为

$$\rho_h = \frac{1}{1 + \dfrac{\pi E_L I_L}{F} \left(\dfrac{2\pi}{L}\right)^4} \tag{6-45}$$

图 6-3 给出了横向传递系数 ρ_h 与柔度比 F 的关系曲线。当 $F=0$ 时，$\rho_h = 0$；当 $0 < F < \infty$ 时，$0 < \rho_h < +\infty$；当 $F=\infty$ 时，$\rho_h = 1$，与土体变形一样。此时隧道衬砌内力可写为

$$\begin{cases} M_h = \rho_h E_L I_L A \left(\dfrac{2\pi}{L}\right)^2 \\[3mm] Q_h = \rho_h E_L I_L A \left(\dfrac{2\pi}{L}\right)^3 \\[3mm] N_h = \rho_h E_L I_L A \left(\dfrac{2\pi}{L}\right) \end{cases} \tag{6-46}$$

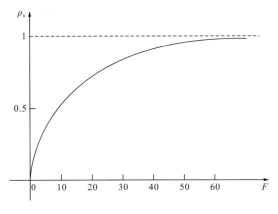

图 6-3　F-ρ_h 关系曲线

式(6-46)中计算 N_h 时采用 $\dfrac{F+C}{\pi}$ 来近似考虑 K_a 的影响，则纵向传递系数为

$$\rho_2 = \cfrac{1}{1 + \cfrac{\pi E_L A_L}{F+C}\left(\cfrac{2\pi}{L}\right)^2} \tag{6-47}$$

$$C = \frac{E}{E_L}\frac{R}{t}\left[\frac{1-\mu_L^2}{(1+\mu)(1-2\mu)}\right] \tag{6-48}$$

以上均为水平剪切波作用下的内力计算公式，至于竖直剪切波，其与水平剪切波引起的内力，在形式上有一定的相似。这里采用与水平剪切波传递系数相同的竖直剪切波传递系数来计算，即：$\rho_v = \rho_h$，故竖直剪切波引起的内力为

$$\begin{cases} M_v = \rho_v E_L I_L A \left(\dfrac{2\pi}{L}\right)^2 \\[2mm] Q_v = \rho_v E_L I_L A \left(\dfrac{2\pi}{L}\right)^3 \\[2mm] N_v = \rho_v E_L I_L A \left(\dfrac{2\pi}{L}\right) \end{cases} \tag{6-49}$$

7. 深埋隧道横向抗震计算（改进福氏法）

福季耶娃法适用于等厚圆形或矩形截面，本方法是在福季耶娃法基础上改进的拟静力计算方法，可用于任意截面形式的隧道抗震分析和设计，适用于埋深大于 3 倍洞径的隧道。P 波的等代荷载：（符号为：拉＋，压－）

$$\begin{cases} \sigma_x(\infty) = \pm\dfrac{1}{2\pi}k_c\gamma_o C_P T_o \\[2mm] \sigma_y(\infty) = \dfrac{\mu_o}{(1-\mu_o)}\sigma_x(\infty) \end{cases} \tag{6-50}$$

式中，k_c——地震系数（与地震烈度有关），$k = a_1/g$，a_1 为地震加速度，g 为重力加速度；

$\quad\quad r_o$——岩石的容重；

$\quad\quad C_P$——弹性压缩波在地层中的传播速度；

T_o——岩石质点振动的卓越周期；

μ_o——岩石的泊松比。

S 波的等代荷载：

$$\tau_{xy}(\infty) = \pm \frac{1}{2\pi} k_c r_o C_S T_o \tag{6-51}$$

式中，C_S——弹性剪切波在地层中的传播速度。

对于不同的地震波入射角，在等代荷载作用下均可用静力法求出隧道衬砌内力，从而得出内力包络图。在绘制内力包络图时，要考虑等代荷载的四种组合：

$$\sigma_拉 + \tau_剪 \qquad \sigma_拉 - \tau_剪$$
$$\sigma_压 + \tau_剪 \qquad \sigma_压 - \tau_剪$$

考虑到地震荷载的交变性和体波入射方向的不确定性，将入射角在 0~360° 范围内以一定步长变化，运用有限元计算得到不同荷载组合、不同入射方向的衬砌应力包络图与内力包络图。

8. 浅埋隧道横向抗震计算（瑞雷波计算法）

针对浅埋隧道横向抗震计算，南昆铁路 8、9 度地震区隧道洞口及浅埋大跨段新结构设计试验研究成果中提出了瑞雷波计算法。

研究表明，地震作用时产生的面波有瑞雷波（R 波）和乐甫波（L 波），L 波总是先于 R 波到达，但 L 波主要产生于波速不同的地层之间，而 R 波产生的影响和破坏总是大于 L 波，因此对面波的影响作拟静力分析时，可以只分析 R 波的作用。

R 波的特点是：出现于弹性半空间表面，质点运动仅限于前进方向与自然界面法线组成的平面内，运动轨迹为椭圆，椭圆形状随质点距地表距离变化（按指数下降），质点以垂直运动为主，波的振幅大，在距震中一定距离处，其危害常较大。因此，对于接近地表的地下建筑物，应考虑 R 波的影响。

计算假定围岩为均质、连续、各向同性介质，在 R 波作用下具有线性变形性质。R 波的作用通过包括围岩和衬砌在内的计算结构中的 R 波应力场来反映，认为 R 波的波长足够长，因而在有限的地层计算范围内应力场不随水平距离的变化而变化，仅随深度产生变化，类似于自重应力场。R 波的入射方向为水平，垂直于隧道轴线。

在 R 波作用下，地面以下任意深度 Z 的水平位移 U、垂直位移 W 以及应力的计算公式如下：

$$\begin{cases} U = AK[\mathrm{e}^{-\gamma_1'z} - 2\gamma_1'\gamma_2'(\gamma_2'^2 + K^2)^{-1}\mathrm{e}^{-\gamma_1'z}]\sin(\omega_1 T - kx) \\ W = A\gamma_1'[\mathrm{e}^{-\gamma_1'z} - 2K^2(\gamma_2'^2 + K^2)^{-1}\mathrm{e}^{-\gamma_2'z}]\cos(\omega_1 T - kx) \\ \sigma_x = A\{[\lambda_1\gamma_1'^2 - (\lambda_1 + 2G)K^2]\mathrm{e}^{-\gamma_1'z} + 4GK^2\gamma_1'\gamma_2'(\gamma_2'^2 + K^2)^{-1}\mathrm{e}^{-\gamma_2'z}\}\cos(\omega_1 T - kx) \\ \sigma_y = A\{[(\lambda_1 + 2G)\gamma_1'^2 - \lambda_1 K^2]\mathrm{e}^{-\gamma_1'z} + 4GK^2\gamma_1'\gamma_2'(\gamma_2'^2 + K^2)^{-1}\mathrm{e}^{-\gamma_2'z}\}\cos(\omega_1 T - kx) \\ \tau_{xy} = -2GAK\gamma_1'(\mathrm{e}^{-\gamma_1'z} - \mathrm{e}^{-\gamma_2'z})\sin(\omega_1 T - kx) \end{cases} \tag{6-52}$$

式中，A——待定系数；

λ_1、G——地层拉梅常数和剪切模量；

C_R——R 波传播速度；

T——R 波卓越周期；

K——波数，$K = \dfrac{2\pi}{C_R T}$；

ω_1——圆频率，$\omega_1 = \dfrac{2\pi}{T}$；

C_P、C_S——P 波和 S 波传播速度。

6.2.2　动力数值分析方法概述

目前动力模拟分析方法主要有有限元方法、有限差分法、离散元法及 DDA 法等，本节采用有限差分法进行分析。基于显式差分法的计算方法，使用周围区域实际密度得出的集中网格点质量而不是静态求解的假定质量，求解全部运动方程。方程式能耦合到结构单元模型中，因此可以用于地震产生的土-结构相互作用的分析，动力特性也可以耦合到地下水流动模型中，这样可以分析与液化有关随时间变化的孔压的改变。

动力学选项将分析能力扩展到多个学科范围内的动力学问题，比如地震工程、地震学和矿业中的岩爆等问题。

1.　地震波简介

地震波是一种弹性波，它包含在介质内部传播的体波和沿地面传播的面波。弹性波在岩体中传播的速度比在试件中小，这是因为岩体裂隙的影响。裂隙中一般都充填软岩、水或空气，裂隙越多，岩体各向异性表现得越明显，岩体和试件的弹性性质与波速差异就越大。常用声学阻抗这个综合参数来描述介质的密度和弹性性质，以及对爆破作用表现出的抵抗性能，声学阻抗是岩石密度与纵波速度的乘积。下面对地震波做详细的阐述。

(1)纵波的传播速度。纵波的特点是周期短、振幅小和传播速度快；纵波引起介质拉、压变形，是岩石破坏的主要原因。

在无限介质中传播的纵波速度为

$$C_P = \sqrt{\frac{E(1-\mu)}{\rho_r(1+\mu)(1-2\mu)}} \tag{6-53}$$

式中，E——弹性模量；

μ——泊松系数；

ρ_r——岩石的密度。

在无限大的薄片中(其厚度小于波长时，可以把介质当作薄片)纵波的传播速度为

$$C_P = \sqrt{\frac{E}{\rho_r(1-\mu)^2}} \tag{6-54}$$

在杆中(垂直断面的尺寸比波长要小得多)纵波速度为

$$C_P = \sqrt{\frac{E}{\rho_r}} \tag{6-55}$$

在液体中的纵波速度为

$$C_P = \sqrt{\frac{K_\nu}{\rho_r}} \tag{6-56}$$

式中，K_ν——体积压缩模量。

（2）横波的传播速度。横波的特点周期较长、振幅大、传播速度仅次于纵波。在杆中、薄板中和无限介质中，横波波速为

$$C_S = \sqrt{\frac{G}{\mu}} = \sqrt{\frac{E}{2(1+\mu)\rho_r}} \tag{6-57}$$

（3）瑞利波是指在岩体表面传播的弹性波。波速为

$$C_R = \xi_1 C_S \tag{6-58}$$

式中，ξ_1——系数，该系数和介质泊松比有关，$\mu=0\sim0.5$ 时，$\xi_1=0.874\sim0.995$。

（4）拉夫波是指在岩体内表面传播的弹性波。拉夫波的波速为

$$\frac{C_S}{C_P} = \sqrt{\frac{1-\mu}{2}} \tag{6-59}$$

（5）K_ν、G、E 和 μ 之间的关系：

$$\begin{cases} K_\nu = \dfrac{E}{3(1-2G)} \\ G = \dfrac{E}{2(1+\mu)} \end{cases} \tag{6-60}$$

2. 地震波传播的基本理论

描绘地震波如何通过介质传播的另一种方法是以几何光学概念为基础的。虽然此方法在许多物理学教科书中都涉及，但我们在以下叙述中是为了用来帮助了解和解释地震波旅行时间。地震波通过介质传播，引起介质内部各个质点的位移。如果研究正弦振动，在一维情况下可按下面的关系式来描述：

$$X = \sin(x + \upsilon t) \tag{6-61}$$

式中，x——质点位移；

υ——地震波速度。

研究波传播的方法之一是把具有某一特定相位的点连接在一起，形成一个波阵面。例如，假设我们在均匀介质中设置一个点震源，则波阵面将为一球心在震源处的球面，或在一维情况下，波阵面将成为垂直于轴的平面。一个有一定相位的波阵面将以速度 υ 向前推进，于是在一维情况下，在时间 $t=t_1$ 时，位于 $x=x_1$ 的波阵面，在 $t=t_2$ 时将位于 x_2 处。即：

$$\begin{cases} x_1 + \upsilon t_1 = x_2 + \upsilon t_2 \\ x_2 - x_1 = \upsilon(t_1 - t_2) \end{cases} \tag{6-62}$$

3. 线性法和非线性法简介

在地震工程中，等线性法常用来模拟地震波在成层地点的传播以及土与结构的动态相互作用，等线性法已经获得广泛使用，而内嵌的完全非线性方法尚且没有获得广泛使用，因此有必要指出这两种方法之间的一些差异。

在等线性法中，假定模型中不同区域阻尼比和剪切的初始值，然后使用线性化的分析方法。参照实验室得出的阻尼比及切线模量同循环剪切应变振幅间的关系曲线，对每一个单元的最大循环剪切应变加以记录，并用其确定新的阻尼和模量值。在联系实验室应变和数值模型应变时，常用到一些经验缩放比例系数。然后，将阻尼比和剪

切模量的新值用于新模型的数值分析。整个过程重复数次，直至特性不发生进一步的变化。这就是找到阻尼和模量的所谓"应变相容"值，用这些值进行模拟代表实际现场的响应。

相对于等线性法，完全非线性法只运行一次即可，这是因为在求解进程中，每个单元直接遵循应力-应变关系随时间的非线性变化。若使用适当的非线性法则，则能自动模拟阻尼和表观模量对应变水平的相关性。两种方法都有其长处和不足：等线性法与实际有出入但好用，且可以直接使用实验室动力实验得出的结果；完全非线性法正确直观地描述实际物理过程，但是要求用户参与且需要复杂的应力-应变模型，以便重现一些比较小的动力学现象。

4. 动力方程

除了网格点使用"实际"质量而不是静态方程求解方法中用于最佳收敛的虚拟质量，每个三角形子域将其质量的三分之一(由区域密度和面积算出)作用于每一个同三个区域相连的网格点。对于包含两个覆盖层的四边形区域，最终的网格点质量被分为两半。

临界时步的计算如下：

$$\Delta t_{\text{crit}} = \min \left\{ \frac{A}{C_P \Delta x_{\max}} \right\} \tag{6-63}$$

如果使用同刚度成比例的阻尼，为了保持稳定性，必须减小时步。Belytschko(1983)提出了临界时步 Δt_d 的一个方程式，它包括了同刚度成比例的阻尼的作用：

$$\begin{cases} \omega_{\max} = \dfrac{2}{\Delta t_d} \\ \chi = \dfrac{0.4\beta}{\Delta t_d} \end{cases} \tag{6-64}$$

式中，$\omega_{\max}$——角频率；

$\quad\quad \Delta t_d$——动力时步；

$\quad\quad \chi$——临界阻尼比；

$\quad\quad \beta$——瑞利阻尼刚度分量。

假定：$\beta = S_{\min}/\omega_{\max}$。这里 $S_{\min}$ 和 $\omega_{\max}$ 是为瑞利阻尼(Rayleigh)指定的阻尼分量和角频率。如用同刚度成比例的阻尼运算，则求得的值作为动态时步。

5. 静态边界条件

由于岩土介质的无限性，在数值模拟的过程中需要截取一定范围的有限区域来模拟无限介质，并设置人工边界条件。人工边界的选取范围理论上是越大越好，尽可能远离隧道以消除边界对隧道的影响，但如果模型过大，需要耗费大量机时，取值过小则可能会产生较大的误差。因此，有必要通过试算来确定动力条件下合理的模型范围。

进行岩土工程问题的数值模拟时，相对于分析尺寸而言，所涉及介质有时最好表示为无边界体。深部地下开挖通常假定为被无限介质所包围，而地面或者接近地面的结构常被假定为位于半空间体上。依赖于空间中有限区域离散化的数值方法需要在人工数值边界上加上合适的条件。在静态分析中，固定边界或弹性边界(如由边界单元法表示)实际上可以放在所关心区域的一定距离处。然而，在动态问题中，这样的边界条件导致向外传播的波反射回模型中，且不允许有必要的能量发散。较大模型的应用可以将问题减少，因为材料阻尼将会吸收从较远边界反射回来的波中的大部分能量。但是，这种解决方案导致计算上的很大负荷。替代方案是使用静态或者吸收边界。有关研究人员已经提出了数个公式。FLAC3D 中使用的是由 Lysmer 和 Kuhlemeyer(1969)提出的黏性边界公式。该公式是建立在模型边界法向和切向上使用阻尼器的基础上的。在吸收接近边界时入射角大于 30°的体波时，这种方法是完全有效的。对于较小的入射角或面波，仍存在能量吸收，但是并不理想。然而，这种方案的优点在于它是在时域内操作。其有效性已经在有限元模型和有限差分模型中得到验证(Kunar, 1977)。由 White(1977)等提出的这个方法的一个变化形式也在被广泛使用。

更有效的能量吸收(尤其在瑞利波的情况)需要使用依赖于频率的单元，这些单元只能用于频率分析(Lysmer and Waas, 1972)。这些通常称为"相容边界"，需要计算耦合了所有基本边界、黏性边界和相容边界不同类型的性质的比较研究。

由 Lysmer 和 Kuhlemeyer(1969)提出的静态边界方案包括法向和切向独立连接到边界的阻尼器。这些阻尼器提供黏性的法向和切向应力，由下式给出：

$$\begin{cases} t_n = -\rho_m C_P v_n \\ t_s = -\rho_m C_S v_s \end{cases} \tag{6-65}$$

式中，v_n、v_s——模型边界上法向和切向的速度分量；

　　　ρ_m——介质密度；

　　　C_P、C_S——P 波和 S 波的波速。

这些黏性项可以直接引入边界上节点的运动方程中。可是 FLAC 使用的却是一种不同的方法，该方法在每一时步计算引力，并将其按照施加边界载荷的方式施加到边界上。这比以前的方法更方便，且测试已经表明运行时同样有效。唯一存在的问题是数值稳定性，因为从速度计算的黏性力滞后半个时步。从目前为止的实际分析来看，还没有因为使用非反射边界而需要减少时步的情况发生。由小网格域决定的时步限制通常更为重要。

动态分析从某些现场条件开始。如果一个速度边界用于提供静力状态，次边界条件可以由静态边界替代，边界反力将会自动计算并且在整个动态加载阶段保持不变。注意这些边界在施加静态边界条件之前绝不能释放，否则将失去反力。需要小心避免在动态阶段静态加载时的变化。例如，如果在指定底部边界为静态边界后开挖一条隧道，整个模型将开始向上移动。这是因为在底部的全部重力不再平衡当边界变化到静态时计算得出的全部反力。如果为了得到静态解而施加一个应力边界条件，当对于动态阶段施加静态边界时，需要同时在同一边界上施加相反的应力边界条件。对于动态计算来说，这将允许正确的反力施加在边界上的原来位置处。

静态边界条件可以用 APPLY 命令和适当的关键词(xquiet、yquiet、nquiet 或 squiet)施加到 x 和 y 方向，或者沿倾斜的边界法向和切向方向上。当在法向和切向静态边界上时，nquiet 和 squiet 总是应该在一起的。对于倾斜的边界，这些条件使用不考虑 x 和 y 方向的耦合。当使用 APPLY 命令设置静态边界条件时，必须注意到动荷载施加的边界中所用材料特性为紧靠边界的网格域的材料特性。因此，当使用命令施加安静边界时，必须保证紧靠边界网格域已经给定合适的材料特性以便于安静边界存储正确材料特性。

当动态源在一个网格内时，静态边界是最适用的。当将动态源在顶部或底部施加为一个边界条件时，静态边界不宜用于沿网格方向的边界上，因为波的能量将从这些边上"泄露"出去。在这种情况下，应当将如下所述的自由场边界施加到这些边界上。

6. 自由场边界

对诸如大坝之类的地面结构反应进行数值分析时需要对邻近基础部分区域的材料进行离散化。地震能量通常由通过下部材料向上传播的面波来表示。在模型各边处的边界条件必须考虑没有结构时仍存在着的自由场运动。在某些情况下，基本的侧向边界可能已经足够。例如图 6-4 所示，如仅有剪切波作用在水平边界 AC 上，则沿 AB 和 CD 仅在竖向固定边界是可能的。这些边界设置在适当距离处以使波的反射最小，同时满足自由场条件。但是，当材料阻尼较小时，需要的距离可能导致一个不切实际的模型。一个替代程序是"强制"自由场运动，在这种方式中边界保持其非反射特性，即结构产生的向外的波被适当地吸收。这种方法曾在连续介质有限差分程序 NESSI(Cundall et al，1980)中使用。FLAC3D 中使用了同类方法，一维自由场计算与主网格分析平行运行。

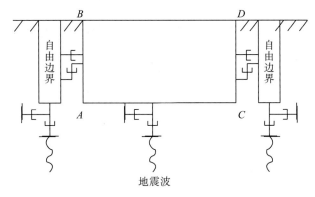

图 6-4　自由场边界示意图

主网格的侧边界通过阻尼器与自由场网格耦合来模拟安静边界，自由场的非平衡力施加到主网格上。施加在左手边界的两个条件如下式所示，右手边界条件类似可得：

$$\begin{cases} F_x = -\rho_m C_P (V_x^m - V_x^{ff})A + F_x^{ff} \\ F_y = -\rho_m C_S (V_y^m - V_y^{ff})A + F_y^{ff} \\ F_z = -\rho_m C_S (V_z^m - V_z^{ff})A + F_z^{ff} \end{cases} \qquad (6\text{-}66)$$

式中，F_x、F_y、F_z——分别为施加在 x、y、z 方向的力；

$\quad$ A——自由场网格的影响面积；

$\quad$ V_x^m、V_y^m、V_z^m——分别为主体网格在侧面边界上的 x、y、z 方向的速度；

$\quad$ V_x^{ff}、V_y^{ff}、V_z^{ff}——分别为侧面自由网格在 x、y、z 方向的速度；

$\quad$ F_x^{ff}、F_y^{ff}、F_z^{ff}——分别为自由场网格单元应力所带来的自由场网格的节点力。

这样，向上的面波在边界上就不会产生扭曲，因为自由场提供的条件与无现场完全相同。如果主网格是均匀的，自由场会因与主网格的运动一致而不起作用。但如果主网格与自由场的运动不同(如表面结构辐射次波)，这时阻尼器就会吸收能量，发挥与安静边界类似的效果，能很好地吸收入射波能量，减少波的反射。施加自由场边界前后的模型如图 6-5 所示。

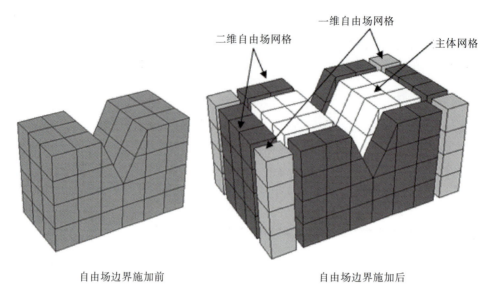

自由场边界施加前   自由场边界施加后

图 6-5　自由场边界示意图

6.3　城市地下交通隧道的结构地震动力响应

城市地下交通建设主要以隧道为主，在利用埋深较大的地下空间时，隧道一般采用暗挖法施工，其主要建设方法与山岭隧道类似。不同之处在于，城市地下交通隧道附近重要建筑物多，既有建筑物种类繁杂，既有城市下穿交通隧道，也有高层建筑物基础和地铁区间段及地铁车站等，在第 5 章研究静力影响的基础上，本节主要研究城市新建地下交通隧道与既有交通隧道在地震作用下的动力响应规律，以根据既有和新建隧道相互影响程度来确定动力安全距离，为合理安全利用城市地下空间以改善城市交通拥堵状况提供有利参考。

6.3.1　动力分析模型

本节对城市既有下穿隧道下方新建分离式双向四车道隧道这一最常见的空间位置关系进行建模，为简化分析，本节采用平面模型，其数值网格如图 6-6 所示，隧道支护结构见图 6-7。

图 6-6　动力计算网格模型

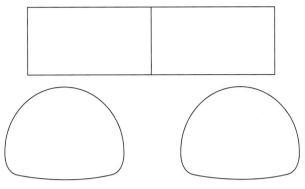

图 6-7　隧道支护结构

图 6-6 中，上部既有下穿隧道底板与下方新建隧道顶部距离随着计算工况而改变，依次为 3m、5m、10m、15m、20m 五种不同的竖向距离。其中，上部既有下穿隧道为目前城市中常见的矩形框架结构，下部为小净距隧道，其净距为 3m，上部和下部隧道均为双向四车道。图 6-7 中为上下隧道的支护结构，本节算例中的隧道喷混采用了 Shell 单元模拟，其余的支护结构如锚杆和钢拱架，均采用等效刚度的原理折算至 Shell 单元中。

6.3.2　监测点布置

为研究城市地下交通隧道结构在地震作用下的响应规律，主要对既有及新建隧道结构的弯矩、轴力及加速度进行了监测。本节算例中存在新建隧道及既有隧道，对两者的结构动力响应均进行了监测，由于本算例结构对称，仅对结构右侧进行了检测。监测点布置见图 6-8。

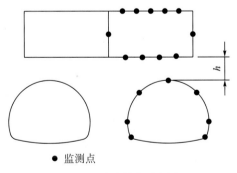

● 监测点

图 6-8　动力计算监测点

图 6-8 给出了动力计算过程中各监测点的具体位置，其中在上部框架型隧道结构顶板布设了 5 个监测点，底板布设了 4 个监测点，边墙及中隔墙各布置一个监测点。下部结构则在隧道的左右拱脚、边墙、拱肩和拱顶部位布设监测点。各监测点均在计算中监测动力响应过程中的结构内力和水平加速度。

需要说明的是，在计算隧道间具有不同竖向距离时所布设的监测点相对于隧道位置固定，下部新建隧道的监测点在不同竖向距离条件下具有不同的空间坐标。

6.3.3　地震荷载选取及输入

在地下结构地震动力时程分析中所采用的地震波主要有三种：拟建场地的实际地震记录、有代表性的过去强震记录和人工合成地震波。这三种类型的波各有其特点和适用性。

如果在拟建场地上有实际的强震记录可供选用，那么这种地震波应该优先采用，但大多数情况下的拟建场地并未有这种记录。因此采用过去有代表性的强震记录是个较好的选择，如 EI Centro 波、Taft 波、天津波、Kobe 波等，但由于这些地震波记录的场地条件与拟建的场地条件总是或多或少地存在差异，这些强震记录并不能真实地反映拟建场地的地震动特性。所以，为了确保地下结构地震反应分析的精确性以及有效性，应该根据拟建场地的某些特征参数来人工合成适合这类场地的地震波。

人工合成地震波的方法有很多种，常用的主要有比例法和数值法。数值法又可分为三角级数法、随机脉冲法和自回归法三种，其中三角级数法最为成熟，应用也最普遍。由于地震动的三要素为幅值、频谱以及持时，因此人工合成地震波必须在这三个方面满足要求。比例法是对以前的实际强震记录，如 EI Centro 波、Taft 波、天津波等，将其时间坐标与加速度坐标分别乘以一个常数，使其能够满足要求。由于此法可供调整的参数仅有两个比例常数，所以仅能满足最大加速度以及卓越周期的要求，不能满足反应谱与频谱的要求，故在抗震分析中，其应用受到限制。

三角级数法的基本思想是用三角级数之和构造一个近似的平稳高斯过程，然后乘以强度包络函数，就可得到非平稳的地震动加速度过程。具体说来，就是根据拟建场地的地震烈度、场地类别等设计参数确定设计反应谱，也就是目标反应谱，再通过目标反应谱近似计算出人工地震波的功率谱并进一步得到傅里叶幅值谱。最后对傅里叶幅值谱与 $0 \sim 2\pi$ 内均匀分布的随机相位做傅里叶逆变换并乘上强度包络函数，便可得到近似人工地震波，然后按照某一种收敛准则重复迭代上述步骤，使合成的地震波的反应谱与目标谱之间的误差在允许范围之内，这样就得到了可以满足场地地震动各种参数要求的地震波。

本节研究所涉及的老营盘隧道，地处高烈度地震带，隧道区址附近具有代表性的地震波为汶川卧龙地震波，其速度时程曲线如图 6-9 所示，地震持时 15s。

地震波输入时，采用应力波输入方法，施加动力边界条件后，这些边界上原先的静力边界条件将被自动去掉(free)，在动力荷载施加期间，程序始终自动计算边界上的作用力，用户不能将静态边界条件去掉，也不能在静态边界上施加加速度、速度边界条件，因为静态边界上的作用力是根据边界上的速度分量计算得到的，如果再施加速度荷载就会使静态边界失效。若需要在静态边界上输入动荷载，则只能输入应力时程。可以将加速度、速度时程通过以下转换公式形成应力时程施加到静态边界上。

$$\begin{cases} \sigma_n = -2(\rho_m C_P) v_n \\ \sigma_s = -2(\rho_m C_S) v_s \end{cases} \tag{6-67}$$

式中的 σ_n、σ_s 分别为施加在静态边界上的法向应力和切向应力，公式中的系数 2 表示施加的能量中只有一半是向上传播作为动力输入的，另一半向边界下部传播。公式中的负号是为了使应力施加后节点的速度能与实际一致。

通过将速度时程转换为剪应力时程，并按照 0.3g 的峰值加速度施加地震荷载。

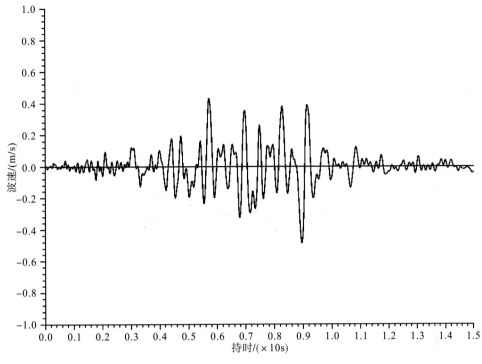

图 6-9 卧龙地震波时程曲线

6.3.4 新建隧道与既有隧道的动力相互影响规律

地震作用下既有地下交通隧道与新建城市地下交通隧道的竖向空间距离对两者的结构动力响应影响各不相同。总体而言，两者的竖向空间距离增大至一定范围后，其动力相互影响逐渐消失，与山岭小净距隧道之间的动力相互影响机理类似，不同之处在于山岭隧道是水平向的相互影响，而城市地下交通隧道由于埋深与竖向空间距离相关，表现出的相互影响机理略有差异。下面对城市地下既有交通隧道下方新建交通隧道条件下的动力相互影响规律进行初步分析。

1. 不同竖向距离下结构弯矩相互影响规律

1）新建隧道对既有隧道结构弯矩的影响

在同一地层及断面条件下，将新建多心圆隧道与既有下穿矩形隧道之间的竖向空间距离分别设置为 3m、5m、10m、15m、20m。地震作用下的既有结构弯矩时程曲线如图 6-10～图 6-16 所示。所监测的结构重点部位具体空间位置见图 6-8。

从图 6-10～图 6-16 可以看出，地震作用下城市既有下穿公路隧道各部位的弯矩均随时间不断变化。总体而言，既有结构各部位在下方有无隧道条件下的动力响应规律存在较大差异，这主要是由于在既有结构下方新建隧道改变了原有的地应力场分布，新建隧道与原位地层相比对地震波的传播造成了一定的影响。

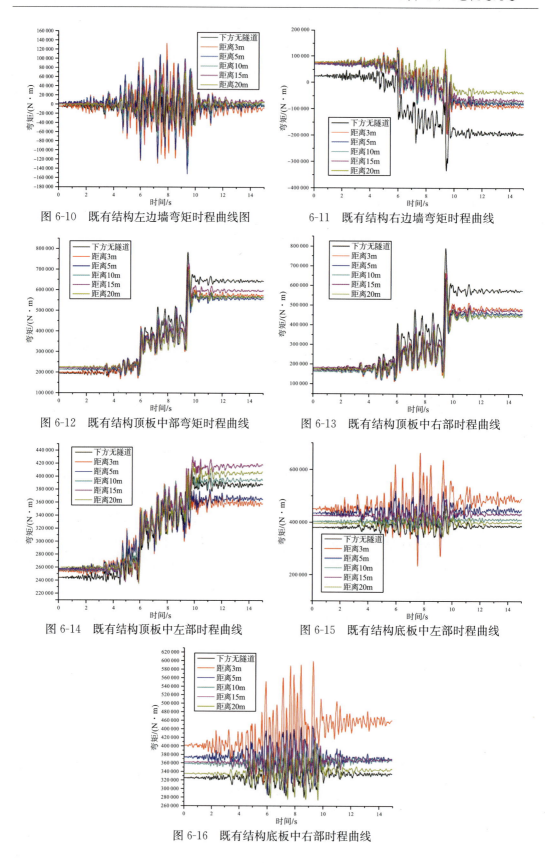

图 6-10　既有结构左边墙弯矩时程曲线图

6-11　既有结构右边墙弯矩时程曲线

图 6-12　既有结构顶板中部弯矩时程曲线

图 6-13　既有结构顶板中右部时程曲线

图 6-14　既有结构顶板中左部时程曲线

图 6-15　既有结构底板中左部时程曲线

图 6-16　既有结构底板中右部时程曲线

城市既有下穿隧道的中隔墙在地震作用下出现了较大的弯矩幅值，而隧道中隔墙在设计时均按照受压立柱设计，由此给既有结构抗震性能带来一定不利影响，而下方是否存在城市新建交通隧道对其幅值的影响并不大。既有隧道右边墙在设计时一般都考虑了弯矩荷载作用，在下方分别存在不同距离的新建隧道时，其动力影响逐渐减小，因此可以认为新建隧道的存在对既有隧道的边墙动力作用后的弯矩具有一定的积极意义。

既有隧道顶板在动力作用下的弯矩均有较大增加，如顶板中部的弯矩在无下方隧道时，从震前的约 200kN•m 增加到 680kN•m，增幅明显。而在下方存在新建隧道时，这一增幅有所减小。同样的规律也存在于顶板中部偏右部位，顶板中部偏左部位的弯矩在存在新建隧道时的规律略有不同，其中当距离为 3m 和 5m 时，震后弯矩相对减小，距离超过 5m 时，震后弯矩偏大。需要注意的是，震后的终态弯矩只是最终结果。在地震持时范围内，顶板中部和中部偏右部位的弯矩峰值均超过了震前的 360% 以上，地震作用下顶板中部及偏右部位的动力安全系数下降至原有的 30% 以下，下方是否存在新建隧道对其动力安全系数影响不大。

对既有隧道底板而言，下方新建隧道对其弯矩峰值及震后终态均具有一定的负面作用。由图 6-15 和图 6-16 可知，当既有交通隧道下方新建隧道时，地震作用对顶板的弯矩放大效应更为明显，其中在距离为 3m 时，动力放大系数最大，分别达到了 43% 和 50% 左右。在下方隧道距离不断增大的过程中，既有结构底板弯矩的动力弯矩系数逐渐减小，震后的弯矩终态值也逐渐减小。这一规律表明：在城市既有下穿隧道下方新建交通隧道时，必须设置一定的安全距离，以保证在地震作用下既有结构的安全性，避免两者之间的相互不利影响。

2）既有隧道对新建隧道弯矩的影响

当新建隧道上方存在既有结构时，由于结构的动力响应特性与原有地层之间的差异，会导致新建隧道在上方有无既有结构条件下，其自身结构的动力响应存在差异。城市交通隧道一般都属于浅埋范围内，当上方存在类似交通隧道时，其自身的响应规律目前研究相对有限，这一现象出现的主要原因是山岭隧道中鲜有浅埋隧道上方存在既有交通隧道的情况，由此造成了在评估地震作用下结构安全性工作方面的局限性。为此，需要研究城市新建地下隧道在上方有无既有结构条件下的结构动力响应规律。图 6-17～图 6-23 为上方无结构和上方结构与新建隧道距离 3m 时，新建隧道左拱脚、左边墙、左拱肩、拱顶、右拱肩、右边墙及右拱脚在地震作用下的弯矩随时间的变化规律。

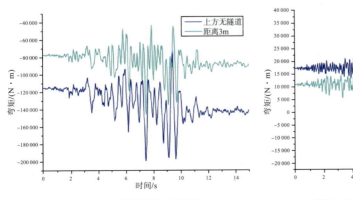

图 6-17　左拱脚弯矩时程图　　　　　　　图 6-18　左边墙弯矩时程图

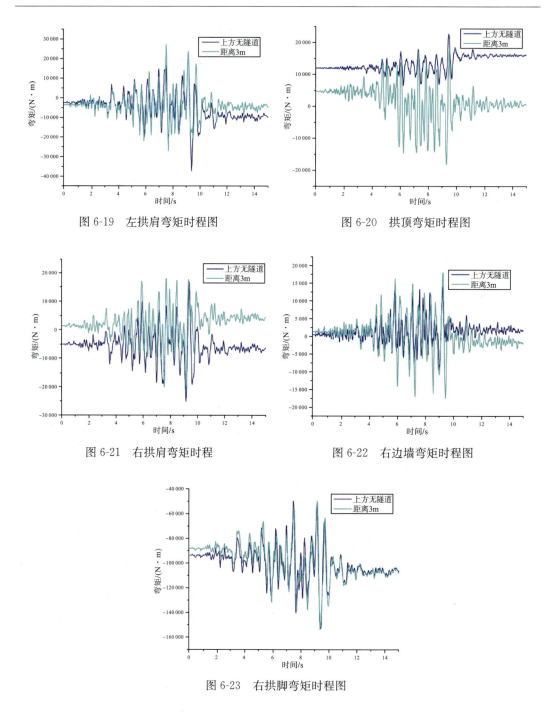

图 6-19　左拱肩弯矩时程图

图 6-20　拱顶弯矩时程图

图 6-21　右拱肩弯矩时程

图 6-22　右边墙弯矩时程图

图 6-23　右拱脚弯矩时程图

由图 6-17 可以看出，在新建隧道上方 3m 处有无既有隧道结构对新建隧道左拱脚的弯矩影响较大，当上方存在既有隧道结构时，拱脚的弯矩减小约 33%，地震持时内，动力放大系数较为接近，震后弯矩减小了约 35.7%。表明当距离较近时，两者开挖产生的应力重分布相互影响，对下部隧道左侧拱脚的抗震安全系数提高较为有利。边墙处的弯矩则出现了相反的规律，地震作用前后的弯矩均出现了 50% 以上的增大，但考虑到边墙处的弯矩初始值较小，不作为控制性因素。

上方有无既有隧道结构对左侧拱肩处的弯矩时程(图 6-19)影响不大,且其值均较小(峰值仅为拱脚处的 2.5% 左右),接近正负弯矩的拐点,故拱肩不作为弯矩的控制性部位。拱顶的弯矩在上方有无既有结构时差异也较小,这是因为上方地层厚度有限,弯矩绝对值较小。但值得注意的是,上方无既有结构时下方隧道的动力放大系数要明显大于上方无结构时的情况。

如前所述,右侧拱肩和右边墙的弯矩时程较为接近,动力放大系数也较为接近,这两个部位不作为弯矩控制性部位。从右侧拱脚处的弯矩时程图(图 6-23)中可以发现,在上方没有既有结构时,右拱脚的弯矩稍大于有既有结构的情况,但峰值和震后终态值也较为接近。

当新建隧道与既有隧道空间竖向距离为 5m 时,新建隧道各典型部位在上方有无既有隧道结构时的弯矩时程见图 6-24～图 6-30。

总体上看,当上方结构与下方新建隧道距离为 5m 时,新建隧道在拱肩和边墙处的弯矩动力放大系数差异不明显,考虑到拱肩部位极易出现弯矩反转,因此不能作为弯矩放大系数分析的控制点。由图 6-24～图 6-30 可以看出,新建隧道左右拱脚和拱顶的弯矩动力放大系数差异明显,拱脚处弯矩较大,且动力时程曲线差异明显,拱顶处虽然弯矩绝对值较小,但弯矩放大效应明显,可作为后续分析的重要参考部位。

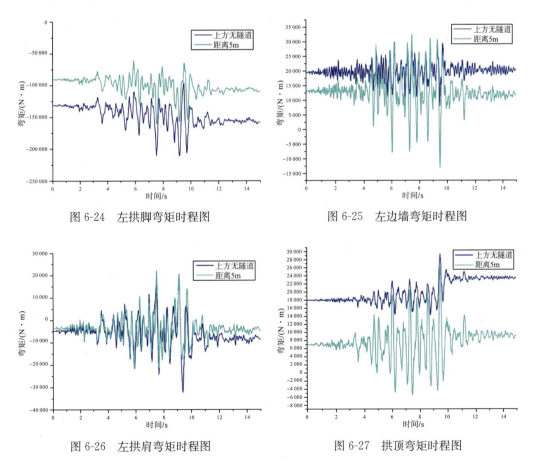

图 6-24　左拱脚弯矩时程图　　　　　图 6-25　左边墙弯矩时程图

图 6-26　左拱肩弯矩时程图　　　　　图 6-27　拱顶弯矩时程图

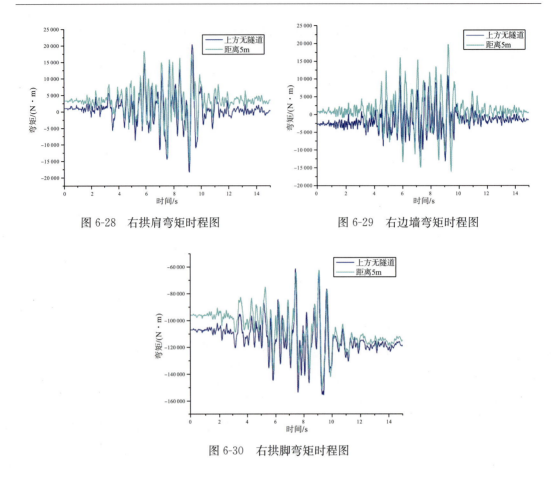

图 6-28　右拱肩弯矩时程图　　　　　　　　　图 6-29　右边墙弯矩时程图

图 6-30　右拱脚弯矩时程图

当新建隧道与既有隧道空间竖向距离为 10m 时，新建隧道各典型部位在上方有无既有隧道结构时的弯矩时程见图 6-31～图 6-37。

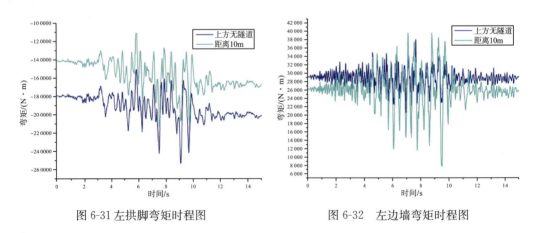

图 6-31 左拱脚弯矩时程图　　　　　　　　　图 6-32　左边墙弯矩时程图

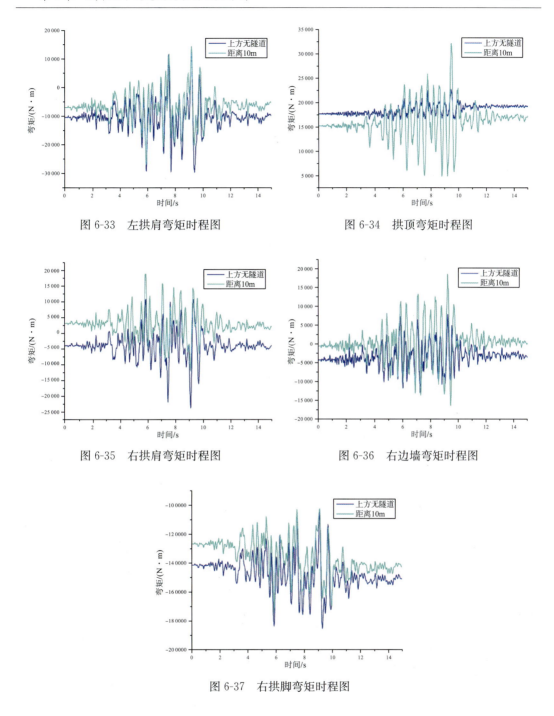

图 6-33　左拱肩弯矩时程图

图 6-34　拱顶弯矩时程图

图 6-35　右拱肩弯矩时程图

图 6-36　右边墙弯矩时程图

图 6-37　右拱脚弯矩时程图

由图 6-31～图 6-37 可知，新建隧道在地震作用下各典型部位的动力响应各不相同，即使是左右边墙和左右拱肩部位的弯矩时程图也存在较大差异，这一现象出现的根本原因在于所监测的隧道左侧存在同样的隧道，且上部存在既有结构。因此可以认为：城市地下新建交通隧道受到周围既有建筑的影响，其地震作用下的动力响应规律呈现出一定的复杂性，必须通过对各部位进行专门而详细的动力分析才能确定出相应的动力安全系数。与前述竖向距离情况一致，拱脚处的弯矩峰值最大，拱顶处的弯矩相对规律，而拱肩处容易出现弯矩正负号反转，不能作为弯矩分析控制性部位。拱脚处的弯矩时程（图 6-31、图 6-37）呈现出明显的规律，即存在上部结构时，该处弯矩相对较小，时程曲线的形态较为接近。拱顶处的弯矩时程（图 6-34）在上方存在既有隧道结构时放大效应明显。

当新建隧道与既有隧道空间竖向距离为 15m 时，新建隧道各典型部位在上方有无既有隧道结构时的弯矩时程见图 6-38～图 6-44。

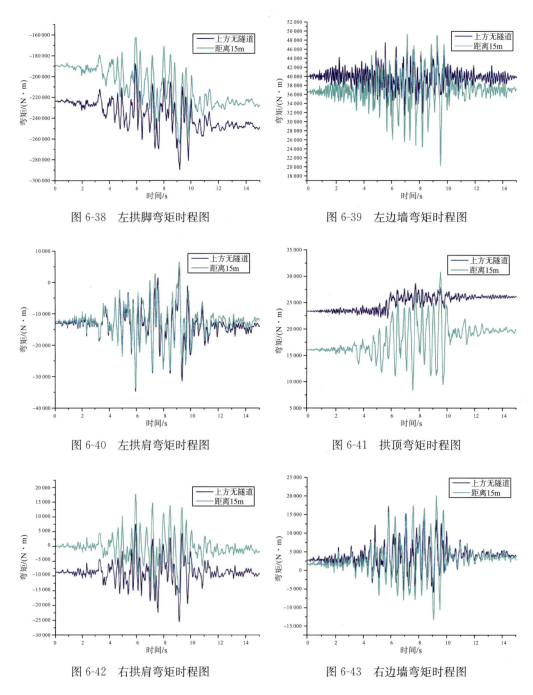

图 6-38　左拱脚弯矩时程图　　　　　　　　图 6-39　左边墙弯矩时程图

图 6-40　左拱肩弯矩时程图　　　　　　　　图 6-41　拱顶弯矩时程图

图 6-42　右拱肩弯矩时程图　　　　　　　　图 6-43　右边墙弯矩时程图

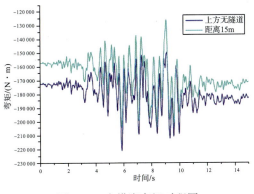

图 6-44　右拱脚弯矩时程图

与前述竖向距离条件下类似，新建隧道左右拱脚部位在上方有无既有隧道结构时的动力响应规律存在明显差异，且弯矩整体较大。拱顶弯矩峰值较小，但上方有无结构对拱顶动力弯矩时程造成了很大影响，左右拱肩处由于靠近弯矩正负拐点处，因而距离的影响规律难以确定。左右边墙处弯矩时程曲线在上方有无隧道结构时差异不明显。总体而言，在上下隧道竖向距离达到 15m 时，既有隧道结构对新建隧道还是存在一定影响，主要体现在新建隧道拱脚处和拱顶处。

当新建隧道与既有隧道空间竖向距离为 20m 时，新建隧道各典型部位在上方有无既有隧道结构时的弯矩时程见图 6-45～图 6-51。

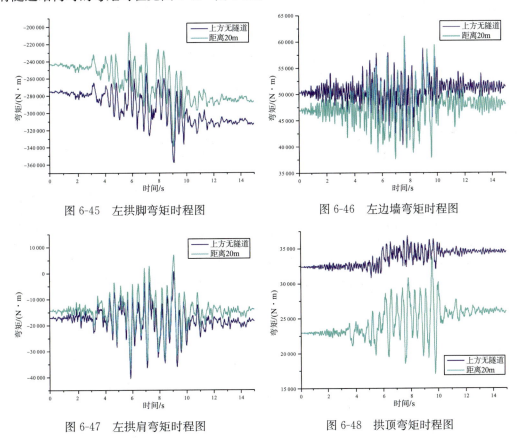

图 6-45　左拱脚弯矩时程图　　　　　图 6-46　左边墙弯矩时程图

图 6-47　左拱肩弯矩时程图　　　　　图 6-48　拱顶弯矩时程图

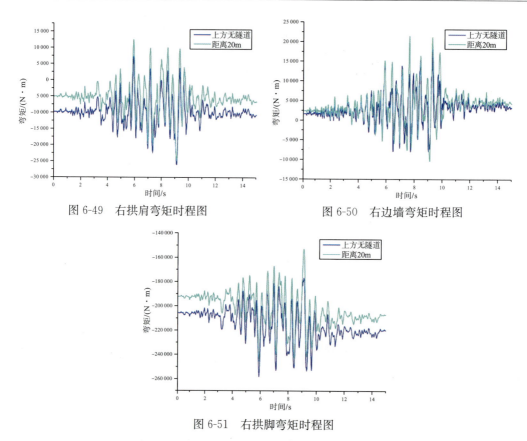

图 6-49　右拱肩弯矩时程图　　　　　　图 6-50　右边墙弯矩时程图

图 6-51　右拱脚弯矩时程图

既有隧道结构与新建隧道竖向距离达到 20m 时，典型部位在地震作用下的弯矩时程曲线呈现出与距离为 15m 时类似的规律，即作用拱脚部位的弯矩差异大，时程曲线形态较为接近。拱顶处的弯矩时程曲线受上部隧道结构的影响较大，上方隧道由于大幅度开挖卸荷，对新建隧道的拱顶弯矩造成了一定的减小，但地震作用下的响应更为剧烈。其余部位的弯矩时程曲线规律则相对不明显。

在既有结构下方开挖新的城市交通隧道时，由于开挖卸荷作用以及土体约束的变化，隧道结构在地震作用下的动力响应规律随着两者竖向距离变化呈现出一定的规律，提取新建隧道左右拱脚及拱顶部位的弯矩峰值及初始值，计算动力放大系数随竖向距离的变化如图 6-52～图 6-54 所示。

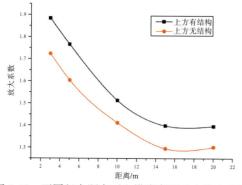

图 6-52　不同竖向距离下左拱脚弯矩动力放大系数

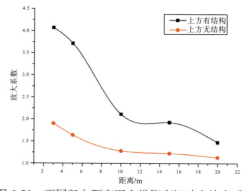

图 6-53　不同竖向距离下右拱脚弯矩动力放大系数

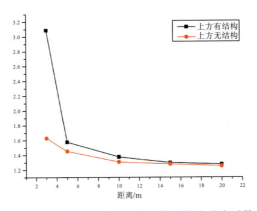

图 6-54　不同竖向距离下拱顶弯矩动力放大系数

由图 6-52~图 6-54 可知，上部结构对新建隧道在地震作用下左右拱脚及拱顶的弯矩放大系数存在明显影响，当上方存在结构时，动力放大系数明显大于无上方结构。当上下结构竖向距离超过 15m 时，上部结构对新建隧道拱脚的弯矩动力放大系数影响逐渐平稳，此时上部既有隧道存在与否对新建隧道在地震作用下的衬砌弯矩峰值仍存在影响，但此时再增大距离对减小相互影响的效果非常不明显。拱顶处弯矩的动力放大系数在距离超过 5m 之后的差异不明显，且均趋于平稳，而在距离小于 5m 时，上部结构对新建隧道拱顶弯矩动力放大增益明显，动力放大系数超过 3。因此可以确定，从地下结构弯矩的动力放大效应考虑，城市新建交通隧道与既有交通隧道结构的竖向距离不应小于 5m，否则拱顶将受到超过设计荷载三倍的动力荷载，对结构安全十分不利，而竖向距离超过 15m 时，既有结构对新建隧道的影响已经趋于平稳，过分增大竖向距离效果不明显，且浪费宝贵的城市地下空间。

2. 不同竖向距离下结构轴力相互影响规律

1)新建隧道对既有隧道结构轴力的影响

在同一地层及断面条件下，将新建多心圆隧道与既有下穿矩形隧道之间的竖向空间距离分别设置为 3m、5m、10m、15m、20m。地震作用下既有结构弯矩时程曲线如图 6-55~图 6-61 所示。所监测的结构重点部位的具体空间位置见图 6-8。

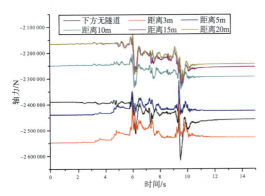

图 6-55　既有结构左边墙轴力时程曲线

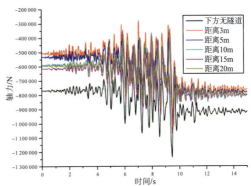

图 6-56　既有结构右边墙轴力时程曲线

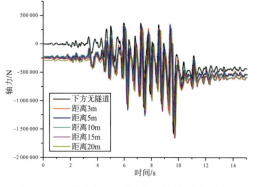

图 6-57　既有结构顶板中部轴力时程曲线

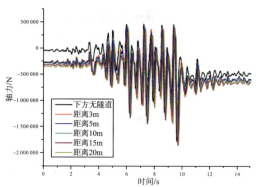

图 6-58　既有结构顶板中右部轴力时程曲线

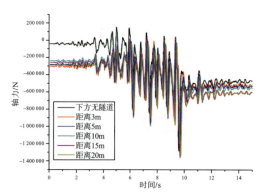

图 6-59　既有结构顶板中左部轴力时程曲线

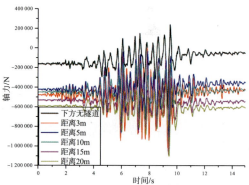

图 6-60　既有结构底板中左部轴力时程曲线

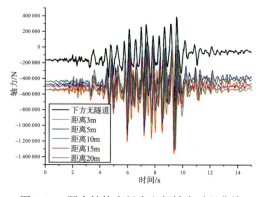

图 6-61　既有结构底板中左部轴力时程曲线

对结合式矩形框架城市下穿隧道，中部隔墙是结构安全的重中之重，由图 6-59 可知，在地震荷载作用下，在下方无城市新建交通隧道时，中隔墙的轴力动力放大系数达到 1.05。下方存在新建隧道时的动力放大系数均有不同程度的变化，但整体而言，下方存在新建隧道时，新建隧道对既有隧道中隔墙轴力有减小作用。

对于既有隧道结构顶板及右侧边墙，地震作用将会增大结构轴力，而不同新建隧道与既有隧道结构距离对既有隧道这些部位轴力的影响相对有限。隧道结构底板轴力（图 6-60、图 6-61）在新建隧道的影响下有增大趋势，但整体增幅有限。由此可以确定，在既有隧道下方新建城市地下交通隧道对既有隧道结构的轴力影响有限。

2)既有隧道对新建隧道轴力的影响

图 6-62～图 6-68 为上方无结构和上方结构与新建隧道距离 3m 时，新建隧道左拱脚、左边墙、左拱肩、拱顶、右拱肩、右边墙及右拱脚在地震作用下轴力随时间的变化规律。

由 6-62～图 6-68 可知，隧道轴力在上部无隧道结构时明显大于上部存在既有隧道。当上方结构与新建隧道距离为 3m 时，新建隧道左右边墙和拱顶的轴力动力放大系数明显增大，左右拱肩处轴力的放大系数略有增大。左右拱脚处的轴力时程形态与上部无结构时类似。

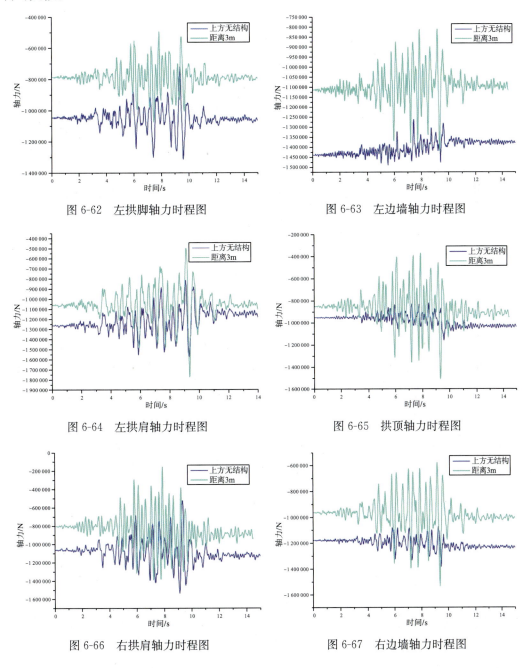

图 6-62　左拱脚轴力时程图　　　　　　图 6-63　左边墙轴力时程图

图 6-64　左拱肩轴力时程图　　　　　　图 6-65　拱顶轴力时程图

图 6-66　右拱肩轴力时程图　　　　　　图 6-67　右边墙轴力时程图

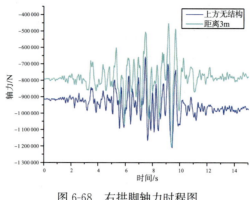

图 6-68　右拱脚轴力时程图

　　图 6-69～图 6-75 为上方无结构和上方结构与新建隧道距离 5m 时，新建隧道左拱脚、左边墙、左拱肩、拱顶、右拱肩、右边墙及右拱脚在地震作用下轴力随时间的变化规律。

　　由图 6-69～图 6-75 可知，左右拱脚处的轴力时程曲线具有相似的形态，而受到上部结构的影响，新建隧道拱脚处的轴力均有不同程度的减小，有利于提高新建隧道的安全性。左右边墙及拱顶处的轴力动力响应剧烈程度存在明显差异，受上方结构影响，新建隧道的轴力在上方无结构时响应剧烈程度显著降低。左右拱肩处的轴力时程形态基本不受上部结构的影响。

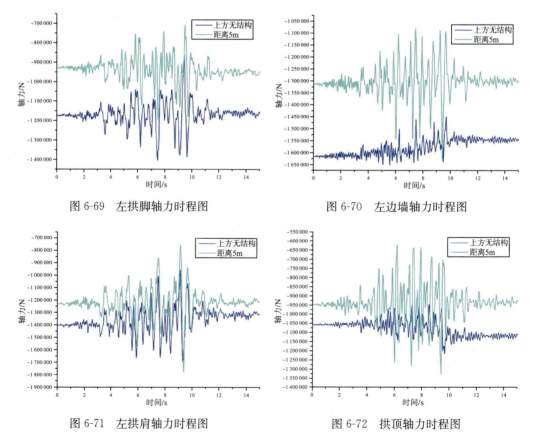

图 6-69　左拱脚轴力时程图　　　　　　　图 6-70　左边墙轴力时程图

图 6-71　左拱肩轴力时程图　　　　　　　图 6-72　拱顶轴力时程图

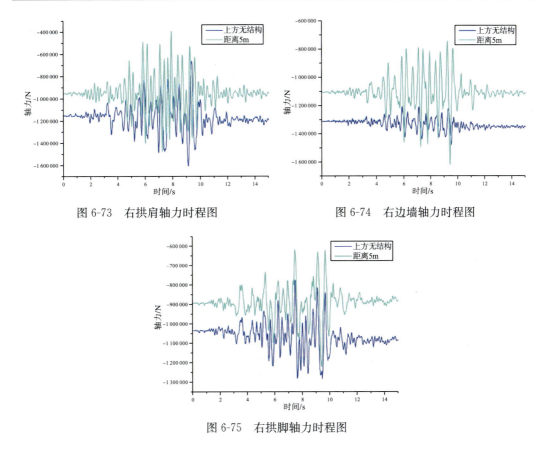

图 6-73　右拱肩轴力时程图　　　　　　　图 6-74　右边墙轴力时程图

图 6-75　右拱脚轴力时程图

　　图 6-76～图 6-82 为上方无结构和上方结构与新建隧道距离 10m 时，新建隧道左拱脚、左边墙、左拱肩、拱顶、右拱肩、右边墙及右拱脚在地震作用下轴力随时间的变化规律。

　　由图 6-76～图 6-82 可知，拱顶和左右边墙处在上方隧道结构的影响下，轴力响应时程出现了明显的变化，动力放大系数显著增大。左右拱脚处的轴力响应形态基本不受上方既有结构影响，动力放大系数也未出现明显变化。左右拱肩处的轴力响应形态基本不受上部结构的影响。总体而言，在上部结构的影响下，新建隧道各部位的轴力均存在不同幅度的降低。

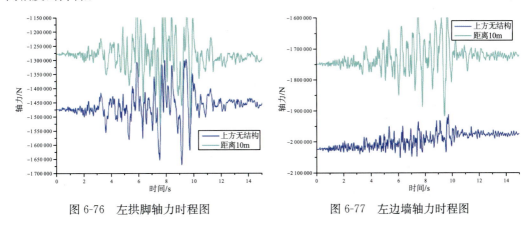

图 6-76　左拱脚轴力时程图　　　　　　　图 6-77　左边墙轴力时程图

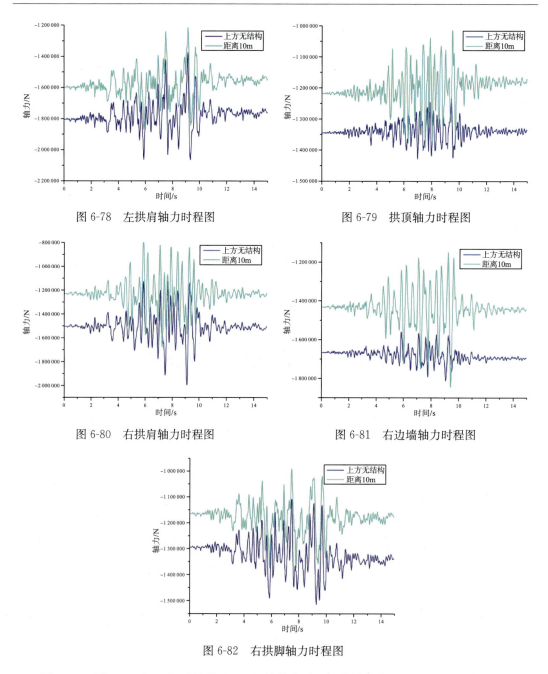

图 6-78　左拱肩轴力时程图

图 6-79　拱顶轴力时程图

图 6-80　右拱肩轴力时程图

图 6-81　右边墙轴力时程图

图 6-82　右拱脚轴力时程图

图 6-83～图 6-89 为上方无结构和上方结构与新建隧道距离 15m 时，新建隧道左拱脚、左边墙、左拱肩、拱顶、右拱肩、右边墙及右拱脚在地震作用下轴力随时间的变化规律。

由图 6-83～图 6-89 可知，拱顶和左右边墙处在上方隧道结构的影响下，轴力响应时程出现了明显的变化，动力放大系数显著增大。左右拱脚处的轴力响应形态基本不受上方既有结构影响，动力放大系数也未出现明显变化。左右拱肩处的轴力响应形态基本不受上部结构的影响。总体而言，在上部结构的影响下，新建隧道各部位的轴力均存在不同幅度的降低，此规律与竖向距离为 10m 时情况类似。

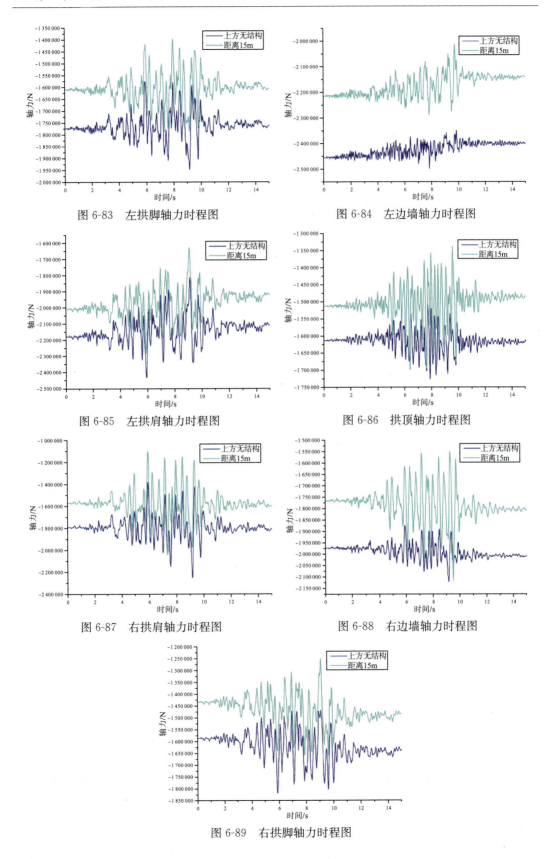

图 6-83　左拱脚轴力时程图

图 6-84　左边墙轴力时程图

图 6-85　左拱肩轴力时程图

图 6-86　拱顶轴力时程图

图 6-87　右拱肩轴力时程图

图 6-88　右边墙轴力时程图

图 6-89　右拱脚轴力时程图

　　图 6-90～图 6-96 为上方无结构和上方结构与新建隧道距离 20m 时，新建隧道左拱脚、左边墙、左拱肩、拱顶、右拱肩、右边墙及右拱脚在地震作用下轴力随时间的变化规律。

　　由图 6-90～图 6-96 可知，右边墙处在上方隧道结构的影响下，轴力响应时程出现了明显的变化，动力放大系数显著增大。左右拱脚处的轴力响应形态基本不受上方既有结构影响，动力放大系数也未出现明显变化。左边墙、拱顶及左右拱肩处的轴力响应形态基本不受上部结构的影响。总体而言，在上部结构的影响下，新建隧道各部位的轴力均存在不同幅度的降低。

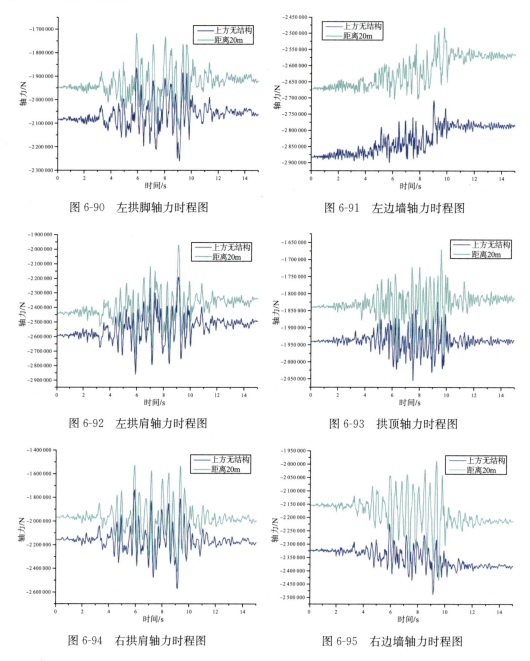

图 6-90　左拱脚轴力时程图　　　　　　图 6-91　左边墙轴力时程图

图 6-92　左拱肩轴力时程图　　　　　　图 6-93　拱顶轴力时程图

图 6-94　右拱肩轴力时程图　　　　　　图 6-95　右边墙轴力时程图

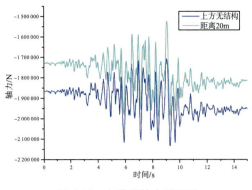

图 6-96　右拱脚轴力时程图

在既有结构下方开挖新的城市交通隧道时，由于开挖卸荷作用以及土体约束的变化，隧道结构在地震作用下的动力响应规律随着两者竖向距离变化呈现出一定的规律，提取新建隧道左右拱脚及拱顶部位的轴力峰值及初始值，计算动力放大系数随竖向距离的变化如图 6-97～图 6-99 所示。

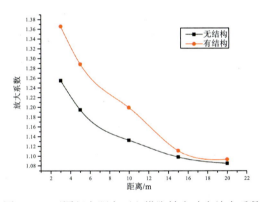

图 6-97　不同竖向距离下左拱脚轴力动力放大系数

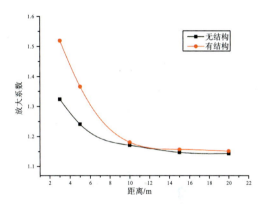

图 6-98　不同竖向距离下右拱脚轴力动力放大系数

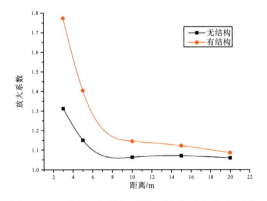

图 6-99　不同竖向距离下拱顶轴力动力放大系数

由图 6-97～图 6-99 可知，上部结构对新建隧道的轴力动力响应必然存在影响，但是随着竖向距离增大，其影响逐渐平稳。当距离小于 15m 时，上部结构对新建隧道典型部位的轴力影响明显，当距离为 3m 时，拱顶处轴力的动力放大系数达到 1.76，在实际工程中必须考虑合适的加固措施以保证安全。

6.4 本 章 小 结

本章通过设置新建隧道与上方既有结构不同的竖向距离，计算整体的动力响应规律。提取既有结构及新建隧道衬砌的弯矩和轴力，并据此计算响应的动力放大系数，主要得到以下结论：

（1）既有隧道结构和城市新建交通隧道在地震作用下的动力响应存在相互影响，尤其是在竖向距离较小时，相互影响效应明显。若实际工程中必须设计为较小的竖向距离，则无论是新建隧道结构还是既有隧道的抗震设防等级均应加以提高，以保证安全。

（2）在既有交通隧道下方新建交通隧道时，既有隧道结构的局部轴力和弯矩具有不同程度的减小，相应的动力放大系数也有一定的减小，但也存在局部放大的情况，应针对不同部位和不同结构形式加以具体分析，不建议采用统一的加固方式。

（3）新建隧道受到上方既有隧道结构的影响，在地震作用下各部位的弯矩和轴力均有不同程度的放大，总体而言，既有隧道结构对新建隧道的动力响应存在不利影响。为减小此不利影响，建议通过增加新建隧道埋深的方式加以处理，但埋深增加幅度不宜过大。根据本章案例结果，竖向距离超过 15m 之后，放大系数趋于平缓，即竖向距离设置为 15m 便可保证上部结构对新建隧道的动力响应影响减小至最小。

第7章 城市地下交通安全体系

地下道路是指在地面以下几十米深处修建地下隧道，通过匝道与地面道路或高架路相连。地下道路具有占地少、尾气可以集中处理、不影响城市景观等优点。但地下道路内发生的交通事故不仅具有一般道路交通事故的危害，而且地下道路的特殊性使其存在自身特点，决定了它的严重安全隐患。

(1)城市地下道路交通多为长距离隧道形式的空间构造，它的封闭性容易造成洞内空气污染严重、洞内外亮度差异悬殊、噪声回响大、交通空间受限和火灾难以控制等一系列严重影响交通安全的问题；

(2)城市地下道路交通在运营过程中一旦发生火灾或者重大交通事故，由于火灾温度高、烟雾大、疏散和扑救困难，容易在隧道内造成重大交通堵塞，波及范围广，处理难度大，处理时间长，容易引起恐慌。

因此，地下道路建成后会成为一个独立的体系，需要车辆快速、高效、安全地通过地下道路。要实现上述目标，需要建立一个高效、完善的安全管理体系作为后备支撑，为地下道路的安全运营提供保障。

本章将从交通安全的角度出发，建立起一套以通风系统、消防系统、应急系统、救灾系统、排水系统为主的城市地下交通安全体系，为地下交通道路运营中可能遇到的交通事故提供控制与处理方案。

7.1 通风系统

隧道内保持良好的空气质量是行车安全的必要条件，通风的目的是为了把隧道内有害气体或污染物质的浓度降低至一个规范允许的浓度，以保证汽车行车驾驶的安全性和舒适性，这是城市地下交通隧道服务标准的一个重要标志。同时，隧道内保持一定的卫生标准，也有利于隧道内维修养护人员进行洞内作业时的身体健康。

城市地下交通隧道作为新型的城市地下交通系统，目前多采用纵向通风方式排除隧道内的污染物及火灾烟气。由于城市隧道的主要功能是使城市地上及地下的交通相互补充，使各区域相互连接，因而城市隧道形式比常规公路隧道复杂。对于此类隧道的通风设计，目前国内可供参考的工程设计与规范并不多，因而还有待深入研究。

7.1.1 隧道正常通风计算方法

在通风计算中，需要对空气的性质做出以下基本假定。

(1)流体是不可压缩的。

当作用在流体上的压力发生变化时，随着压力的增大，流体的体积将减小，容重将增大，流体的这种特性称为可压缩性。如果隧道内外的温度差较大，风机供风的温度与隧道风气体的温度相差较多，或竖井较深且井内温度变化较大时，会涉及隧道内外空气容重差别对空气体积变化的影响。但在隧道通风计算中，由于通风压力一般都在常压范围内，隧道内的温度和压力变化也不大，流体体积的变化不足以影响计算结果的精度，这种体积的变化可以忽略不计，以简化计算，故将隧道内的气体通常假定为不可压缩体。

（2）流体的流动为稳定流。

流体在流动过程中，任何一点的压力和流速不随时间而变化，也就是说，压力和流速只是流动点坐标的函数，此种流动即称为稳定流。隧道通风计算中所遇到的各种风流类型，大部分都属于稳定流或可简化成稳定流；按照流体质点上压力和流速沿流程的变化情况，稳定流又可以分为均匀流和渐变流两种。流体横断面上的压力和流速，在流动过程中不沿流程而变化者叫均匀流，如稳定的风流在等截面隧道中的流动。流体在流动过程中，流体横断面上的压力和流速沿流程而变化者叫渐变流，如风道中的渐扩、渐缩、转弯等局部阻力变化时。

（3）视流体为连续介质，服从连续性定律。

将流体视为连续介质，质点间无空隙，按照物质不灭定律，在单位时间内流程各断面上通过的流体质量应不变。对于密度为常量的稳定流，即各断面上的流量不变，此原理称为连续性定律。

（4）流体的流动遵守能量守恒定律。

不可压缩的稳定流流体在管道内作非均匀流动时，其压力与速度沿流程各断面的变化（包括摩阻损失）服从于能量守恒定律，称之为伯努利定理，以方程式表示即为伯努利方程。

1. 需风量计算方法

隧道内所需风量根据冲淡隧道内 CO、烟雾 VI 和异味等有害物质的浓度所需的空气量，取其最大值为设计通风量，根据《公路隧道照明设计细则》（JTG/TD70/2-01—2014)和《公路隧道通风设计细则》（JTG/TD70/2—02-2014)进行计算。

1）稀释 CO 所需的新鲜风量

隧道内的 CO 排放量按式(7-1)计算：

$$Q_{CO} = \frac{1}{3600} q_{co} \cdot f_m \cdot f_a \cdot f_{iv} \cdot f_h \cdot N' \cdot L_T \tag{7-1}$$

式中，Q_{CO}——隧道全长 CO 排放量，m^3/s；

$\quad$ q_{co}——CO 基准排放量，可取 $0.01 m^3/(辆 \cdot km)$；

$\quad$ f_m——车型系数；

$\quad$ f_a——路况系数；

$\quad$ f_{iv}——纵坡-车速系数；

$\quad$ f_h——海拔高度系数；

$\quad$ N'——高峰小时交通量，辆/h；

$\quad$ L_T——隧道长度，km。

稀释 CO 的需风量：

$$Q_{\text{req(co)}} = \frac{Q_{\text{co}}}{\delta} \cdot \frac{p_O}{p} \cdot \frac{T_S}{T_O} \times 10^6 \tag{7-2}$$

式中，$Q_{\text{req(co)}}$——隧道全长稀释 CO 的需风量，m^3/s；

　　p_O——标准大气压，取 101.325kPa；

　　p——隧址设计气压，kPa；

　　T_O——标准气温，取 273K；

　　T_S——隧道夏季的设计气温，K；

　　δ——CO 设计浓度，$\times 10^{-6}$。

2）稀释烟雾 VI 所需的新鲜风量

隧道内的烟雾 VI 排放量按式(7-3)计算：

$$Q_{\text{VI}} = \frac{1}{3600} \cdot q_{\text{VI}} \cdot f_{m(\text{VI})} \cdot f_{a(\text{VI})} \cdot f_{iv(\text{VI})} \cdot f_{h(\text{VI})} \cdot N' \cdot L_{\text{T}} \tag{7-3}$$

式中，Q_{VI}——隧道全长烟雾排放量，m^3/s；

　　q_{VI}——烟雾基准排放量，可取 $2.5\text{m}^3/(辆 \cdot \text{km})$；

　　$f_{m(\text{VI})}$——（烟雾）车型系数；

　　$f_{a(\text{VI})}$——（烟雾）路况系数；

　　$f_{iv(\text{VI})}$——（烟雾）纵坡-车速系数；

　　$f_{h(\text{VI})}$——（烟雾）海拔高度系数。

稀释烟雾 VI 的需风量：

$$Q_{\text{req(VI)}} = \frac{Q_{\text{VI}}}{K_p} \tag{7-4}$$

式中，$Q_{\text{req(VI)}}$——隧道全长稀释烟雾的需风量，m^3/s；

　　K_p——烟雾设计浓度，m^{-1}。

3）稀释异味所需的新鲜风量

隧道内稀释异味所需的新鲜风量按式(7-5)计算：

$$Q_{\text{req(y)}} = \frac{n L_{\text{T}} A_r}{3600} \tag{7-5}$$

式中，$Q_{\text{req(y)}}$——稀释异味所需的风量，m^3/s；

　　n——每小时换气次数；

　　L_{T}——隧道计算长度，m；

　　A_r——隧道计算断面面积，m^2。

4）设计需风量

在确定需风量时，根据上述的各种工况分别进行需风量计算，最后取 $Q_{\text{req(co)}}$、$Q_{\text{req(VI)}}$ 和 $Q_{\text{req(y)}}$ 中的最大值作为设计通风量 Q。

$$Q = \max\{Q_{\text{req(co)}}, Q_{\text{req(VI)}}, Q_{\text{req(y)}}\} \tag{7-6}$$

2. 基本作用力计算方法

1）自然通风力

自然通风力是指由于自然风的影响、气压差及温差所产生的压力差形成的通风力。根据隧道内自然风速 v_n 与通风气流速度方向相同或相反，自然通风力对通风起辅助作用或阻碍作用。已知 ν_n 时，自然通风力 Δp_w 按式(7-7)计算。

$$\Delta p_w = \left(1 + \xi_{in} + \lambda_w \frac{L_T}{D_T}\right) \cdot \frac{\rho_空}{2} \cdot \nu_n^2 \tag{7-7}$$

式中，Δp_w——自然通风力，Pa；

$\quad\quad \xi_{in}$——隧道入口损失系数；

$\quad\quad \lambda_w$——隧道壁面摩阻损失系数；

$\quad\quad L_T$——隧道长度，m；

$\quad\quad D_T$——隧道断面当量直径，m；

$\quad\quad \rho_空$——空气密度，kg/m³；

$\quad\quad \nu_n$——自然风风速，m/s。

自然通风力的作用方向与 ν_n 方向相同，设计计算时将自然风力作为阻力考虑。

2）交通通风力

汽车在隧道中运行时，由于受隧道壁的限制，汽车所排开的空气不能全部绕流到汽车后方，而必然有部分空气被汽车推出隧道出口之外。设汽车的速度为 V_0，汽车的横断面积为 A_m，隧道的横断面积为 A_r，活塞风速为 V，汽车与隧道壁之间的环状空间中气流的绝对速度（即相对于隧道壁的速度）为 V_ω，在 dt 时间内，在隧道中运动的汽车，移动所排开的空气体积为 $A_m V_0 dt$；而在汽车前方，则有部分空气被推移出隧道出口之外，其体积为另一部分空气通过汽车与隧道壁之间的环状空间由汽车前方流向汽车后方，其体积为 $(A_r - A_m)V_\omega dt$，根据气流的连续性方程可得出：

$$A_m V_0 dt = A_r V dt + (A_r - A_m)V_\omega dt$$

则有 $\quad\quad\quad V_\omega = (A_m V_0 - A_r V)/(A_r - A_m) \tag{7-8}$

环状空间中的气流相对于汽车的速度 V_V 为

$$V_V = V_\omega + V_0 = (A_m V_0 - A_r V)/(A_r - A_m) + V_0 = (V_0 - V)/(1 - A_m/A_r) \tag{7-9}$$

隧道内汽车交通流可产生气流活塞作用，由此引起的交通通风力按式(7-10)计算。

$$\Delta p_t = \frac{A_m}{A_r} \cdot \frac{\rho_空}{2} \cdot n_+ \cdot (\nu_{t(+)} - \nu_r)^2 - \frac{A_m}{A_r} \cdot \frac{\rho_空}{2} \cdot n_- \cdot (\nu_{t(-)} + \nu_r)^2 \tag{7-10}$$

式中，Δp_t——交通通风力，Pa；

$\quad\quad A_m$——汽车的等效阻抗面积，m²；

$\quad\quad A_r$——隧道的断面面积，m²；

$\quad\quad \rho_空$——空气密度，kg/m³；

$\quad\quad n_+$——与隧道内 ν_r 同方向行驶的汽车数量，辆；

$\quad\quad n_-$——与隧道内 ν_r 反方向行驶的汽车数量，辆；

$\quad\quad \nu_{t(+)}$——隧道内与 ν_r 同向行驶的汽车车速，m/s；

$\quad\quad \nu_{t(-)}$——隧道内与 ν_r 反向行驶的汽车车速，m/s；

$\quad\quad \nu_r$——隧道设计风速，m/s。

3）摩擦阻力

通风气流以速度 ν_r 在隧道中流动时，由于进、出口及壁面摩擦而引起的阻力（简称为摩擦阻力）Δp_λ 为

$$\Delta p_\lambda = \left(1 + \xi_{in} + \lambda_w \frac{L_T}{D_T}\right) \cdot \frac{\rho_空}{2} \cdot \nu_r^2 \tag{7-11}$$

式中，Δp_λ——摩擦阻力，Pa；

　　ξ_{in}——隧道进口损失系数。

　　Δp_λ 对通风气流起阻碍作用，即与 ν_r 的方向相反。

4）通风机的性能

车辆在隧道中行驶时由于活塞效应产生活塞压力 P_t，此时洞内还有自然风形成的自然风压 P_n，由此两种压力在洞内形成一定速度的风流，而风流又在隧道壁面上产生摩擦阻力 H_i，空气的整个流动过程中，三者始终保持平衡。如果洞内的风流量大于稀释有害物所需的通风量，则不需增设机械通风，即为自然通风；若小于所需的通风量，则隧道内有害物将超过卫生标准允许值，为保证达到洞内所需的通风量，上述三种压力将出现不平衡的情况，此时就须借助于射流风机或轴流风机的增压作用使之达到平衡。

（1）射流风机计算

射流风机产生的推力与风机的风量以及风机风流与隧道内风流的相对速度有关，可按下式计算：

$$P_j = \pm K_j \times \frac{A_j}{A} \times \left(1 \mp \frac{V_e}{V_j}\right)\rho_{空} V_j^2 \tag{7-12}$$

式中，A_j——射流风机出口面积，m^2；

　　V_j——射流风机出口风速，m/s；

　　K_j——射流风机综合影响系数，一般 $K_j = 1/1.2 \sim 1/1.1$。

射流风机的压力可以作为升压，也可以作为降压，且

①当风机升压时，单台推力

$$P_j = K_j \times \frac{A_j}{A} \times \left(1 - \frac{V_e}{V_j}\right)\rho_{空} V_j^2 \tag{7-13}$$

②当风机降压时，单台助力

$$P_j = -K_j \times \frac{A_j}{A} \times \left(1 + \frac{V_e}{V_j}\right)\rho_{空} V_j^2 \tag{7-14}$$

（2）轴流风机计算

斜（竖）井或风道中有时需要安置轴流风机，其风量、风压、轴功率及电机功率均可由下列各式分别计算。即

①单台风机的风量

$$Q_g = \frac{Q_{总}}{n} \tag{7-15}$$

式中，$Q_{总}$——竖井吹或吸的总风量，m^3/s；

　　n——竖井内并联轴流风机台数。

②风机全压 H_g

轴流风机所产生的全压用于克服隧道和竖井内的阻力，风机供风所能提供的风量风压关系称为风机的特性曲线，各类风机产品样本中均附有此等实验曲线，设计中可根据所需的风量查特性曲线得到风机全压 H_g。

③风机的轴功率 N_g（kW）

$$N_g = \frac{H_g Q_g}{102 \eta_h} \qquad (7-16)$$

式中，η_h——风机的全压效率。

④电机功率 N_{eD}（kW）

$$N_{eD} = K_{eD} \frac{N_g}{\eta_e \eta_c} \qquad (7-17)$$

式中，η_c——电机与风机传动效率系数；

η_e——电机效率系数；

K_{eD}——电机容量储备系数。

7.1.2 竖井送排式与射流风机组合分段纵向式通风计算方法

1. 压力模式

竖井送排式与射流风机组合分段纵向式通风方式是通过竖井交换隧道空间内的空气，达到排出污染气体，同时送入新鲜空气的目的，由此加大纵向通风方式的使用长度。当竖井送排式通风难以达到洞内压力平衡时，采用射流风机与之组合，使之形成竖井与射流风机组合的分段纵向式通风方式，其压力模式为

$$(\Delta p_b + \Delta p_e + \Delta p_j) \geqslant (\Delta p_\lambda - \Delta p_t + \Delta p_w) \qquad (7-18)$$

式中，Δp_b——送风口升压力，Pa；

Δp_e——排风口升压力，Pa；

Δp_j——射流风机升压力，Pa。

对于有两个或两个以上竖井送排的纵向式通风隧道，有

$$\Delta p_b = \sum \Delta p_{bi} \qquad (7-19)$$

$$\Delta p_e = \sum \Delta p_{ei} \qquad (7-20)$$

式中，Δp_{bi}——第 i 个竖井送风口升压力，Pa；

Δp_{ei}——第 i 个竖井排风口升压力，Pa。

送风口的升压力为

$$\Delta p_b = 2 \cdot \frac{Q_b}{Q_{r2}} \Big[\big(\frac{K_b \cdot \nu_b \cdot \cos\beta}{\nu_{r2}} - 2 \big) + \frac{Q_b}{Q_{r2}} \Big] \cdot \frac{\rho_空}{2} \cdot \nu_{r2}^2 \qquad (7-21)$$

排风口的升压力为

$$\Delta p_e = 2 \cdot \frac{Q_e}{Q_{r1}} \Big[\big(2 - \frac{K_e \cdot \nu_e}{\nu_{r1}} \big) - \frac{Q_e}{Q_{r1}} \Big] \cdot \frac{\rho_空}{2} \cdot \nu_{r1}^2 \qquad (7-22)$$

式中，Δp_b——送风口升压力，Pa；

Δp_e——排风口升压力，Pa；

Q_{r2}——送风口后段的设计风量，m³/s；

ν_{r2}——送风口后段的设计风速，m/s；

Q_{r1}——排风口前段的设计风量，m³/s；

ν_{r1}——排风口前段的设计风速，m/s；

　　Q_b——从送风口喷入隧道的风量，m^3/s；

　　Q_e——从隧道吸入排风口的风量，m^3/s；

　　ν_b——与 Q_b 相应的送风口风速，m/s；

　　ν_e——与 Q_e 相应的排风口风速，m/s；

　　K_b——送风口的升压动量系数；

　　K_e——排风口的升压动量系数；

　　β——喷流方向与隧道轴向的夹角。

2. 送风机、排风机所需风压

送、排风量确定后，送、排风机所需的全压力为

送风机全压：

$$(p_{\text{TOT}})_b = 1.1 \times \left(\frac{\rho_{空}}{2} \cdot \nu_b^2 + p_{db} + p_{sb}\right) \tag{7-23}$$

排风机全压：

$$(p_{\text{TOT}})_e = 1.1 \times \left(\frac{\rho_{空}}{2} \cdot \nu_e^2 + p_{de} - p_{se}\right) \tag{7-24}$$

式中，p_{db}——送风口、送风井及其连接风道的总压力损失（由各弯道、沿程摩擦阻力、
　　　　　　出口等损失构成）；

　　　　p_{sb}——车道内送风口的总升压力，由隧道沿程阻力分布计算求得；

　　　　p_{de}——排风口、排风井及其连接风道的总压力损失（由各弯道、沿程摩擦阻力、
　　　　　　出口等损失构成）；

　　　　p_{se}——车道内排风口的总升压力，由隧道沿程阻力分布计算求得。

7.1.3　一般隧道自然风压计算方法

　　实践表明，隧道自然风流受隧道内外自然条件的影响，大小及方向比较不稳定。因此，自然风压对隧道内机械通风系统的通风作用，有时表现为积极的一面，有时表现为消极的一面。

　　公路隧道通风规范应用等效风速来考虑风压的作用，如式(7-25)。

$$\Delta p_m = \left(1 + \xi_e + \lambda_w \frac{L_{\text{T}}}{D_{\text{T}}}\right) \cdot \frac{\rho_{空}}{2} \cdot \nu_n^2 \tag{7-25}$$

式中，Δp_m——隧道自然风阻力，Pa；

　　　　ξ_e——隧道入口损失系数；

　　　　λ_w——隧道壁面摩阻损失系数；

　　　　L_{T}——隧道长度，m；

　　　　D_{T}——隧道断面当量直径，m；

　　　　$\rho_{空}$——空气密度，kg/m^3；

　　　　ν_n——自然风作用引起的洞内风速，m/s，规范推荐取 $2\sim3m/s$。

　　对于特长隧道，选取不同的洞内等效自然风速将直接影响到隧道内风机的配置。同

样的，如果能合理地利用隧道的自然风压，可以降低隧道运营能耗，节省隧道的运营费用。

影响自然风压的因素有：湿度、温度、大气压力、风速和风向，形成不同的自然风压计算方法。对于无斜(竖)井的一般隧道，当两洞口间的综合压差 $\Delta p_{总}$ 已知时，其洞内所产生的自然风速可按通风阻力公式进行计算，有

$$\Delta p_{总} = (1 + \xi_e + \lambda_w \frac{L_T}{D_T}) \cdot \frac{\rho_{空}}{2} \cdot \nu_n^2$$

(1)超静压差计算方法为

$$\Delta p_{超} = \rho_{进} - \rho_{出} - \rho_{内} gH \tag{7-26}$$

(2)风墙压差计算方法为

$$\Delta p_{墙} = 0.35 \cdot [\rho_{进}(\nu_{a进} \cdot \cos\alpha_{进})^2 - \rho_{出}(\nu_{a出} \cdot \cos\alpha_{出})^2] \tag{7-27}$$

(3)热位差计算方法为

$$\Delta p_{热} = (\rho_{空} - \rho_0)gH = \left(\frac{\rho_{进} + \rho_{出}}{2} - \rho_{内}\right)gH \tag{7-28}$$

(4)隧道内自然风速计算方法为

$$\Delta p_{总} = (1 + \xi_e + \lambda_w \frac{L_T}{D_T}) \cdot \frac{\rho_{内}}{2} \cdot \nu_n^2 \tag{7-29}$$

$$\Delta p_{总} = \Delta p_{超} + \Delta p_{墙} + \Delta p_{热}$$

联合以上方程得到：

$$\nu_n = \sqrt{2 \cdot \frac{\rho_{进} - \rho_{出} - 2\rho_{内} gH + 0.35 \cdot [\rho_{进}(\nu_{a进} \cdot \cos\alpha_{进})^2 - \rho_{出}(\nu_{a出} \cdot \cos\alpha_{出})^2] + \frac{\rho_{进} + \rho_{出}}{2} \cdot gH}{\rho_{内}(1 + \xi_e + \lambda_w \frac{L_T}{D_T})}}$$

$$\tag{7-30}$$

7.1.4　火灾应急通风系统

隧道发生火灾后，事故通风应分为两个阶段：人员疏散阶段及消防灭火阶段。不同阶段通风的目的也有所不同。火灾初始，通风必须有利于人员逃生避难，风速的大小应尽量减少传到人体上的热负荷，还要避免因纵向风流的湍流和涡流作用而使洞内烟雾弥漫，最大限度地为给人员避难创造条件。在消防灭火排烟阶段，通风应有利于消防队员救火，使消防队能从上风方向接近火场，开展灭火工作。还要根据火灾点位置不同，选择不同的通风方向，使烟气从最近的排烟口排出。

1. 地下交通隧道机械通风系统设置判定

在我国现行的公路隧道通风与照明规范中规定可按式(7-31)、式(7-32)初步判定是否设置机械通风。

双向交通隧道，当符合式(7-31)的条件时，宜设置机械通风。

$$L_T \times N \geqslant 6 \times 10^5 \tag{7-31}$$

式中，L_T——隧道长度，m；

　　N——设计交通量，辆/h。

单向交通隧道，当符合式(7-32)的条件时，宜设置机械通风。

$$L_T \times N \geqslant 2 \times 10^6 \tag{7-32}$$

是否设置风机还应考虑公路等级、隧道断面、长度、纵坡、交通条件及自然条件等因素，进行综合分析，并经计算确定。

2. 地下交通隧道通风方式

公路隧道机械通风方式可分为纵向式、半横向式、全横向式以及在这三种基本方式基础上的组合通风方式。

1) 纵向通风

纵向通风是最简单的一种通风方式。只需在隧道的适当位置安装通风机，靠风机产生的通风压力迫使隧道内空气沿隧道轴线流动，就能达到通风的目的。风流沿隧道纵向流动是其基本特征。经过长期实践，形成了多种多样的纵向通风方式，但归纳起来有射流风机通风和竖井送排式通风(图 7-1)两大类，这两种通风方式也可以结合起来应用。纵向通风对单向交通是一种非常有效的通风方式。

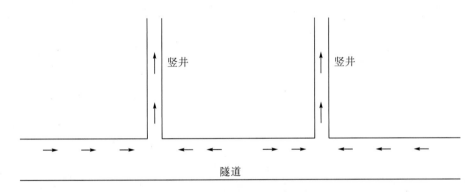

图 7-1　竖井通风示意图

在设置纵向通风的单向交通隧道里面，发生火灾的时候，火灾下游的车辆人员继续前进驶出洞外。火灾上游的车辆及行人应根据洞内的信号灯及广播立即停止行驶，并按照工作人员的指导退出洞外，或者通过车行横洞驶入另外一条临时改为双向交通的隧道，此时应该根据火灾的大小以及火灾发生的位置，调整各个风机的工作状态，使洞内保持一定的风速，防止烟气发生回流，以避免火灾的反向蔓延从而危及上游车辆和人员的安全，并便于组织救援工作。纵向式通风能够有效地控制烟气流动，但是却会加快另一侧火灾的蔓延，这对于单向行驶隧道的救援和逃生是有利的，但是对于双向行车的隧道却会使一侧车辆人员陷入危险。

因此，发生火灾时，纵向通风容易控制烟气流动方向，通风设备控制简单，但由于出入口少，烟流不能及时排出隧道，不能用于双向交通火灾通风。

2) 全横向通风

采用全横向通风时，隧道断面被分为送风道、排风道和行车道三部分。新鲜风流由风机送入送风道，经送风口进入行车道，与污染空气混合后，横穿隧道，经排风口进入排风道，由风机排出。

和纵向通风相比，全横向通风供风均匀，污染空气在隧道内滞留时间短，发生火灾时烟流可及时排出隧道，隧道内的可见度高，有利于火灾管理，尤其适用于双向交通，是最理想的隧道通风方式。但是全横向通风需要在隧道内设置车道板和吊顶，还要设风井，从而使隧道的工程量增加，增加了建设费用。另外由于受隧道施工断面的限制，设在车道板下和吊顶上的风道断面面积小，隧道通风阻力大，能耗高。较大的前期建设费用和后期运营管理费用，使全横向式通风受到了很大的限制。

该通风方式的最大优点就是发生火灾的时候，只开启火灾附近的排风口、进风口，而其他的排风口和进风口则全部关闭。这样有害烟气只能从火灾发生点排出，有效地控制有害烟气的纵向流动，抑制了烟气的蔓延。但必须注意到，发生火灾时，顶板易被烧坏，一旦通风顶板被烧坏，整个通风系统全部瘫痪，救援和恢复营运很难。

3) 半横向通风

半横向通风是介于纵向和横向通风之间的一种通风方式，半横向通风只需设置一个送风道或排风道，隧道断面被分成送风道（或排风道）和行车道两部分。新鲜空气由送风机送入风道，在行车道内与污染空气混合后沿隧道排出，通风效果和安全性介于两者之间。

平导送风型半横向通风中，新风由平导、横通道进入隧道，与污染空气混合后由隧道洞口排出。主风机设于平导口，并在隧道内安装射流风机调压。为实现均匀等量送风，每个横通道设置可控调节风门。当隧道中发生火灾时，根据火灾具体情况，可使主风机正转或反转，以及横通道是打开还是关闭，从而实现由平导逃人或排烟。图 7-2 为平导送风型半横向通风示意图。

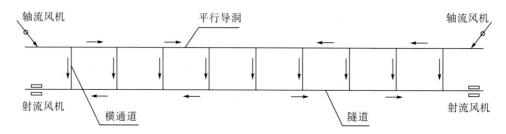

图 7-2　平导送风型半横向通风系统示意图

在单洞双向交通特长公路隧道中采用平导送风型半横向通风方式具有以下优点：施工时若组织得当，平导可起到超前地质预报、开辟第二工作面平行作业提高工作效率的作用；风机房设在洞口，设备设置集中，管理维护方便；全隧道污染物浓度比较均匀，发生火灾时烟流容易排出隧道；此外，平导还可作为一条单车道复线，在紧急状况下使用。

隧道通风方式的选择是一项十分复杂而艰巨的工作。合理的通风方式安全可靠性高，建设安装方便，投资少，隧道内环境好，对火灾的适应能力强，运营管理方便，运营费用低。在确定公路隧道通风方式时应充分考虑各通风方式的优缺点，并根据隧道的特点，经综合比较而确定。

通常，在选择隧道通风方式时应考虑下列因素：

①交通条件；

②地形、地物、地质条件；

③通风要求；

④环境保护要求；

⑤火灾时的通风控制；

⑥维护与管理水平；

⑦分期实施的可能性；

⑧工程造价、运营电力费、维护管理费。

一般来说，长大公路隧道应设置两套通风系统：保证正常运营需风量的通风系统和发生火灾时的应急通风系统。当隧道内压力发生变化时，这两套通风系统都应该有良好的稳定性，并且两套通风系统在发生火灾后转换应迅速、及时、可靠。应急通风系统设计取决于隧道的长度、交通量以及隧道的交通形式（单向、双向）。而且可以肯定地说，随着汽车工业的发展，汽车尾气污染物排放量逐年下降，公路隧道通风的设计将由火灾通风工况决定。合理的火灾通风形式将是长大公路隧道建设成功与否的重要标志。

7.2　消 防 系 统

城市地下轨道交通隧道有别于普通的公路隧道，呈现为更为复杂的交互式空间布置，其网络形式有多条环线相结合组成的蛛网式和线路单一、来去反复的单线式。城市地下轨道交通建设发展的同时也推动着城市的发展，缓解了地面的交通压力，拓展了地下空间的综合利用，同时也给消防安全带来了新的问题和挑战。自地下交通诞生之日起，地下隧道火灾就时常发生。结合地下交通隧道的特殊性，重大伤亡的火灾事故更是不断出现，这些惨痛的火灾案例时刻都在提醒我们城市地下交通消防安全形势的严峻性。

7.2.1　诱发地下交通隧道火灾事故的原因

诱发城市地下交通隧道火灾事故的原因主要有：发动机自燃、轮胎起火、线路故障、货物自燃、碰撞起火、人为破坏和自燃原因等。

其中，城市地下公路交通隧道中，引起火灾事故的原因有将近一半都是发动机自燃而造成的，其次是轮胎起火和碰撞起火造成的。

7.2.2　地下交通火灾的特点

1. 烟雾容易积聚

由于地下交通隧道深埋地下，是封闭的空间，通风不良，防排烟设施局限性大，发生火灾时排烟困难，疏散逃生通道长，造成比地面建筑更大的潜在危险。在空间受限制的情况下，由于热气以及烟雾的扩散受到干扰，烟囱效应使火灾迅速蔓延扩大，消防救援展开困难，通信联络困难，扑救难度大。

2. 蔓延迅速

隧道呈狭长形，隧道越长越近似于封闭空间，因此火灾发生后隧道内烟雾大、能见度低、散热慢、温度较高，导致起火点附近未进行防火保护的隧道承重构件的混凝土容易发生崩落。另外，受到隧道净空的限制，火灾向水平方向延伸，炽热气流可顺风传播很远，可燃的能量最多有10%传给烟气，大部分传给衬砌和围岩，尽管烟气温度随距离的增大而迅速下降，但由于洞壁加热后的辐射热，温度会保持很长一段时间。

3. 通道易堵塞

地下交通隧道纵深距离窄而长，发生火灾时，隧道内的大量车辆难以疏散，极易造成堵塞，因而火势顺着车辆蔓延而增大损失，造成更为严重的后果。

4. 安全疏散困难

地下交通隧道发生火灾后，容易造成交通堵塞和出现二次灾害。双向交通隧道、单向单车道交通隧道、车流量大或处于交通高峰期的隧道发生火灾时，由于隧道内能见度低、烟雾大、疏散能力有限，加之驾驶员对灾难的恐惧，更容易出现慌不择路而造成交通堵塞或出现新的交通事故的现象，这会严重影响车辆疏散。而且隧道越长，车辆疏散所需的时间就越长，期间发生的二次灾害的概率越大，造成的后果就越严重。

5. 灭火救援难度大

由于城市地下交通隧道内的灭火条件有限，所以隧道火灾延续时间和火灾扑救的成功率通常取决于隧道消防设施设置的合理性和使用的效率，以及隧道管理单位的管理效率和自救、应急能力。同时，受地下空间限制，浓烟、高温、缺氧、有毒气体、能见度低、通信中断等原因的叠加，使灭火人员难以接近起火点观察火情，判别情况，影响灭火战斗的顺利进行。双向交通隧道、特长隧道内，容易产生灭火救援路线与疏散路线、烟气流动路线的交叉，加之救援面和救援途径的限制，使火灾扑救难度大。隧道内火场引起的局部热气流可逆风移动，当洞内纵向风速较小时，热气流甚至使消防人员难以从上风向到达火场救援。

6. 火灾损失的不可预见性

隧道内起火后，在二至十分钟内，隧道顶板的温度就可能升温到1200℃左右，热量在封闭的隧道内又难以散出，高温使得隧道结构遭受严重破坏。而火灾荷载和交通状况等的随机性和不确定因素又使得火灾的损失有不可预见性。隧道火灾可能只造成一辆车的损失，也可能造成群死群伤、车损洞毁、交通中断等重大恶性事故，产生巨大的经济损失和恶劣的社会影响。因此，地下交通隧道内的火灾可能只造成轻微损失，也可能造成重特大恶性事故。

7.2.3　城市地下交通隧道消防灭火

就消防系统设置而言，城市地下交通隧道工程同时设置了四个消防子系统，即：消火栓系统、水成膜泡沫灭火系统、水喷雾灭火系统和灭火器系统。之所以同时设置四个消防子系统，主要是考虑以下几个因素：一是尽可能考虑隧道内可能发生的各种类型的火灾；二是公安消防主管部门的意见；三是参比了国内的类似工程。

在隧道内同时设置这四个基本互为独立的消防系统，以应对可能发生的各种类型的火灾，从安全和可靠性的角度考虑，当然是无可厚非的，但问题是这样的设置从系统性考虑是否必要，技术经济是否合理，这是值得研究探讨的问题。

一般而言，城市地下交通隧道的消防系统设计应主要考虑的因素有：

(1)城市地下交通隧道的功能定位，即隧道的主要功能是什么，是否限制易燃易爆、危险物品的运输车辆等。

(2)城市地下交通隧道的规模，包括隧道的断面尺寸、长度、埋深、公路隧道之间的交互结构等空间参数。

(3)城市地下交通隧道的两端出口地面环境状况，包括人口密集程度、交通状况等。

(4)城市地下交通隧道内设置的逃生设施情况。

(5)交通量的大小和所在城市的交通管理水平。

(6)其他方面因素。

国内部分城市水下隧道消防设施配备情况见表 7-1。

表 7-1　部分城市公路水下隧道消防设施配备情况

隧道名称	消防设施	给水方式	备注
南京长江隧道	泡沫消火栓系统＋灭火器＋水喷雾灭火系统	市政自来水	设消防水池
南京玄武湖隧道	泡沫消火栓系统＋灭火器	市政自来水(设加压泵)	未设消防水池
上海长江隧道	消火栓＋灭火器＋泡沫-水喷雾联动系统		
武汉长江隧道	泡沫消火栓系统＋灭火器＋水喷雾灭火系统	市政自来水(设加压泵)	未设消防水池
上海外环越江隧道	消火栓＋灭火器＋水喷雾灭火系统	市政自来水(设加压泵)	

目前，国内的城市交通隧道已经较为普遍地考虑了消防设计，配备了消防设施。

1.　消防用水量

隧道水系灭火的系统有室内和室外消火栓系统、泡沫灭火装置、附属用房中的水喷雾灭火系统等。可能同时开启灭火的系统中，用水量最大的一般应为室内外消火栓系统，而泡沫灭火装置用水量较小，可忽略不计。所以，一般情况下，隧道消防用水量应按照室内外消火栓用水量之和计算。设置在紧急停车带旁、由消防水源供水、用于汽车紧急情况下补水的 DN25mm 补水栓，其用水量可不计入消防用水量。

隧道消防用水量应根据隧道长度、防火等级、同一时间火灾次数、火场用水量和水源供应能力等因素，综合考虑确定。针对隧道的特点，隧道消火栓系统通常将室内外消火栓设计在一个环状管网上，统一由消防水池或消防水泵供水。

2. 消防水源

一般的城市地下交通隧道位于城市区域内，周边市政用水量充足，消防水源一般以市政用水为主，天然水源为辅，所以无须像一般的山区公路隧道一样设置消防水池。

当所属城市市政用水紧张，水源紧缺时，则要根据实际情况设置相应规格的消防水池，同时还应考虑消防供水量。消防水池应设置在隧道外。

3. 消防给水系统

城市地下交通隧道的消防给水接入方式一般为直接式，即水源来自市政给水管网并直接连接到隧道中的消防管道系统，将水直接送达着火点。当需要用到给水池时，给水方式则为间接式，即水源来自市政给水系统并引入专用的消防水池，再从消防水池中送到着火点。间接式对市政给水管网系统影响小，但因为设置专用消防水池及其配套设施，投资较大；直接式投资较少，但消防时对市政给水管网系统影响大，因而市政主管部门往往不能接受。但是，考虑到城市地下隧道发生特大火灾的时间和概率的分布特点，采用直接式消防给水相对合理，而且火灾发生的可能性小，发生时对市政给水管网系统的影响时间短，偶然发生的影响也是可以接受的。

4. 消防给水管道

城市地下交通隧道内应设置独立的消防给水系统（图 7-3）。为了保证隧道消防给水系统灭火系统的安全性，要求隧道消防给水管网布置成环状，以便在某段管网维修或发生故障时，仍能保证火场用水。为了确保隧道环状管网在任何情况下都能满足火场用水需要，有必要用阀门将环状管网分成若干段，以便于管道局部损坏或检修时只需关闭损坏或检修段管网两端的阀门，其他管段的阀门仍然能够正常使用。

图 7-3　隧道消防给水管道

严寒和寒冷地区的消防给水管道及室外消火栓应采取防冻措施；当采用干管系统时，应在管网最高部位设置自动排气阀，管道充水时间不应大于90s；隧道内的消火栓用水量不应小于20L/s，隧道洞口外的消火栓用水量不应小于30L/s。长度小于1000m的三类隧道，隧道内和隧道洞口外的消火栓用水量可分别为10L/s和20L/s；管道内的消防供水压力应保证用水量达到最大时，最不利点水枪充实水柱不应小于10m。消火栓栓口处的出水压力超过0.5MPa时，应设置减压设施。

5. 消火栓系统

地上式室外消火栓目标显著，使用维修方便，是很好的消防设备。为了不影响隧道发生火灾时的人员疏散，隧道内的消火栓箱应采用双开门暗装消火栓箱，安装在隧道侧壁上。现行的《中华人民共和国国家标准：消火栓箱（GB14561—2003）》确定了标准消火栓箱的基本型号和基本参数，表7-2是根据隧道内消火栓系统的设计要求，推荐了适合隧道使用的消火栓箱规格型号及其基本参数。隧道消火栓如图7-4所示。

表7-2 适用于隧道的室内消火栓箱基本型号及其基本参数

基本型号	箱体基本参数				室内消火栓	
	代号	长边/mm	短边/mm	厚度/mm	公称通径/mm	出口数量
SG24A65	A	800	650	240		
SG32A65	A			320		
SG24B65	B	1000	700	240	65	2
SG32B65	B			320		
SG24C65	C	1200	750	240		
SG32C65	C			320		

图7-4 隧道消火栓

6. 消防装备

消防车是消防队抵达火灾现场后最重要的消防设备。城市地下交通隧道在发生火灾后，可能会有大量的汽车堵塞其中，这就使得目前城市消防队所装备的大、中消防车难以进入隧道进行灭火行动。所以，应该考虑配备消防摩托车，这将有助于加强隧道消防灭火的机动性。

从国内城市地下交通隧道运营与消防系统设计的经验来看，比较一致的观点认为城市地下交通隧道的消防系统应采用"泡沫消火栓系统＋泡沫-水喷雾联用灭火系统＋灭火器"，该方案也在国内部分城市公路水下隧道消防系统设计中得到应用。此外，城市地下交通隧道还应根据实际情况，配备相应的消防车或消防摩托车。同时，还应在隧道内安装火灾探测器及报警器，以便在火灾发生时能够及时发现并实施救援。

7.3 应 急 系 统

城市地下交通联系隧道是一种新型的城市地下交通系统，它为解决大城市中地上资源日益稀缺和城市交通拥堵问题提供了一个新的模式，也是城市现代化及可持续发展的必然趋势。城市地下交通联系隧道单洞总长度一般从几千米到几十千米，作为一种地下建筑，具有车流量大、出入口多且间距较大、与多处地下车库相连接、埋深大、坡度大等特点，一旦发生火灾，将对隧道内的人员安全造成较大威胁。目前国内隧道根据不同断面形式可以选择多种安全疏散方式，隧道安全疏散包括直接安全出口、连接通道、避难室等多种方式。国外规范中会根据不同隧道的类型以及隧道的长度规定安全出口的间距，保证发生火灾时人员能够顺利逃生。

地下隧道内车辆及人员疏散主要包括以下几个方面：

（1）地下隧道内发生火灾后，管理人员采取措施禁止隧道入口进入车辆。

（2）正常通车时火灾前方车辆继续前行，从隧道出口离开；阻滞情况下，火灾下游车辆中的人离开车辆步行疏散至疏散门。

（3）火灾后方车辆人员进行整体疏散，隧道入口附近人员可直接由入口离开，而隧道内部人员可从隧道旁疏散门进入中部廊道的安全通道或相邻通道。当火灾发生在某处疏散门附近时，该疏散门不可用，而其他位置的疏散门可以供逃生人员疏散。

7.3.1 人行横通道

双洞隧道设计不应使左右洞之间路面高程相差太大，以免造成人行横通道纵坡过大，为疏散增大难度，一般以平坡或低坡为宜。但因条件限制，不得已而出现大的纵坡时，为便于疏散，在纵坡大于20％时宜设置成踏步台阶，边墙两侧应设扶手，同时人行通道的净宽要符合规范。两端应设置甲级常闭式防火门(图7-5)，并向人行横通道内开启。

图 7-5　逃生安全门

7.3.2　车行横通道

车行横通道的净高度和净宽度应分别不小于 5m 和 4.5m，车行横通道两端的甲级防火卷帘应具备手动和远程控制功能，并在两端设置手动开启装置。车行横通道两端的隧道内应设置凸镜和警示标志。车行横通道的纵坡应不大于 5%。

7.3.3　新型逃生舱

为了解决地下、高层等不易疏散环境中避难场所的设置，近年来开发出了一种智能避难保险舱以代替独立避难间，该装置由防火柜体、中央控制器、多途径报警系统、呼吸保障系统、智能温控系统、环境信息监测系统、双重控制系统、电源保障及管理系统共同构成，配备必要的制冷、供气、报警等生命保障设施，具有"防火""防侵害""防爆""防盗""防潮"等功能，以便在灾害发生时提供可靠的避险空间以及其他一切必要的安全防护保障措施和设备，可以有效地保障用户生命安全。

7.3.4　防火隔离

防火门、窗主要作为隧道防火分区的分隔构件使用，均为 A 类甲级防火门窗；人行横通道、专用避难疏散通道及其前室入口防火门还应满足安全疏散的要求。

7.3.5　隧道纵向疏散方式

圆隧道车行道下部空间分为三仓。一般人行疏散通道以消防、疏散梯布置于左侧仓体中；强弱电管线集中布置于隧道外侧仓体中；中间仓作为消防救援的专用救援通道。

7.4 救灾系统

近几年来，为了缓解地面上的交通压力，国内的一些大城市已经将部分交通移到了地下，形成了城市地下交通体系。但随之而来的城市地下交通隧道火灾事故也在不断增加，造成了巨大的人员伤亡和财产损失，已经广泛引起人们的高度重视。现在，城市地下交通隧道火灾事故救援与高层建筑火灾一样，已经成为当今世界各国面临的一大难题，同时也是消防部队探索和研究灭火救援战术的重要课题。

救灾系统的核心是要明确日常的消防安全运营管理责任，但是在实际工作中，部分单位和个人往往没有意识到消防安全的重要性。认为人防工程建设完成后，该配置的设备已经配备到位，发生火灾后灭火救援就是公安消防的责任了，没有意识到履行消防安全管理职责的必要性，更没有将消防责任落到实处，导致火灾事故发生后不知所措，从而耽误了救援时机。

火灾发生后，隧道内的各个防灾救援子系统都要成为一个联动协调的大系统，这样才能够更好地完成消防灭火和救援组织工作。先通过主动和被动两种警报方式，信号传递到监控室，然后再通过计算机系统、无线对讲、无线广播、隧道内可变显示设备、隧道交通指示、隧道内紧急疏散标志、隧道区域显示器、紧急电话等方式实现。计算机系统将根据检测数据和指令的综合值给予相应的措施，包括消防、排烟等，并通过通信系统与外界联系、协调运作。发生火灾时，消防灭火、救援工作的具体对策流程可按图7-6进行。

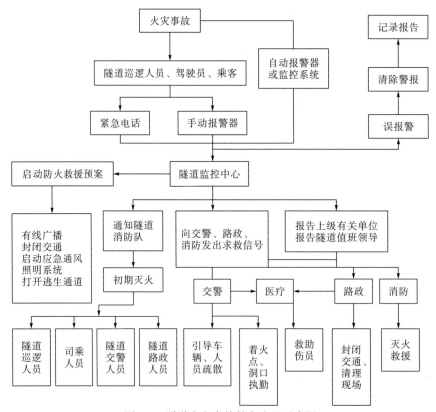

图 7-6　隧道火灾事故救灾流程示意图

　　隧道火灾紧急疏散救援主要包括初期火灾确认、制定对策、引导疏散、灭火作业、修复作业、恢复交通等步骤，即在发生火灾后合理地使用人力、物力和技术资源，在排除火灾事故的同时，尽快使道路恢复其通行能力、减少其影响范围所进行的一系列工作，合理地组织和安排交通流在事故中顺利通过火灾发生地。

　　(1)发生火灾后，发现人员应快速报警。确定发生火灾后，地下交通隧道运营部门应尽快掌握火灾情况、通报火情，并发布火灾警告。

　　①通过检测器、巡逻车、紧急电话和图像信息等及时地掌握火灾地点的交通情况，并向有关方面通报火灾的发生地点、性质及关联的交通状态等；

　　②城市地下交通隧道管理所或消防安全指挥员应立即启动光报警信号、消防应急广播、闭路电视监控、可变信息情报板等及时发布火灾警告；

　　③及时开启防止后续车辆驶入隧道的警报装置，进行车道、车速控制，行车速度限制在 30km/h 以内，防止车辆发生首尾相撞等二次事故；

　　④开启相应应急照明及疏散标志，引导人员及车辆利用安全疏散设施进行安全疏散或撤离，并开启相应的防排烟设施，启动灭火装备、配置设备灭火，消防队员从距离火场较近的洞口由上风方向进洞灭火，以最大限度保证人员及财产的安全。

　　(2)确定发生火灾后，公路隧道运营管理部门应及时组织疏散、灭火救援等行动。

　　①隧道火灾初期阶段，应以紧急疏散为主，遵循应急疏散和灭火救援协调一致的原则设定安全疏散路线和灭火救援路线；

　　②起火的城市地下交通隧道的灭火救援应在应急疏散基本完成后展开，若隧道内发生严重交通堵塞，应先清理障碍，再疏散，同时进行灭火救援；

　　③灭火救援的交通流向应避免与应急交通流向产生交叉，以防止产生新的交通事故和其他灾害；

　　④发生严重交通堵塞的隧道，消防车不宜靠近交通堵塞区域，灭火救援人员应充分利用隧道内消防设施进行灭火救援。

　　城市地下交通隧道必须建立起一套完整的交通事故和隧道灾害的报告网络，及时与上级主管部门、消防、武警、环保、救护等协作单位随时保持联络，做到在隧道发生事故灾害时迅速反应、及时救援。

7.5　排　水　系　统

　　城市地下交通隧道的排水系统包括废水系统和雨水系统。

　　地下区间废水系统主要排出结构渗水及区间消防废水，结构渗水按 $1L/(m^2 \cdot d)$ 计。当结构采用有组织形式排出地下水时，结构渗漏水量由结构专业提供；消防排水量同消防用水量。雨水排水量按北京市 50 年一遇的暴雨强度计算确定，雨水集流时间为 5min。

　　在线路最低点设区间主废水泵站，地下区间消防废水和结构渗漏水由区间隧道排水明沟收集后，将水引入区间主废水泵站的集水池，废水由潜污泵提升至地面排水压力井，消能后排入城市排水管网。地下区间主废水泵站内集水池有效容积按照不小于集水池内最大一台排水泵 15～20min 的排水量计，按 20m³ 设计。在每处废水泵站集水池内设排水泵两台，平时一用一备，消防或必要时同时使用。

　　位于水域下的区间废水泵站增设一台水泵，平时依次轮换使用，消防或必要时同时使用。

　　在区间不能自流排水又可能积水的部位设局部废水泵站，主要收集风亭的雨水、结构渗漏水，局部废水泵站废水由潜污泵提升至地面排水压力井，消能后排入城市排水管网。地下区间局部废水泵站内集水池有效容积按照不小于集水池内最大一台排水泵 15～20min 的排水量计，按 3～5m³ 设计。在每处废水泵站集水池内设排水泵两台，平时一用一备，消防或必要时同时使用。

　　在线路出入洞口处设置雨水泵站。洞口处敞开段的雨水由横截沟截流后，引入区间雨水泵站的集水池，雨水由潜污泵提升至地面排水压力井，消能后排入城市排水管网。

　　地下区间雨水泵站内集水池有效容积按照不小于集水池内最大一台排水泵 5～10min 的排水量计，按 60m³ 设计。在每处雨水泵站集水池内设排水泵三台，平时依次轮换使用，必要时同时使用。

第8章 城市地下交通连接体系

8.1 城市地下交通的连接

8.1.1 城市轨道交通枢纽站

城市轨道交通自身主要依靠城市轨道交通枢纽站来进行连接，而城市轨道交通枢纽站的换乘空间是交通组织的重要组成部分。衔接某一交通运输网络中的两条及两条以上线路，或连接多种交通运输网络的交通节点叫作交通枢纽。其中仅拥有一种交通运输方式的枢纽叫作单一方式交通枢纽，而由两种及两种以上运输方式结合在一起的枢纽叫作综合交通枢纽。城市中的综合交通枢纽一般是城市交通的重要节点，对市内交通实现换乘，对市外交通进行连接，整合了城市中铁路、飞机、地铁、公交、长途、出租和私家车等主要交通设施。根据枢纽重要程度、交通方式、功能空间、布置形式以及布设位置等不同分类标准，枢纽存在不同的分类情况。在城市中综合交通枢纽占有重要地位，它是整个交通运输网络中的重要节点，对今后城市交通的规划发展有指导性意义。枢纽将各种不同的交通方式汇集起来，通过合理的功能布局与流线组织使它们有机结合，形成一个相互关联的整体。因此，对枢纽交通进行分析时，不应进行单一、独立的交通功能分析，而应从整体角度考虑，着重分析各个交通功能的衔接与过渡方式。

8.1.2 城市轨道交通枢纽站的特点

1. 建立便捷换乘体系

设置于交通枢纽区域的地下轨道交通可以快速、便捷地实现枢纽旅客的集散。同时，地铁和公交、出租、铁路等交通方式紧密联系，形成完善的换乘体系，这样不仅缩短了换乘时间和距离，还促进了该区域公共交通的整体协调发展。

2. 结合城市公共空间建设

部分综合交通枢纽依据城市规划发展需求，将部分交通功能转移到城市地下空间，而地面空间发展城市绿地与广场。同时转移到地下的交通功能可与周边建筑的地下公共空间联系，从而进行城市地下公共空间与交通枢纽联合开发的模式。

3. 保持城市格局完整性

一般情况下，在城市中心区建立地铁线会割裂城市功能空间，因而破坏其完整性，不利于城市未来的整体规划。但是如果将枢纽的铁路运输线路设置于地下，并在地下完成与城市内部交通的接驳，不仅可以形成便捷的客运网络，还保留了城市空间完整性，有利于城市的整体更新。

4. 实现城市一体化发展

交通枢纽地下空间的建设可以使交通设施与周边建筑地下公共服务设施结合开发，同时和地面、地上的功能空间相互联系、相互补充，使枢纽空间进行分层立体化的综合开发，实现城市一体化发展。

8.1.3 综合交通枢纽的相关设计

针对城市综合交通枢纽的建筑规划设计，总体上可以从两方面进行分析：一是多种交通方式之间的交通流线组织，二是枢纽内及周边城市空间的功能设施布局。两者在枢纽设计过程中，相互联系，共同作用，影响着设计方案中的空间格局。

1. 交通流线组织

枢纽站点的交通流线组织可分为三个层面：首先，枢纽需建立与周边区域之间的交通联系；其次，需通过合理流线组织，建立适宜枢纽站点开发的外部交通条件；最后，枢纽本身内部各种交通方式应建立合理的交通衔接与换乘体系。总而言之，在枢纽交通流线组织上应注重辐射性、持续性与连贯性，为乘客提供安全便捷的集散公共空间，同时兼顾不同交通方式的优点，实现其时间与空间上的连续衔接。

2. 枢纽设施布局

综合地理环境、枢纽交通及商业战略等宏观因素，枢纽功能设施的布局应该满足建筑相关规划设计规范要求，并做到协调土地开发、人文景观、自然环境与道路网络之间的关系，讲求枢纽设施布局合理性。

8.2 城市既有建筑与地下交通连接

城市快速发展建设的同时，轨道交通与住宅、办公楼和商业建筑在空间连接方面的理论尚不成熟，其存在环境也没有提供足够的支持条件，因而导致当前在建设两者连接空间时存在着诸多问题。另外，城市既有建筑与地下交通的连接为城市发展提供了更多便利。一方面，它往往与地下交通设施相连，承担城市人流的组织疏散功能；另一方面，它连接着商场、购物中心，是购物环境的一部分，是地下空间室外化的空间效果，是不受车辆干扰，不受自然气候变化影响的相对封闭的人工环境，为城市创造了一个崭新的商业空间和社会交往空间，成为城市公共空间的延伸。

8.2.1　连接模式的设计要点

1.　功能上注重交通性与商业性的统一

人流的合理组织是城市交通首要解决的问题，地下交通网络成为许多城市缓解交通压力的重要手段。将地下交通网络的人流直接引入与之相连的商业建筑，不仅减轻了地面的交通压力，也最大限度地增大了住宅、办公楼和商业建筑与顾客的接触面，取得交通和商业的双重效益。

轨道交通与住宅、办公楼和商业建筑的连接空间承担着分散交通流的功能，由于地铁在国内外许多城市是最主要的公共交通方式，人流聚散量大，连接空间可与商业建筑的地下层相连，在实现交通疏散的同时充分挖掘其商业潜能，同时又对轨道交通站点是有益的补充。由此可见，连接空间在功能上具有交通性与商业性的统一，在满足交通的最基本要求的基础上，根据不同节点所处的地理位置、使用人群组成、各类社会要求等因素对商业功能及其他功能做出合理的位置与面积设定，使连接空间能够保持高效率的运作状态。

2.　空间上注重简明性与复杂性的统一

从客观物质条件上讲，连接空间处于地下，基本上属于人工环境，内部通道方向必须明确，易于辨认，为顾客指明方向，在空间结构上体现简明的特征，并具备良好的防火、通风条件、柔和的人工照明以及各种招牌、广告和灯光、色彩的指路标志，人们才能置身地下仍能感到舒适安全。

8.2.2　连接模式的平面类型

1.　"围合型"连接模式

"围合型"连接模式一般出现于城市中心区的大型轨道交通节点，即以一个车站或几条线共用的换乘站为中心，商业建筑呈围合状布置，站厅层与商场相连，或者通过露天广场将轨道交通和商业建筑相连。"围合型"的轨道交通站点多位于道路交叉口的地下，商业建筑位于交叉口的四个象限内，人们到达该站之后向各个方向分散开来，具有消费需求的人群可以直接进入商业建筑，需要交通服务的人群可以尽快地通过换乘站进行换乘。这种连接模式常常会在大型轨道交通枢纽站中出现特征明显的地标性建筑，它不一定是轨道交通和商业有机结合的一部分，但它的裙房部分使商业与轨道交通设施紧密相连，这类建筑通常成为市民寻找地铁站和大型商业建筑的指南针。在"围合型"连接空间的设计中，人们一般具有明确的消费行为，因此要求连接空间内具有明确的人流流线设计，引导人们快速地通往商业目的地。作为香港新机场轨道交通沿线最大的车站——九龙站，它是西九龙一座约 139.4 万 m² 综合新市镇的核心枢纽，围绕着车站进行了酒店、商厦、办公、住宅等综合物业开发。地铁公司将九龙站视作机场在市中心的延伸部分，它是全球领先的城市轨道交通枢纽之一，也是整体交通规划及城市综合开发的典范（图8-1）。

(a)平面 　　　　　　　　　　　　(b)立面

图8-1　香港九龙地铁站与周围商业建筑的围合关系

2. "并列型"连接模式

"并列型"连接模式用于一般型节点，即轨道交通节点与商业建筑在平面上呈平行或垂直排列，平面关系相对简单，因此连接空间形式多以地下通道、商业街等带形空间衔接。在水平方向上的连接，可以将连接空间的各种功能内容集中布置，也可分散于建筑之中，连接空间仅起交通通道作用，大型的节点常形成商业、娱乐、服务于一体的地下商业街；在垂直方向上的连接，即商业空间和交通空间的上下叠加，连接空间以电梯、楼梯、自动扶梯居多。如上海的静安寺地铁站点位于南京西路地下，与周边商业建筑平行相接。北侧与久光百货地下超市相连通，车站南侧则通过一个大型的圆形下沉广场与伊美购物广场相连(图8-2)。

图8-2　上海静安寺地铁站下沉广场

3. "包含型"连接模式

"包含型"连接是指商业建筑空间在轨道交通节点空间的上部或周围并联成一体，将交通空间紧紧围合其中，一出付费区即为商场空间，这种形式在交通枢纽设计中经常出现。日本京都车站是此类型建筑的代表，它结合交通枢纽功能复杂、人流复杂且流量巨大的特性，不仅仅在枢纽中开发商业餐饮等设施，而且使交通枢纽发展成为具有商业、娱乐、住宿等复合型设施，这样可以吸引更多的客流前来光顾(图 8-3)。

图 8-3　日本京都车站内景

8.2.3　连接模式的空间类型

由于城市形态是城市结构和形体轮廓的总和，是城市活动在空间上的投影。因此研究轨道交通节点与大型商业建筑的空间连接模式在空间形态上的变化，有助于把握不同空间连接模式的异同。连接空间的开发本质是加强轨道交通节点与商业建筑的联系，扩大城市空间容量，提高土地利用效率。因此，它在空间形态上的表现有以下三种连接模式。

1. "通道式"连接模式

"通道式"连接是指城市轨道交通节点与商业建筑由地下通道相连接，通往商业建筑地下室，或是由楼梯、自动扶梯直接进入商业建筑中，这是较为简单的设计手法。通道是最早出现的连接空间形式，最初仅仅作为解决商业建筑和轨道交通节点之间的人流集散问题，单纯为了方便联系两者而设置，因此具有明确的交通空间，内部人流容易组织，方向性强，人流通行不受干扰。但是在城市日益发展的今天，"通道式"连接在实际使用中暴露出诸多问题。例如，通道与城市商业空间并不协调，在设计上只考虑了交通功能，缺少针对地下空间环境负面因素的处理方法，这样的内部空间过于单调和呆板，功能单一，在过渡与衔接、对比与变化以及空间序列与节奏的处理上不够丰富。"通道式"连接模式如图 8-4 所示。

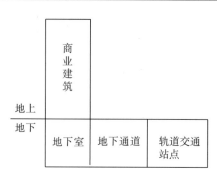

图 8-4   "通道式"连接模式示意图

2. "开放式"连接模式

"开放式"连接的实质是内外空间的相互渗透,既丰富了空间层次,又改善了地下封闭内向的空间环境。一般来说,大型商业建筑尤其是高层建筑常将下沉广场与地下室结合起来处理建筑底部区域,而这类下沉广场也常与地下轨道交通系统连接,使建筑的个体功能成为城市整体功能的一部分,形成互动效应。

下沉广场是联系上、下部空间的有效手法,广场、绿地的地下空间可以与地铁车站建立良好的连接,解决广场、绿地及其地下空间大量人流的集散问题,或者兴建地下车库,解决周边商业区严重的停车问题。利用城市下沉广场作为轨道交通节点与大型商业建筑的连接部分,对于城市功能的有效发挥起到了重要的活化复兴作用,它的建设往往与地下空间的综合开发以及大型商业建筑的外部空间创造同步进行,在一定程度上具有不可逆性,在功能意义上具有协作性与互补性。虽然这种模式稍显复杂,占地较大,但是提高了城市环境质量,增加了城市的休闲空间,代表着城市设计中立体化的发展方向,如美国纽约洛克菲勒中心(图 8-5、图 8-6)。

图 8-5   纽约洛克菲勒中心下沉广场

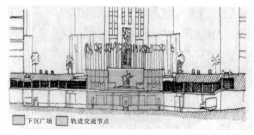

图 8-6   纽约洛克菲勒中心下沉广场剖面

3. "网络式"连接模式

"网络式"连接主要是针对城市中心区和次中心区,以地铁站为催化点,通过多条地下步行道与周围大型商业建筑的地下室连接,形成一个步行商业街的新区域,空间效果好,创造了新的商业界面(图 8-7)。具体设计思路是设置地下商业空间直接通向地铁车站,通过引导延伸至大型购物中心的地下层,实现交通疏散,使交通和商业互惠互利,形成辐射力很强的地下综合体。这种以地铁站与地下商场为主要节点进行的网络式开发,是地下轨道交通节点与大型商业建筑连接空间的一个很重要的模式,在日本、欧美国家都有很多成功案例。尤其是当城市发展到一定阶段,各种矛盾已经相当尖锐的情况下,非常有必要考虑这种连接模式。但是这种模式也存在着一些缺点，如大型地下购物中心的封闭性限制了采光、通风等条件，人们在里面行走多时容易产生心理障碍和方向不明的感觉，另外，出入口的设计也是需要重点考虑的问题。因此设计者需要通过选址、色彩、空间尺度和形式等方面引入可以改善使用者感知的规划，这样才能创造出对地下空间的良好心态。例如，上海地铁一号线经过的徐家汇副中心与地铁车站相连的地下商业街将东方商厦、太平洋百货、第六百货商店连接起来，并利用地铁折返线与地面的空间，形成大型地下商场，为人们创造了不受外界干扰的舒适购物环境。

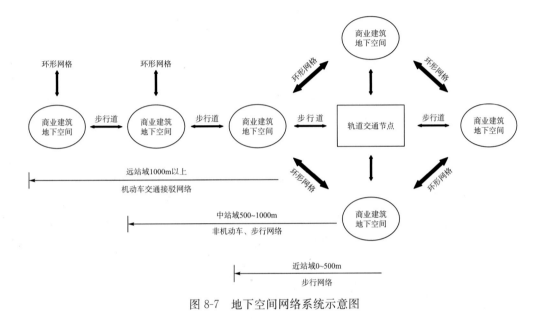

图 8-7　地下空间网络系统示意图

8.3　地下交通与既有地面道路衔接

8.3.1　地下交通与既有地面道路衔接的组合分析

1. 按衔接形式的分类

地下交通与既有地面道路衔接形式，按与城市公共交通衔接的具体方式，从点、线、面三个层次来展开分类：

（1）点状衔接。主要是指城市地下交通综合体与城市公共交通衔接的接口空间，具体如综合体底层的局部架空部分、综合体建筑的内凹部分、局部的退让部分、综合体的中空部分、门厅、庭院、综合体地下的局部空间（如上海港汇广场地下局部空间与地铁衔接的建筑空间）。

（2）线状衔接。主要是指城市地下交通综合体或外部与城市公共交通衔接的联系空间，具体如立体的廊道和一定形态的地下街（如上海人民广场的香港名店街）、单纯通过性地下道等综合体内部的线性公共空间。综合体内部的线性空间包括一定形态的地下街和单纯通过性地下道,具体是指处于城市综合体地下空间与城市公共交通之间的过渡性空间。由于这部分空间的长度、规模不同,可以分为具有附加功能的衔接空间和不具有附加功能的衔接空间。为了方便书中相关内容的展开,将具有附加功能的衔接空间称为一定形态的地下街;将单纯过渡性,即主要起交通联系的衔接空间称为通过性地下道。

(3)面状衔接。主要是指城市地下交通综合体中外部或内部的开放性空间,具体是指综合体内部的中庭边庭、外部的立体平台、立体广场、下沉广场、庭院、交通综合体中的换乘空间,以及城市综合体的部分屋顶,如日本东京六本木综合体中的部分屋顶花园与城市公共交通的衔接。

2. 按衔接位置的分类

按衔接空间所处位置与地面的相对关系,可以将衔接空间分为地面层的衔接空间、地下层的衔接空间、空中立体的衔接空间三类,其中地下层的衔接顾名思义就是位于地下,并连接两个不同建筑功能体的过渡性空间。地下层衔接空间可以保持地面空间的完整性,以及提高地面城市交通的通行效率。在地下层衔接空间中,衔接空间在满足基本交通转换功能的同时,它具有功能复合和延伸的可能。因为地下空间的开发一般是横向的,为了有效地利用城市资源和开发城市空间,可以将衔接空间向纵向发展,使空间的功能具有复合性和延续性。如上海江湾五角场地区的彩蛋广场(图8-8),周围的商业建筑、办公建筑等通过地下衔接空间与城市公共交通枢纽关联在一起,同时在衔接空间的纵向进行空间开发和功能拓展,使群体建筑和城市公共交通系统形成一个有机整体,有效节约城市土地资源,促进城市运转。

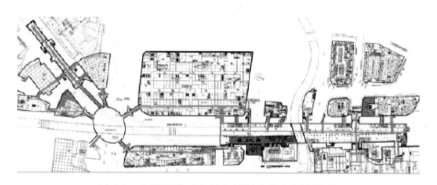

图8-8　上海江湾五角场与周围建筑空间的关联

8.3.2　地下交通与既有地面道路衔接的组合方式

城市地下交通综合体与城市公共交通衔接时,空间的组合方式可遵循城市公共空间与建筑空间的组合方式。在《城市·建筑一体化设计》中,将建筑空间与城市公共空间的组合方式总结为:分离、复合、穿插、串联、并联、层叠六种组合形式,如表8-1所示。

表 8-1 建筑空间与城市公共空间的组合方式

组合方式	简图	特点	案例
分离：运用建筑流线组织分区、分组、分层的手法将不同属性、不同归属的空间按各者适宜的空间区位进行组织。具有相互联系却相对独立的性质		分离的构成方法避免了空间综合利用过程中可能出现的混乱和相互干扰，适用于私密性、独立性较强的功能单元	 （英）坎勒瑞沃夫综合体
复合：某空间单元同时具备建筑个体空间和城市公共空间的双重属性与双重归属	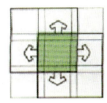	复合空间的组织形式适用于开放性、公共程度较高的功能组群，如商业、娱乐、交通、商务办公大堂等	 美国伊利诺中心
穿插：建筑空间与城市公共空间或设施在三维坐标系中的立体交叉，促进城市建筑功能群的双重整合		这种组织方式涉及城市交通路线上空权和下空权的开发归属问题。需要管理方法和设计处理的配合	 圣·安东尼市海特旅馆
串联：若干不同归属的建筑空间单元相互串联，不设严格的空间分割，保持一种彼此流通、延续、渗透的状态，而在建筑内部构成连续的城市空间体系		运用串联组织的空间应具有开放性，而且其使用功能有密切的相通关系。各组合空间具有不同的归属	 明尼阿波利斯空中步道
并联：不同归属的建筑空间单元分别与城市公共交通空间相连接，在各自保持其相对独立的同时，又构成彼此延续相同的关系		与串联的方式相比，并联的空间组合方式具有较大的选择性和灵活性。空间的归属较为明确	 上海杨浦区商业中心的高架站点、二层廊道等
层叠：建筑使用空间与城市公共空间或设施在垂直方向（剖面）上下叠置		层叠式的空间组合方法能有效地利用空间资源，在空间的交界处，会形成一些不确定的归属关系，需要公众的文明素质以及良好的管理模式	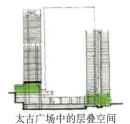 太古广场中的层叠空间

8.4　地下交通出入口规划

8.4.1　地铁出入口规划形式的分类

根据地铁出入口部位规划形式分类，可分为以下三类。

(1)独立式出入口。独立修建的出入口称为独立式出入口。独立式出入口布局比较简单，建筑处理灵活多变，可根据周围环境条件及主客流方向确定车站出入口的位置及出入口方向(图8-9)。

图 8-9　独立式出入口

(2)合建式出入口。地铁出入口设在不同使用功能的建筑内或贴附在该建筑一侧的出入口称为合建式出入口。合建式出入口应结合地铁车站周围地面建筑布设情况修建。出入口与建筑物如果同步设计及施工，其平面布置及建筑形式容易协调一致；如不同步进行，设计及施工将会受到一些条件的限制，往往会产生一些不尽合理的情况，造成一定的复杂性(图8-10)。

(3) 下沉式出入口。地铁出入口与下沉广场结合，由地铁通到下沉广场而直接到达室外的出入口形式。这种出入口形式需与规划结合紧密才能与环境融为一体。同时，需要有地面面积来做下沉广场(图8-11)。

图 8-10　合建式出入口　　　　　　　　　　　图 8-11　下沉式出入口

8.4.2　地铁出入口规划

地铁出入口作为中介，处于地铁与城市之间的门槛上，建筑师在工程实践中对它的处理，最能检验其是否具有整体性观念。

地铁出入口规划需要与干线详细规划同时考虑、综合安排。地铁出入口是联系干线地上、地下交通的纽带，其布局是否与干线功能设计有机结合，关系到干线功能布局是否合理，是否能较好地为交通、战备、防震等方面服务。同时地铁出入口地面厅形式对街景也有直接影响，因此地铁出入口的布局，应在考虑干线地上、地下、各项设施规划的基础上，即在干线详细规划的基础上，综合考虑安排。

1. 地铁站出入口与路面的位置关系

按地铁出入口与路面的位置关系可分为四种：

1) 跨路口站位

车站跨主要路口，在路口各角上均设有出入口，乘客从路口任何方向进入地铁均不需要穿越马路，增加乘客安全，减少路口人车交叉。地面公交线路衔接好，换乘方便。但由于路口处往往是城市地下管线集中交叉的交点，因此，需要解决施工冲突和车站埋深加大的问题。由于乘客目的地有三类，即地铁紧邻的活动节点(如交叉路口交界往往建有大型办公、购物中心)、地铁站周围换乘设施(停车场、公交站)、地铁站周围较远活动节点。如果地铁站与这些活动节点的地下层相通，则可解决因车站埋深加大而导致的乘客不便问题。因此，如果与周围城市空间综合设计，跨路口站位是可能获得最大城市效益的地铁站位。跨路口站位对于解决城市空间密集问题、促进地下空间发展比较有利。

2) 偏路口站位

车站偏路口一侧设置。车站不易受路口地下管线的影响，减少车站埋深，方便乘客使用，减少施工对路口交通的干扰，减少地下管线拆迁，工程造价低。但车站两端的客流量悬殊，降低车站的使用效率如果将出入口伸过路口，获得某种跨路口站位的效果，可改善其功能。

3) 两路口站位

当两路口都是主路口且相距较近(小于 400m)，横向公交线路及客流较多时，将车站设于两路口之间，以兼顾两路口。

4) 贴近道路红线外侧站位

一般在有利的地形地质条件下采用。当基础埋深浅、道路红线外侧有空地或危旧房屋改造时，将车站建于红线外侧的建筑区内，可少破坏路面，少动迁地下管线，减少交通干扰。

2. 地铁站出入口与周围建筑物结合

按出入口与建筑的结合方式可分为三种：

1) 附着式

出入口与建筑紧贴相建，出入口布置楼梯、扶梯，占用合建建筑的底层面积，地铁出入口与该建筑之间可建立联系，也可不建立联系。附着式需要地铁出入口与建筑合建或建筑建设时预留出空间来。这种形式在商务办公楼类型的建筑中常用。由于商务办公楼希望地铁出入口与建筑结合，过境人流量大可以及时疏散人流。但同时也因为使用性质的原因，出入口不希望地铁出入口带来嘈杂与纷乱，因此出入口仅布置于建筑地面层临干道边缘处。

2）融入型

即地铁车站的地下出入口通道分叉出一条进入建筑内部，连接建筑物地下室或地下中庭，乘客进入建筑物，再由建筑物内的楼、扶梯进行疏散。而另一条连接城市地面出口，一般当周围建筑规模较大时采用，这种方式与城市关系最好，但经济性和综合性是考虑采用这类方式的关键，通常需要有预先的规划。

3）"零"出入口型

这种形式是整个地铁站上建筑的形式，地铁车站位于合建建筑的地下层，没有平时意义上的出入口，只是自动扶梯和楼梯，就是地铁车站与建筑合建。比如，上海地铁松江新城站地铁车站上部修建建筑，两者合二为一。

3. 地铁出入口与建筑完全结合时应考虑的问题

1）必须确定地面详细规划

地铁出入口位置如需要与规划建筑完全结合，在规划楼房没有建设任务时应按照规划确定楼房功能性质、层数及与地铁出入口结合的具体位置，这样才能为出入口地下结构的设计、施工提供条件。

北京第一、二期地铁出入口规划时，沿地铁干线前三门大街、复兴门外大街、西二环、北二环、东二环路干线规划还未开展，由于地铁出入口需要在附近地面局部规划的基础上安排，当时地面建设项目未定，规划很难落实，地上、地下不能统建；或由于当时管理体制分散等多方面条件的限制，影响地铁出入口与干线功能设计综合安排。

假若规划项目难落实，实现这种完全结合形式很困难。如果建设任务不定，规划建筑与地铁出入口的结构关系就无法确定，这种完全结合形式就不能实现。

2）需做出地面建筑与地铁出入口结合部分的设计

在确定地面建筑性质结合方案的基础上，需先做出地面建筑与地铁出入口结合部分的设计，确定其结合部分的结构关系，以便预做与出入口相临的部分基础，而且设计单位、费用来源也需由市领导部门确定。预做出与出入口相邻的建筑基础应考虑由地铁施工部门统一施工。

8.4.3　地铁出入口与其他交通系统结合

地铁出入口与城市其他交通方式是否能有效地衔接，直接影响地铁在缓解城市交通方面的作用，而且也对出行的人是否便利有很大影响。地铁出入口与其他交通站点的衔接不仅是两种换乘形式，而是多种形式的总和，为了便于研究仍按两种换乘形式考虑。

1. 地铁出入口与城市步行系统的衔接

在城市中心区或城市边缘的居住区，地铁主要吸引步行的人流。步行是城市日常生活的重要部分，步行系统是城市主要的动态开放空间。

（1）地铁出入口与城市步行系统衔接的设计目标有：

①地区步行系统的整体化、系统化。当前我国地铁出入口的设置通常不考虑有效地

与城市地下通道或过街天桥等步行设施连接；

②步行的可达性。使衔接的系统通畅、舒适，成为有效结合其他交通方式的纽带；

③成为带动地铁站周边社会、经济、环境优化的动因。步行最易与城市周围的建筑空间相融合。例如，地面室内商业街、地下街、地面步行街等，步行是其中的主要交通方式；

④人车分流，提高步行的安全性。

(2) 就地铁出入口与步行系统而言，地铁出入口与城市步行系统的形式有：

①独立出入口连接路边人行道或广场；

②出入口连接地下通道、过街天桥和地下街。我国正在逐渐发展这种方式，该形式是开发城市地下空间的有效方式。例如，美国休斯敦市地铁连接地下步行街道系统的方式。

2. 地铁出入口与自行车库的衔接

自行车体积小，停车方便，对于短距离出行十分有利，并且在现在环保意识不断增强的情况下，我们国家也极力主张对自行车的使用。但不可否认，在自行车的使用高峰期时，给大城市地铁出入口处造成了极大的环境压力。我国目前的国情和具体地段情况确有大量自行车换乘，地铁出入口处无相应的设施等问题暴露严重。例如，在北京地铁出入口处经常会看到自行车到处乱放，影响城市景观。

地铁出入口处自行车停车模式一般有地面、地下、半地下。其中地面自行车停车是主要形式。

地面自行车停车方式有：①露天专用停车场或单建式多层车库，这种方式在城郊处用地不是太紧张的地方比较合适；②利用地铁出入口外部空间边缘、城市街道边形成线状临时露天停车，这对街景会有影响，但可利用一些景观设施来做遮挡，如花坛、花圃等。

地下自行车停车库可在地铁出入口修建时与出入口通道一起建设，可在地下直接换乘，但由于其修建的巨大费用使得这种形式实现得很少。半地下自行车停车库克服了地下车库的昂贵费用，可有效利用自然地形或地铁物业夹层空间，如上海静安地区出入口处自行车停车库的处理。

3. 地铁出入口与小汽车停车场的衔接

小汽车和地铁的换乘可限制城市中心汽车交通量，发达国家居住人口的郊区化，使小汽车换乘地铁在城市边缘区十分普遍。

小汽车和地铁出入口的衔接基本上有两种形式：

(1) 停车衔接(Park And Ride)简称 P+R。此方式驾车和乘坐地铁交通交替进行，乘客停车换乘地铁，经过较长时间(如上班等)后回到原地点开车。

(2) 接送衔接(Kiss and Ride)简称 K+R。该方式设有大量的停车空间并供接送地铁乘客瞬时使用，一般车行道上的汽车单向行驶，乘客上下汽车后需立即离开，让出车位供下一辆车使用。上海地铁 1 号线莘庄站出入口站前辅助通道就自发形成此类转运场，供出租车接送，但缺乏交通安排和管理。

4. 地铁出入口与火车站衔接

我国早些时候的老式火车站往往利用站前广场来形成与城市公共汽车、出租车的衔接空间，而火车站与城市交通的联系也大部分依靠这两种交通方式来运送乘客。而随着城市化的加快，特别是流动人口的增加，这种模式已越来越不适应发展的需要。由于地铁运能大，所以当前在火车站的设计中往往把地铁车站作为一个提高铁路客运效率的方式。

地铁与火车站相结合的方式总结起来如下：

(1)地铁出入口与车站前广场结合。地铁出入口连接站前广场，是我国目前地铁与火车站相结合的主要形式。例如，上海火车站地铁出入口在站前广场设置，乘火车乘客要出火车站到广场下地铁，换乘距离长。

(2)地铁直接引入火车站与之相结合，形成"零"出入口形式衔接、换乘。人流通过大厅直接完成地铁与火车之间的转换。例如，北京地铁四号线与北京南站的换乘，地铁站直接位于火车南站地下，通过一椭圆形的大厅换乘，相互之间形成一体的建筑形式。

(3)通过地下步行系统完成地铁与铁路的换乘。如日本东京站半径 500m 的范围内有 9 条地铁线路通过，在地下街中形成了贯通的换乘空间，有大量步行广场和高架步行道与火车站及地面公交有良好的交接。

第一种方式是客流量较大时的解决方案，处理不好时有换乘距离长、交通组织不畅等缺点。第二种方式相当于地铁出入口直接与火车站大厅相结合，这种方式最高效。第三种方式，人流可由各方面直接从地下进入火车站，干扰少，可减轻地面交通的巨大压力，但必须建立在地铁线网的成熟和城市地下空间的充分开发之上。

5. 地铁出入口与航空港衔接

随着人民生活水平的提高，航空运输逐渐大众化，客运量大幅度提高，使用航空方式的旅客由于多以商务出行为目的，通常倾向于利用出租车和私人车接送，但随着机场综合区的开发和客运量增长，以地铁为主的公共交通越来越重要。

地铁出入口与航空港衔接的方式有三种：

(1)"零"出入口形式，即直接使地铁站同候机大厅相连，如香港新机场、巴黎戴高乐机场。

(2)地铁出入口设在停车广场，通过通道使机场与地铁衔接，此种衔接模式居多，如上海浦东机场。

(3)地铁出入口设在航站区以外，利用固定公交车衔接。

三种方式中，第一种最便利，第三种由于换乘距离长，换乘效果差。

8.4.4　出入口外观设计

城市始终处于新陈代谢之中，并随着人类的发展，以及价值观念的变化，在创造有形城市环境的同时，也不断地变幻和丰富超越于具象之外的意境美和文化积累的城市景观艺术。

随着地铁大量建设，更多的地铁出入口将会出现在城市空间中，这其中既有气派的大型下沉广场，又有简单的不失细巧的雨棚出入口。一方面，出入口对地面的影响或对地面建筑的影响也越来越大，尤其在城市中心或繁华地区，人们对于城市景观提出了更高的要求，出入口不仅不能破坏城市景观，而且还要优化城市景观；另一方面，城市规划和城市设计的预见性也在增强，从总体的角度把握出入口在城市景观中的影响和作用，同时它也将成为城市景观的一个重要组成因素。

我国地铁出入口往往刻意强调整条线路的统一，但是过分的统一往往容易丧失个性。例如，北京地铁出入口常见的灰色小亭子，虽然统一，但形式单调，影响城市景观。

按外观分类，可将地铁出入口分为以下三种：

(1)敞口式出入口。口部不设顶盖及围护墙体的出入口称为敞口式出入口(图8-12)。从行人安全考虑，除入口方向外，其余部分设栏杆、花池或挡墙加以围护。敞开式出入口应根据当地情况设置，采取措施妥善解决风、沙、雨、雪、口部排水及踏步防冻、防滑问题。

(2)半封闭式出入口。口部设有顶盖、周围无封闭围护墙体的出入口称为半封闭式出入口(图8-13)。适用于气候炎热、雨量较多的地区。

图8-12 东四十条站

图8-13 东京马车道站

(3)全封闭式出入口。口部设有顶盖及封闭围护墙体的出入口称为全封闭式出入口(图8-14)。全封闭式出入口有利于保持车站内部的清洁环境，便于车站运营管理。寒冷地区多采用这种形式的出入口。

图8-14 纽约72街区地铁站出入口

8.4.5　出入口人性化设计

地铁是为人服务的，因此地铁的人性化设计是非常重要的。

1. 地铁出入口无障碍设计

作为城市公共建筑的重要组成部分，地铁车站必须考虑无障碍设施的建设，而从服务对象分析，地铁无障碍设施的服务对象不仅包括残疾人，而且包括老年人、孕妇、儿童等与正常人相比，相对处于弱势的所有社会群体。一方面，随着经济的发展，人民生活水平得到了很大的提高，社会已经步入了老年社会，老龄化社会到来，乘坐地铁出行的老年人越来越多，使地铁无障碍设施的建设和完善显得十分必要；另一方面，由于地铁车站是城市公共建筑，因此，地铁无障碍设计也是一个城市精神和城市形象的具体反映。我国今后几年中将连续举行奥运会、残疾人奥运会、世界博览会等一系列的国际大型活动，为体现中华民族形象，无障碍设施的建设变得十分重要。

地铁出入口作为地铁与城市联系的纽带，其无障碍设计要联系城市无障碍设计和地铁内部无障碍设计，只有站内无障碍设施能与城市无障碍设施保持连接和"无缝"式连接，弱势群体才有可能从城市无障碍系统安全地转入地铁车站的无障碍设计系统，以继续完成其交通出行行为。孤立于城市无障碍系统的站内无障碍设施，很难发挥应有的作用。

无障碍设计中的连续性，是指在盲道及轮椅的通行过程中，应使其保持连续，不应有其他任何设施造成无障碍通路的中断，否则将使无障碍设施失去其应有的作用。我国有些城市中的道路盲道常被自行车、垃圾桶等其他设施占据，使盲道系统成为一种摆设，这种不连续的建设方法，如在人流高度集中的地铁出入口，其后果是非常严重的。例如，上海地铁 3 号线曹杨路站出入口处无障碍坡道坐落在人行便道上（图 8-15），但附近居然没有无障碍坡道连接人行便道，人为造成无障碍系统的间断。因此，加强站内与站外无障碍设计的连续性是非常必要的。

图 8-15　曹杨路站出入口

2. 地铁出入口信息无障碍设计

信息无障碍是地铁无障碍设计的重要内容，主要指为视觉障碍、听觉障碍的乘客所设的各种服务标示系统，以及根据其特点所设计的紧急疏散标志系统，如服务于视觉障碍者的盲文信息标示、盲道诱导，服务于听觉障碍者的声诱导标示系统，所有视觉、听觉障碍者可以方便地使用设备。在车站的入口处设有触摸图导向板以保证有视力障碍的人明了车站内各种设施的位置。只有做到了信息无障碍，才能构建真正意义上的无障碍系统。

3. 地铁出入口无障碍设计注意细部设计

北京市残疾人联合会的相关调查表明，69％以上的残疾人对地铁感到不便，正如残疾人所说的："一个台阶对我们来说就是一座山峰。"因此地铁出入口的无障碍设计，往往因为一个台阶的设计不合理，而造成了无障碍设计的使用不便。因此，要注意地铁无障碍设计中的细部设计，因为也许只是无障碍设计中的一个小问题没有做好，就会给弱势群体带来很大的麻烦。地铁出入口由于是人们进出地铁的地方，应尤为关注。例如，出入口处设置楼梯扶手，我国《方便残疾人使用的城市道路和建筑物设计规范》第3.8.3 规定根据各种残疾人的需要以及残疾儿童的需要设上下两层扶手，下层扶手高度为 650mm；上层扶手的高度与我国民用建筑设计通则中有关规定一致，取为 900mm。而我国地铁出入口楼梯扶手基本上都没有按照这条规定执行，仅仅设一层正常高度的扶手（图 8-16、图 8-17）。例如，北京地铁、上海地铁出入口都有这样的问题。

图 8-16　东京地铁出入口楼梯扶手　　　　　图 8-17　北京地铁出入口楼梯扶手

又如，服务于视力残疾者无障碍设计的盲道应在楼梯休息平台需要下梯段的位置设触感导向块，并应距下梯段边缘 300mm 的地方起始设置，以提醒视力残疾者马上要下楼梯了。而这种设计在我国地铁许多出入口楼梯处都未注意设置。因此，地铁出入口在无障碍设计的细节处理上，我们应该向发达国家学习。

4. 轮椅平台式升降机

地铁出入口无障碍设计的好坏，体现了地铁车站对弱势人群的关注。我国地铁车站目前基本上是每站设残疾人电梯，电梯直通站厅层或站台层。地铁出入口却没有什么设施，这会令弱势人群出入地铁十分不便，这比起发达国家来说，有许多需要提高的地方。在地铁出入口楼梯处，许多发达国家设置轮椅平台式升降机，这种设备可以在每个出入口安装，经济实用(图 8-18)。

图 8-18　韩国地铁轮椅升降机

8.5　地下连接体系初步构想

图 8-19 主要是关于住宅区与地下交通的连接，在住宅区的下方为两层地下停车场，生活在住宅区的人可以直接将自己的爱车停放在地下停车场中，他们可以通过住宅区到达地面公路的车道直接出行，也可以通过竖向电梯或自动扶梯直接从停车场到负一层和负二层，通过人行通道直接乘坐公交车或者地铁。在骑行车道上设有斑马线供人们穿越骑行车道到达公交车站。与此同时，人们也可以按照原路返回地面。在公交车道上设有应急通道，当公交车发生故障时可以停在应急车道上，也可以通过应急出口直接开往地面进行修理。

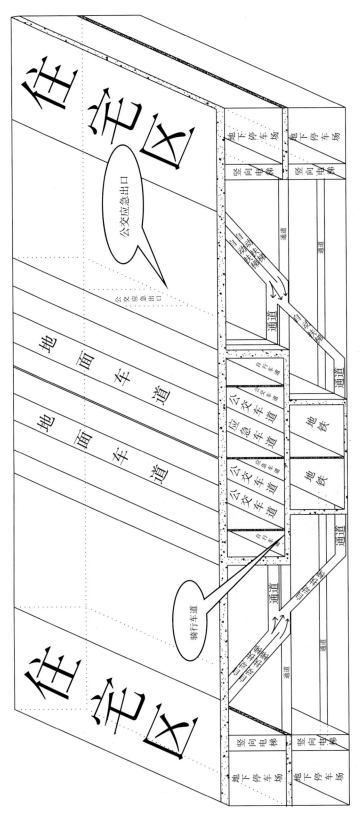

图 8-19　地下连接体系初步构想图

第9章 关键施工技术

9.1 概 述

　　以往地下工程施工通常采用明挖现浇方法，明挖法属于基坑开挖技术，目前基坑工程技术在我国发展成熟，应用于各种施工领域，但是现浇法有诸多不足之处，预制拼装技术就得到一定程度的推广应用。预制拼装技术利用预制部件在工地拼装构成建筑。发展预制拼装技术是建造方式的重大变革，有利于节约资源能源、减少施工污染、提高劳动生产效率和质量安全水平，有利于促进建筑业与信息化工业化深度融合、培育新产业新动能、推动化解过剩产能。近年来，我国积极探索发展预制拼装技术，但建造方式大多仍以现场浇筑为主，预制拼装技术比例和规模化程度较低，与发展绿色建筑的有关要求以及先进建造方式相比还有很大差距。因此，国家政府已经倡导推广预制拼装技术。

　　目前应用预制拼装技术的地下工程实例并不多，如长春地铁2号线车站成功运用了预制拼装技术，如图9-1所示。厦成高速公路东孚隧道采用全构件预制方法结合顶进施工方法，如图9-2所示。综合管廊的建设也适合采用预制拼装技术，如图9-3所示。

图 9-1 地铁车站预制拼装施工

图 9-2 隧道预制拼装施工

图 9-3　综合管廊预制拼装施工

对于地下快速交通系统的建设，适合采用明挖预制拼装技术，需要运用基坑施工技术和预制拼装技术。本章主要介绍基坑施工技术和预制拼装施工技术。

9.2　基 坑 施 工

9.2.1　基坑支护

常见的基坑支护形式主要有：排桩支护、桩撑、桩锚、排桩悬臂；地下连续墙支护；地下连续墙＋支撑；型钢桩横挡板支护、钢板桩支护；土钉墙(喷锚支护)；原状土放坡；简单水平支撑；钢筋混凝土排桩；上述两种或者两种以上方式的合理组合等。

基坑支护方式主要有以下特点：

(1)钻孔灌注桩。桩身的刚度较大，抗弯能力强，在土质良好的地区，桩长为 7～10m 就可以达到预期效果。因为在施工时钻孔灌注桩很难做到相切，所以止水能力差。

(2)地下连续墙。地下连续墙结构常用于深基坑，其结构完整性和防渗性能很好，可以做挡土结构以及止水帷幕，可以有效地控制变形，但如果只做支护结构，项目的成本太高。一般情况既做支护结构，又做地下室墙工程才较为合理。

(3)重力式挡土墙。墙体材料为水泥土，其抗拉、抗剪强度不足，性能较差，重力式设计，需要较大的墙宽，易造成施工成本不经济、工期不合理。

(4)土钉墙。土钉墙施工要求土体具有临时自稳能力，因此土钉墙适用的土质条件有一定限制。土钉墙支护材料省、成本低、施工速度快，但采用土钉墙支护结构的项目必须做好降水，若地下水软化土钉墙，会使整体或局部造成破坏。

(5)锚杆支护。锚杆打入土中通过杆体的受拉作用，与土层锚固，实现围护基坑稳定之目的。锚杆结构使用条件不受基坑的深度限制，可以结合各种支护结构综合使用，但不应该用于有机质土，周围有地下临近管道和建筑物的基坑不能采用锚杆支护。

(6)内支撑式围护结构。由围护结构体系与内支撑体系组成，内支撑体系采用现浇钢筋混凝土、钢管等。因内支撑体系刚度较大、变形小，适合各类土层的基坑工程。

基坑支护结构的选择必须考虑基坑与周围环境的特征和工程地质条件，采取合适的支护方案。

地下快速交通系统建设在城市中，城市内场地受限，交通繁忙，周围和地下建筑物多，地下管线分布错综复杂，在基坑施工前应考虑上述因素，以确定施工场地的大小和支护形式的选取。因为城市用地紧张、场地受限，基坑不适合采用放坡开挖，应采用垂直开挖，支护形式可采用排桩支护、锚杆加喷射混凝土支护、地下连续墙支护，但是地下连续墙成本高，一般不采用。深度较浅的基坑可采用锚喷支护，深度较深可采用排桩支护，如果基坑附近有管线或者地下建筑物时，采用锚杆就要考虑是否会触碰到建筑物和管线。

9.2.2 基坑降排水工程

在地下水位较高的地区开挖基坑或沟槽时，土的含水层被切断，地下水会不断地渗入基坑。雨期施工时，地面水也会流入基坑。为了保证施工的正常进行，防止出现流砂、边坡失稳和地基承载能力下降，必须在基坑或沟槽开挖前和开挖过程中，做好排水、降水工作。

施工排水有明沟排水和人工降低地下水位排水两种方法。明沟排水是在基坑或沟槽开挖时，在其周围筑堤截水或在其内底四周或中央开挖排水，将地下水或地面水汇集到集水井内，然后用水泵抽走。人工降低地下水位排水是指在沟槽或基坑开挖之前，预先在基坑周侧埋设一定数量的井管，利用抽水设备将地下水位降至基坑地面以下，形成沟槽施工的条件。无论采用哪种方法，都应排除施工范围内影响施工的降雨积水及其他地表水，将地下水位降低至坑(槽)底以下一定深度，一般为开挖面下 1m，以改善施工条件，并保证基坑(槽)边坡稳定、避免地基土承载力下降。

目前常用的降排水方法和适用条件，如表 9-1 所示。

表 9-1 常用的降排水方法和适用条件

降水方法	降水深度/m	渗透系数/(cm/s)	适用地层
集水明排	<5		
轻型井点	<10	$1 \times 10^{-7} \sim 2 \times 10^{-4}$	含薄层粉砂的粉质黏土，黏质粉土，砂质粉土，粉细砂
喷射井点	8~20		
砂(砾)渗井	根据下卧导水层性质确定	$>5 \times 10^{-7}$	
电渗井点	根据选定的井点确定	$<1 \times 10^{-7}$	黏土，淤泥质黏土，粉质黏土
管井	>6	$>1 \times 10^{-6}$	含薄层粉砂的粉质黏土，砂质粉土，各类砂土，砾砂，卵石

9.2.3 基坑开挖

基坑开挖方法有放坡开挖和垂直开挖。放坡开挖分为全放坡开挖和半放坡开挖。全放坡开挖是指基坑采取放坡开挖不进行坑墙支护，根据地质条件采用相应的边坡坡度，分段开挖至所需位置进行结构施工，完成后进行回填，将地面恢复到原来状态。半放坡开挖是在基坑底部设置一定高度的悬臂式钢桩加强土壁稳定，其槽底宽度是根据地下结构宽度的需要并考虑施工操作空间确定的。垂直开挖需要预先施做支护结构，保证土体稳定才能进行垂直开挖。

在没有建筑物的空旷地段，以及便于采用高效率挖土机及翻斗卡车的情况下，常采用全放坡或半放坡开挖，不加支撑的基坑形式。采用此种开挖方式工程造价较低，与一般的打桩施工开挖方法相比，因不架设路面覆盖板，可使工费减少，工期缩短。但占地宽，拆迁量、碴方挖填量较大，工程区域的交通被中断，在道路狭窄和交通繁忙的地区是不可行的。在市中心地区采用本方式施工的不多。地质情况的好坏、渗水量的多少以及开挖深度等条件，是这种方式能否采用的重要影响因素。敞口基坑法施工管理过程中，基坑边坡防护和开挖对附近建筑物、地下埋设物的影响应充分注意。在城市道路中施工时，由于场地受限，通常采用垂直开挖方法。

开挖方式主要包括人工开挖和机械开挖。

1. 人工开挖

人工开挖主要适用于管径小、土方量少或施工现场狭窄、地下障碍物多、不易采用机械挖土或深槽作业的场所。如果底槽需支撑无法采用机械挖土时，通常也采用人工挖土，常用的工具为铁锹和镐。开挖 2m 以内深度的沟槽，人工挖土与沟槽出土宜结合在一起进行。较深的沟槽，宜分层开挖，每层开挖深度一般在 2~3m 为宜，利用层间留平台人工倒土出土。在开挖过程中应控制开挖断面将槽帮边坡挖出，槽帮边坡应不陡于规定坡度。

2. 机械开挖

基坑开挖采用机械挖槽时，应向司机详细交底，交底内容一般包括挖槽断面(深度、坡度、宽度)的尺寸、堆土位置、电线高度、地下电缆、地下构筑物及施工要求，并根据情况会同机械操作人员制定安全生产措施后，方可进行施工。机械司机进入施工现场，应听从现场指挥人员的指挥，对现场涉及机械、人员安全的情况应及时提出意见，妥善解决，确保安全。

9.2.4 地基处理

明挖预制结构物因其荷载作用于地基土上，导致地基土产生附加应力，引起地基土沉降，沉降量取决于土的孔隙率和附加应力的大小。当沉降量在允许范围内时，构筑物才能稳定安全，否则，结构的稳定性就会失去或遭到破坏。

同时，地基在构筑物荷载作用下，不会因地基土产生的剪应力超过土的抗剪强度而导致地基和构筑物破坏的承载力称为地基容许承载力。因此，地基应同时满足容许沉降量和容许承载力的要求，如不满足时，应采取相应措施对地基土加固处理，改善特殊土的不良地基特性(主要是指消除或减少湿陷性和膨胀土的胀缩性等)。地基处理常用的方法有换土法、夯挤密法、挤密桩法等。

9.2.5　基坑回填

基坑回填前先把回填范围内的杂物、垃圾等清理干净，排除所有积水。

1. 检验土质

检验回填土的种类、粒径，有无杂物，是否符合规定，以及各种土料的含水率是否在控制范围内。提前选好含水量符合要求的土质，含水量要接近最佳含水量。摊铺碾压以前，应测定土的实际含水量，过干应加水润湿，过湿应予以晾晒或掺入生石灰翻拌，控制其含水量在最佳含水量±2%的范围以内。同时加强取土场土质含水量测定工作，以确保基坑土方回填施工按期完成。

2. 分层铺摊

回填时采用水平分层平铺，分层厚度为25~30 cm，人工夯实的地方摊铺厚度为20~25cm。不同回填土水平分层，以保证强度均匀；透水性差的土如黏性土等，一般应填于下层，表面呈双向横坡，以利于排除积水，防治水害；同一层有不同回填土时，搭接处成斜面，以保证在该层厚度范围内强度比较均匀，防止产生明显变形。施工时由自卸汽车把土运至基坑顶部，由人工配合装载机将土填料粗略整平，摊铺路线沿基坑长度方向从一侧向另一侧摊铺，注意虚铺厚度。不宜用机械摊铺的地方辅以人工摊铺。施工时派专人指挥机械施工确保摊铺层厚度。

3. 分层碾压

用压路机进行分层压实操作时宜先轻后重、先慢后快、先边缘后中间。压实时，相邻两次的轮迹应重叠轮宽的1/3，保证压实均匀，不漏压，对于压不到的边角部位，应配合人工推土辅以小型机具夯实，打夯应一夯压半夯，夯夯相连，夯与夯之间重叠不小于1/4~1/3夯底宽度，纵横交叉，每层至少三遍。大面积人工回填，用压路机压实，两机平行时，其间距不得小于3m，同一夯行路线上，前后间距不得小于10m。

回填土每层压实后，采用规范规定的方法进行取样，测出土的最大干密度，达到要求后再铺上一层土。填方全部完成后，应拉线找平，凡高于设计高程的地方，应及时铲平，低于设计高程的地方应用齿耙翻松后补土夯实。每层回填土应连续进行，尽快完成，当天填土应在当天压实。施工时应防止地面水流入基坑，尽量选在无雨天施工。若已填好的土遭到水浸，需要把稀泥铲除后方可进行下道工序。

在压实过程中应随时检查有无软弹、起皮、推挤、波浪及裂纹等现象，如发现上述情况，应及时采取处治措施。

4. 检验压实度

回填材料采用黏土或砂土，填土中不得含有草、垃圾等有机质，结构外侧及顶板上首先回填不小于500mm的黏性土(不透水)，填土应分层压实，每层回填压实后，取样检查回填土压实度，压实度不小于95%。机械碾压时，每层填土按基坑长度50m或基坑面积为 1000m² 时取一组，每组取 3 个点；人工夯实时，每层填土按基坑长度 25 m 或基坑面积为 500m² 时取一组，每组取样点不少于 6 个，其中中部和两边各取 2 个；遇有填料类别和特征明显变化或压实质量可疑处适当增加点位，取样部位在每层压实后的下半部。

5. 回填施工技术措施

(1)分段施工时交接处填成阶梯形，上下错缝距离不小于 1m。

(2)试验报告要注明土料种类、试验土质量密度日期、试验结论及试验人员签字。未达到设计要求部位应有处理方法和复验结果。

(3)施工时注意保护防水层保护层、预埋件等，严禁碰撞。

9.2.6 基坑施工安全监测

1. 基坑排水

在基坑四周及基坑内设置完善通畅的排水系统，保证雨季施工时地表水及时抽排。

密切观测天气预报，暴雨或大雨来临时，停止开挖，立即对边坡进行覆盖防护。加强基坑内积水抽排和基坑外降水，尽量减少基坑积水，确保基坑安全。

基坑开挖过程中，控制基坑周围 2m 范围内不得有施工堆载，不得在基坑周边设置如厕所、冲澡房等易漏水设施。

暴雨过后及时将地面及坑内积水排走。

坑外地面上要求用低标号混凝土硬化地面，并做排水沟，防止地表水渗入。

2. 基坑工程监测

基坑和支护结构的监测项目应根据支护结构的重要程度、周围环境的复杂性和施工的要求而定。支护结构的监测，主要分为应力监测与变形监测。根据施工方法、环境情况及地质条件等，在基坑施工期间一般采用的施工监测项目如表 9-2 所示。

表 9-2 基坑开挖一般监测项目表

量测项目	位置或监测对象	测量方式
基坑内外监测	基坑外地面、灌注桩、内支撑含周围地面裂缝、塌陷、渗漏水、超载等	专职巡视人员
桩顶水平位移	桩顶冠梁	全站仪
桩体变形	桩体全高	测斜管、测斜仪
支撑轴力	支撑端部	轴力计
建筑物沉降、倾斜	基坑周边需保护的建筑物	水准仪
基坑周边地表沉降	周围一倍基坑开挖深度	水准仪
临时悬吊管线	管线轴向中线布置	水准仪

9.3　明挖预制拼装法施工

9.3.1　预制拼装法

预制拼装法是指用在工厂预制的构件在工地拼装成整体结构的施工方法。目前，国内外地下工程预制技术研究日趋成熟，对地下预制拼装技术的研究主要是为了改善结构的施工质量，尽量控制材料的使用量，尽量缩减地下工程的资金投入。在地下预制拼装技术得到重视和发展的今天，预制技术的标准化、工业化发展是地下工程发展的重要特征。

地下工程建设选取材料方面，从传统来说，混凝土结构是地下工程建设中最常见的结构形式之一。混凝土结构同样也在地下结构预拼装中得到广泛的使用，其中最为普遍的结构形式有盾构隧道管片拼接结构、地铁车站拼装结构等。

9.3.2　预制拼装法的特点

预制拼装法与现浇法比较具有下列特点：

(1)与现浇相比，预制拼装法可大大缩短施工工期。现场浇筑法施工作业时间长、湿作业工作量大、需较长的混凝土养护时间，开槽后较长时间不能回填，不利于城市道路缩短施工工期、快速放行的要求。

(2)现场施工需要大量的劳动力，而预制拼装技术相对节约劳动力。现场施工受到天气的制约，工厂预制通常不会受到天气的制约。现场施工会浪费施工材料，工厂预制则相对较少。

(3)现场制作的混凝土抗渗性能不如工厂内制作的混凝土，容易局部发生渗漏，影响结构的使用功能。

(4)现场制作的构件按一定长度分段，分段间采用橡胶止水带连接，其缺点有：①橡胶止水带耐压力差；②现场制作的构件分段间隔长度大，地基如有不均匀沉降或受外荷载(如地震)作用，易发生折断。因此，构件纵向基础承载力要求高，纵向配筋量要加大。

预制拼装构件每节间采用橡胶圈连接，与钢筋混凝土圆管的接头相同，一般称之为"柔性"接头，能承受 $1.0 \sim 2.0\text{MPa}$ 的抗渗要求。在地基发生不均匀沉降或受外荷载作用产生位移或折角时，仍能保持良好的抗渗性能，抗地震功能极强。也可利用接口在一定折角范围内具有的良好抗渗性，施做弧形线路。

(5)现场制作生产条件差，结构计算中要加大安全度，因此材料用量也要增加。

(6)预制拼装与现场浇相比存在不足之处有：①预制构件体大质重，运输安装需要大型运输和吊装设备，增加工程支出费用。这是影响预制装配化技术应用的主要难题，如不能降低其自重，一会增加施工难度，二会加大工程成本，不利于预制装配化技术的推广应用。②预制拼装构件接口多，对接口的设计、制作、施工要能满足防水抗渗的要求。

预制拼装技术的开发是地下工程中一种新型基坑施工的补充，在特定条件下有它的竞争优势，在适宜的条件下，应大力提倡推广应用。

9.3.3　构件预制

一般情况下，构件按照设计尺寸在专业预制厂家制作，采用大型定制钢模板进行预制浇筑，然后运输到现场进行拼装。构件预制的施工工艺流程为：模板安装—绑扎钢筋—混凝土浇筑—构件养护—质检。其中前三个工艺均在预制车间内完成。

预制车间主要有三个区域：钢筋绑扎区域、钢筋移动区域和浇筑区域。钢筋加工区域可设置于钢筋绑扎区两侧，也可根据场地需要另行配套布置。

1. 钢模板加工与安装

(1)钢模板加工。构件预制所用模板应为专业工厂订制加工，保证高精度，具有足够的刚度和强度，并将模板面进行打磨以保证模板的光洁度。内模可设计成自动伸缩，拆模起吊时，以便从浇筑好的构件中不接触混凝土拆出，对混凝土构件不会造成损伤。外模可设计为带操作平台的两个部分，采用扣接相连，装拆方便。

模具设计应兼顾周转使用次数和经济性原则，合理选用模具材料，以标准化设计、组合式拼装、通用化使用为目标。在保证模具品质和周转次数的基础上，尽可能减轻模具重量，方便人工组装。模具构造应保证拆卸方便，连接可靠，定位准确，且应保证混凝土构件顺利脱模。模具底模可采用固定式钢模台座，侧模宜采用钢材或铝合金。当预制构件造型或饰面特殊时，宜采用硅胶模与钢模组合等形式。钢模必须具有足够的承载力、刚度和稳定性，其设计及制造应符合行业标准《预制混凝土构件钢模板》JC/T 3032的有关规定。

(2)钢模板安装。模具到厂定位后的精度必须复测，使生产实物预制构件的各项检测指标均在标准的允许公差内，方可投入正常生产。侧模和底模的材料宜选用钢材，所选用的材料应有质量证明书或检验报告。模具与底模的固定方式分为定位销加螺栓固定方式和磁力盒固定方式。当采用磁力盒固定模具时，应选择符合模具特征和生产厂规定的磁力盒规格及布置要求。模具每次使用后，应清理干净，和混凝土接触部分不得留有水泥浆和混凝土残渣。预制混凝土构件在钢筋骨架入模前，应在模具表面均匀涂抹脱模剂。石材或面砖饰面的预制混凝土构件应在饰面入模前涂抹脱模剂，饰面与模具接触面不得涂抹脱模剂。

模板组装时应严格遵守以下几点要求：

(1)组装时严防模具受到碰撞变形。

(2)底模的放置地面要求平整，内外模与底模合缝之间密闭性好，各部分之间连接紧密，紧固件牢固可靠。

(3)管模内壁及底模必须涂上隔离剂，宜选用不黏结、不污染管壁、成模性好、易涂刷，且与管模附着力强的废机油，涂刷须均匀无漏涂，不出现隔离剂流淌的现象。

(4)管模内壁清理干净，不得有残存的水泥浆渣。

(5)调校好骨架与管模的设计间距，控制钢筋笼的保护层，尽量做到保护层尺寸一致，固定好遇水膨胀橡胶及骨架与大小钢环的连接。

(6)模板所有接缝处均设置止水条，防止出现漏浆现象。

2. 钢筋绑扎

钢筋骨架尺寸应准确，钢筋规格、数量、位置和连接方法等应符合有关标准规定和设计文件要求。钢筋配料应根据构件配筋图，先绘制出各种形状和规格的单根钢筋简图并进行编号，然后分别计算钢筋下料长度和根数，填写配料单，申请加工。钢筋的切断方法分为手动切断和自动切断两种，在切断过程中，如发现钢筋有劈裂、缩头或严重的弯头等必须切除；发现钢筋的硬度与该钢筋品种有较大的出入，宜做进一步的检查。钢筋的断口不得有马蹄形或起弯等现象。钢筋弯曲应先画线定出弯曲长度，再试弯以确定弯曲弧度，最后弯曲成型，其形状、尺寸应符合设计要求。钢筋骨架中钢筋接头连接方式一般采用焊接、绑扎等。绑扎连接需要较长的搭接长度，浪费钢筋，宜限制使用；焊接方法较多，成本较低，宜优先选用。钢筋加工生产线宜采用自动化数控设备，如自动弯箍机、钢筋网片机等，提高钢筋加工的精度、质量和效率；钢筋加工半成品应集中妥善放置，便于后期调度使用。

钢筋网和钢筋骨架在整体装运、吊装就位时，应采用多吊点的起吊方式，防止发生扭曲、弯折、歪斜等变形。吊点应根据其尺寸、重量及刚度而定，宽度大于 lm 的水平钢筋网宜采用四点起吊，跨度小于 6m 的钢筋骨架宜采用二点起吊，跨度大、刚度差的钢筋骨架宜采用横吊梁四点起吊。为了防止吊点处钢筋受力变形，宜采取兜底吊或增加辅助用具。钢筋入模时，应平直、无损伤，表面不得有油污、颗粒状或片状老锈，且应轻放，防止变形。保护层垫块应根据钢筋规格和间距按梅花状布置，与钢筋网片或骨架连接牢固，保护层厚度应符合国家现行标准和设计要求。构件连接埋件、开口部位、特别要求配置加强筋的部位，应根据图纸要求配制加强筋。加强筋应有两处以上部位绑扎固定。绑扎丝的末梢应向内侧弯折。

钢筋在流水线上进行绑扎制作，每条流水线上钢筋绑扎可以设置若干台座，分别绑扎构件不同部位，绑扎好的钢筋笼则与底模一起整体移动，在各个台座进行不同部位的钢筋绑扎。一节段钢筋笼全部绑扎完成后，连同底模一起向右移动至浇筑台座进行浇筑施工，使钢筋绑扎台座与浇筑台座形成一个不间断生产的流水线，大幅提高构件钢筋绑扎效率。

钢筋加工区可设置于每条生产线钢筋绑扎台座的一侧，也可根据场地需要设置于绑扎区域后端，钢筋在此区域完成卸车、裁切、焊接及弯曲成形等加工，甚至绑扎成钢筋网片后，搬运至钢筋台座处进行绑扎。

3. 混凝土浇筑

构件现场预制所用混凝土为搅拌站供应的商品混凝土，搅拌站每天生产混凝土之前测定砂石含水量一次，如因下雨或其他因素导致含水量发生变化，应立即测定，及时调整混凝土施工配合比。搅拌站电子计量的精度为：水泥、水、外加剂 1%；砂石料 2%；混凝土坍落度控制在 5～7cm。保证拌制混凝土所需的水泥、砂石料、外加剂、水等材料配合比符合规范要求。

混凝土强度等级、混凝土所用原材料、混凝土配合比设计、耐久性和工作性应满足现行国家标准和工程设计要求。混凝土浇筑前，应检查和控制模板、钢筋、保护层和预埋件等的尺寸、规格、数量和位置，其偏差值应满足相关规定。此外，还应检查模板支撑的稳定性以及模板接缝的密合情况。模板和隐蔽工程项目应分别进行预检和隐蔽验收。符合要求时，方可进行浇筑。混凝土浇筑前，应清理干净模板内的垃圾和杂物，且封堵金属模板中的缝隙和孔洞、钢筋连接套筒以及预埋螺栓孔。混凝土浇筑时应控制混凝土从搅拌机卸料到浇筑完毕的时间，不宜超过表 9-3 规定。

表 9-3　混凝土浇筑时间

混凝土强度等级　　气温	≤25℃	>25℃
<C30	60min	45min
≥C30	45min	30min

混凝土浇筑时投料高度不宜大于 500mm，并应均匀摊铺。混凝土浇筑成型应采用机械振捣密实。混凝土浇筑过程应连续进行，同时观察模板、钢筋、预埋件和预留孔洞的情况，当发现有变形、移位时，应立即停止浇筑，并在已浇筑混凝土初凝前对发生变形或移位的部位进行调整，完成后方可进行后续浇筑工作。

构件混凝土浇筑宜采用水平分层连续进行施工，全断面浇筑可按照分层划分为若干部分进行浇筑，总浇筑时间尽量控制在最短时间内。

浇筑时严格控制振捣时间，减小过振与振捣时间不足带来的沉降收缩裂纹和麻面等混凝土缺陷的出现。混凝土振捣过程中应该注意的事项如下：

(1)采用插入式振捣棒分层振捣密实，下料每层厚度为 20~30cm。

(2)层间振捣相隔不得大于 45min。

(3)振捣棒应做到快插慢拔，直到混凝土表面液化并无气泡溢出为止，每次插入深度应控制在进入下层的 5~10cm。

(4)多根振捣棒同时振捣，其间距应小于振捣器的有效作用半径，并按照一定的方向移动，不得漏振。

(5)做好管口振捣及抹光工作。初凝前完成收面抹平工作，终凝前完成压光工作。

4. 构件养护与存放

浇注的混凝土初凝后应覆盖并浇水养护，始终保持潮湿状态。养护时间根据现场条件和设计要求，一般为 3~7d。

冬季施工时，为了加快预制速度可考虑采用蒸汽养护。现场布置蒸汽管道，养护方法为：混凝土浇筑完成以后放置 1h，然后盖上养护罩，通入蒸汽，在 1~2h 内升温达到 70℃，持续 3~4h 后降温，降温过程应超过 2h，降至与外界同温后拆除内外模，脱模后再盖上养护罩，升温 1h 达到 40℃，持续 4h 后降温，降温过程应超过 2h，降至与外界同温。蒸汽养护完成后继续对构件用人工浇水的方法进行养护。

构件养护至符合要求后，可移至存放区存放。存放时应做好成品保护工作，防止构件受损。

预制构件养护可采用自然养护和加热养护等养护方式，具体可根据气温、生产进度、构件类型等影响因素选择合适的养护方式。根据场地条件及预制工艺的不同，加热养护方式可分为：平台加罩养护和立体养护窑等，分别适用于固定台座和机组流水线生产组织方式，其中立体养护窑占地面积小，而且单位养护能耗较低。

预制构件加热养护制度应分静停、升温、恒温和降温四个阶段，养护过程应符合下列规定：

(1)静停时间为混凝土全部浇捣完成后到进入养护室前的时间，不宜少于 2h。

(2)升温速度不得大于 15℃/h。

(3)恒温时养护最高温度不宜超过 55℃，恒温时间不宜少于 3h。

(4)降温速度不宜大于 10℃/h。

(5)采用加热养护时应注意预埋热塑性等部件的变形情况。

(6)加热养护完成后，预制混凝土构件表面温度与环境温度的温度差不高于 20℃时，方可运出养护室进行脱模工作。

预制构件堆放场地应硬化处理，并有排水措施。构件成品应按合格区、待修区和不合格区分类堆放，并应对各区域进行醒目标识。预制构件堆放时受力状态宜与构件实际使用时受力状态保持一致，否则应进行设计验算。预应力构件堆放应根据预制构件起拱值的大小和堆放时间采取相应防护措施。

预制构件应根据其形状选择合理的堆放形式。立放时，宜采取对称立放，构件与地面倾斜角度宜大于 80°，堆放架应有足够的承载力和稳定性，相邻堆放架宜连成整体；平放时，搁置点一般可选择在构件起吊点位置或经验算确定弯矩最小部位，每层构件间的垫块应处于同一垂直线上，堆垛层数应根据构件自身荷载、地基、垫木或垫块的承载能力及堆垛的稳定性确定，且不宜多于 6 层。垫块宜采用木质或硬塑胶材料，避免造成构件外观损伤；对于连接止水条、高低口、墙体转角等薄弱部位，应采用定型保护垫块或专用套件做加强保护。

5. 质检

预埋件、插筋和预留孔洞的规格、位置和数量应符合标准图或设计的要求。预制构件不应有影响结构性能和安装、使用功能的尺寸偏差。对超过允许尺寸偏差且不影响结构性能和安装、使用功能的部位，应经原设计单位认可，按技术处理方案进行处理，并重新检查验收。

预制构件的混凝土起吊强度、预应力放张强度和质量评定强度试件，应按预制构件的类型、生产工艺和最终质量评定要求留置和检验，并应按现行国家标准《混凝土强度检验评定标准》GB/T50107 的规定评定。

预制构件的外观质量不宜有一般缺陷且不应有严重缺陷。对已经出现一般外观缺陷的构件，应按技术处理方案进行处理，重新检查验收；对已经出现的严重缺陷应经原设计单位认可后，再按技术处理方案进行处理，重新检查验收。

6. 构件预制注意要点

(1)构件防裂的措施。在混凝土初凝之前再抹一次面，可有效减少混凝土外露面干缩裂缝的数量。

(2)混凝土的现场初凝时间确定。因混凝土的初凝时间与重塑时间相近，故用混凝土的重塑时间来控制其初凝时间(用插入式振动器靠自重插入混凝土中,振动 15s,周围 100mm 内能泛浆,并且拔出振动器时,不留孔沿即为重塑)。

(3)混凝土的修整。混凝土的缺陷形式有很多,如蜂窝、露筋、麻面、色差、胀模等,这些都是表观缺陷,是小的缺陷。混凝土在浇筑过程中出现由分层产生的细小沉降收缩裂纹,在养护过程中混凝土表面水分蒸发大于混凝土泌水速度产生的细小塑性收缩裂纹及振捣不够产生的麻面,可采用涂抹环氧水泥浆来修补,有效增强混凝土的表面光滑度及抗渗性。漏浆产生的缺陷、构件起吊过程中产生的缺陷,采用预塑砂浆的填充来修补。

混凝土构件的接口需满足接口抗渗,施工安装方便,可用于开槽施工工法也可用于不开槽顶进工法施工。

图 9-4 所示为用于异形混凝土涵管的接口设计,采用双胶圈密封,主要目的是预制混凝土为大型构件,施工中需要能即时检查安装质量,确保接口不渗漏,保证建成的地下道路内干燥,安全运营。

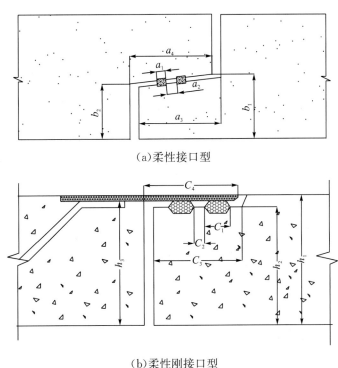

(a)柔性接口型

(b)柔性刚接口型

图 9-4 混凝土构件接口形式

9.3.4 构件运输

根据构件外形尺寸及重量,合理选择运输车辆。运输注意事项如下:

(1)做好各项运输准备,包括制定运输方案,选定运输车辆,设计制作运输架,准备装运工具和材料,检查、清点构件,修筑现场运输道路,察看运输路线和道路,进行试运行等。这是保证运输顺利进行的重要环节和条件。

（2）构件运输时，混凝土的强度应达到设计强度等级的100％。构件的中心应与车辆的装载中心重合，支承应垫实，构件间应塞紧并封车牢固，以防运输中晃动或滑动，导致构件互相碰撞损坏。运输道路应平坦坚实，保证有足够的路面宽度和转弯半径。还要根据路面情况掌握好车辆行驶速度，起步、停车必须平稳，防止任何碰撞、冲击。

（3）构件运到现场，按结构吊装平面位置采用足够吨位的吊车进行卸车、就位、安装，尽量避免二次转运。

9.3.5 构件拼装

1. 构件拼装施工工艺

预制节段拼装工艺，简单概述就是：把整个构件分成便于长途运输的小节段，在预制场预制好后，运输到现场，由专用节段拼装设备逐段拼装成孔，逐段施工直到结束。

1）构件拼装工艺流程

在城市核心道路建设中，构件节段拼装工艺技术主要流程是：首先进行设备组装、设备检测及专家审查验收、节段吊装；接下来进行首节段定位，首节段定位应在基坑开挖、支护的基础上进行测量控制；然后安装螺旋千斤顶作为临时支座，在测量控制的基础上拼装后续节段、张拉永久预应力、管道压浆，对地下道路和垫层之间的间隙进行底部灌浆、落梁，逐段拆除各节段的支撑，拼装设备过孔。依同法架设下一孔，浇注各孔端部现浇段混凝土，处理变形缝，使各孔地下道路体系连续，这样就完成了节段拼装。

2）构件拼装施工技术

构件拼装施工过程中，节段拼装应具备几个条件。一是基坑开挖及支护。基坑开挖采用放坡开挖，垫层标高应比道路底面低2cm，以确保地下道路的拼装。二是临时支撑。一般来说，在地下道路节段拼装过程中，临时支撑采用C20钢筋混凝土条形基础，每孔道路布置两条C20钢筋混凝土条形基础，分别在左右两侧，钢筋混凝土条形基础的中心线距离地下道路边缘15cm（距道路中心线250cm）。三是节段拼装设备，应根据节段的质量和尺寸选用。拼装施工应把握好首节段的定位、节段胶拼、临时预应力张拉三个关键点。另外，完成两孔地下道路拼装后，即可进行湿接缝施工。

3）构件拼装施工后的防水

构件拼装施工后的防水，应待道路构件拼装施工全部完成后，再进行防水施工，施工部位为地下道路顶板及两外侧立面。道路外包防水可采用防水涂料或防水卷材（黏结）。防水施工完成后，道路顶面铺钢筋网，浇筑混凝土保护层，侧面抹水泥砂浆隔离层。防水施工时，基面需要坚实、平整、无缝无孔、无空鼓；预留管件需安装牢固，接缝密实；阴阳角为10mm折角或弧形圆角；表面含水率小于20％。

2. 构件拼装质量控制

地下道路工程质量直接影响着交通的正常运行。预制拼装法道路的质量控制有以下几点：

1）首节段定位

首节段作为整孔拼装的基准面，在道路建设中，首节段定位是关键。城市核心道路建设中地下道路节段的施工，应在一跨节段吊装就位后，借助全站仪监测，结合起重天车及千斤顶对首节段进行调整，使其偏差控制符合要求后再将节段固定，以控制地下道路节段的施工质量。首节段准确定位，对后续节段拼装就位非常重要。

2）节段试拼、涂胶和拼装

节段运至施工现场前先对相邻节段的匹配面进行试拼接，验收合格后方可运至施工现场，同时检查预应力预留管道及相关预留孔洞，保持畅通。相邻节段结合面匹配满足地下道路工程结构总体质量要求。节段涂胶时环氧涂料应充分搅拌，确保色泽的均匀。在环氧涂料初凝时间段内控制好环氧搅拌、涂料涂刷、节段拼接、临时预应力张拉等工序，保证拼装的质量。

3）临时预应力

涂胶后的节段，应及时施加临时预应力，使相邻接合面紧密结合。预应力的控制，应根据要求提供的预制节段结合面承压进行。张拉时采用三级逐步加载，以防止结合面受力不均。另外，应进行监测点数据采集（轴线、高程）与线形调整，张拉后对各节段监控点予以采集、计算，并通过临时支撑千斤顶，对地下道路的线型与高程偏差予以调节，以满足要求。

9.3.6　防水措施

防水施工质量控制不好，不但影响道路的正常使用，而且会使混凝土腐蚀，钢筋生锈，影响工程结构安全。为此，施工中应严格控制各工序施工质量。

1. 接头防水

预制构件接头是预制拼装结构的薄弱环节。在节段接头处做好防水措施至关重要。对于地下快速道路预制构件接头防水设计可采用中埋式止水带与遇水膨胀橡胶条、嵌缝材料复合防水设计，接头外部施做防水卷材。

止水带在遇水后会逐渐膨胀，最后会缓慢堵塞遍布存在的毛细孔隙，与混凝土界面的接触更加紧密，从而产生较大的抗水压力，形成不透水的可塑性胶体，从而达到防水效果。中埋式橡胶止水带是一种主要用于混凝土变形缝、伸缩缝等混凝土内部的止水带产品，具有以橡胶材料弹性和结构形式来适应混凝土伸缩变形的能力。图 9-5 为接头防水结构示意图。

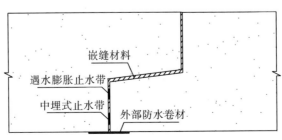

图 9-5　接头防水结构示意图

2. 结构防水

结构防水是指在结构外部混凝土表面施做防水材料，对混凝土起到保护作用。目前地下工程中被应用的防水材料已有很多品种，功能和效果也各不相同。地下工程广泛地使用防水材料，很好地提升了地下工程的防水效果。预制结构防水材料主要有以下几种：

1) 防水卷材

防水卷材适合被应用于地下水环境以及有振动产生的地下工程。卷材防水的分类主要为高聚物改性沥青类或合成高分子类。对于防水卷材的性能要求，应具有良好的耐水性、耐久性、耐刺穿性、耐腐蚀性和耐菌性。防水卷材施工前，应保证基面干净、干燥，并涂刷基层处理剂。卷材防水层应铺设在混凝土结构主体的迎水面。

防水卷材主要分为沥青类防水卷材和合成高分子类防水卷材，如表 9-4 所示。

表 9-4　防水卷材分类

类别	品种名称
沥青类防水卷材	弹性体改性沥青(SBS)防水卷材
	塑性体改性沥青(APP)防水卷材
	改性沥青聚乙烯胎防水卷材
	自粘聚合物改性沥青防水卷材
合成高分子类防水卷材	三元乙丙橡胶防水卷材(EPDM)
	聚氯乙烯(PVC)防水卷材
	聚乙烯丙纶复合防水卷材
	高分子自粘胶膜防水卷材

2) 防水涂料

防水涂料主要分为有机型和无机型。防水涂料在使用时应保证基层处于干燥的状态。涂料防水层应具有良好的耐水性、耐久性、耐腐蚀性及耐菌性，而且应无毒、难燃、低污染。防水涂料的种类和特点如表 9-5 所示。其中无机防水涂料具有良好的湿干黏结性和耐磨性；有机防水涂料具有较好的延伸性和较大适应基层变形能力。两种涂料在使用上不相同，无机防水涂料可以在潮湿的环境中使用，而有机涂料不允许。有机防水涂料只能应用在结构的背水面，并且与基层能很好地黏结在一起。

表 9-5　防水涂料分类

类别	品种名称
无机防水涂料	水泥基防水涂料
	水泥基渗透结晶型防水涂料
有机防水涂料	反应型防水涂料
	水乳型防水涂料
	聚合物水泥防水涂料

3. 防水施工

防水施工时，基面需要坚实、平整、无缝无孔、无空鼓；阴阳角为 10mm 折角或弧形圆角，基面应基本干燥。垫层铺设卷材时，四周应留出接头，待结构拼装完成后将接头铺设在侧墙上；两幅卷材短边和长边的搭接宽度均为 100mm；一般可用叉接法，使卷材相互连接，将上端收头固定在墙上。

防水卷材黏结方法有热熔法和冷黏法：热熔法使用火焰加热器或热空气焊枪融化热熔型卷材的热熔胶使卷材黏结在一起，如图 9-6 所示；冷黏法使用冷胶黏结剂将卷材粘在一起。

图 9-6 热熔法卷材黏结

防水卷材铺设完成后应及时施做保护层，保护层的作用是保护防水卷材不被回填土或施工机械碰撞与穿刺，保证防水卷材完整，并在建筑物出现不均匀沉降时起到滑移层的功能。侧墙保护层可以采用防水砂浆或者永久保护墙(图 9-7)，顶板保护层可采用细石混凝土。

图 9-7 防水卷材保护墙

9.4　结　　语

　　预制拼装技术的应用需要结合实际工程情况灵活运用，在实际工程中才能发现问题，解决问题，并且不断优化和创新，使预制拼装技术愈发成熟。地下快速交通系统的建设采用预制拼装技术，适应未来建筑行业的发展方向。随着国家对预制拼装技术的推广和科技的进步，预制拼装技术将会在实践过程中不断完善，快速发展。

第 10 章　国外地下公路发展概况

10.1　城市开发地下交通的必要性

城市内的交通与城市间的交通不同，很难选择水运交通，水运有地理条件的限制，河流、湖泊很难形成网络，其交通状况也很难避免换乘等问题，且运行距离和运行速度都有限。在今天的技术条件下，不仅城市内的交通，就是城市间的交通都已经和正在被高速公路所代替，只有某些以旅游为目的的水运就另当别论了。

空运虽没有地理条件的限制，但由于其技术条件复杂，运行成本高，它需要有较长的距离，最好有难以跨越的地理障碍如海洋高山时，才能发挥其特点。随着技术的进步和人们经济承受能力的提高，空运越来越成为城市间普及的交通方式。城市内发展个体的、急救的空运有现实的需要。

从地面上来看，市区的街区道路若只是平交，就很难避免红绿灯停车和塞车现象。修建环线是一种解决交通的办法，为了快速还得立交，一环一环地扩大，路程越来越长，占地面积越来越大，出行时间不能缩减，而且也解决不了市中心的交通拥挤问题。人们要寻求没有红绿灯的快速交通系统，就只有从地下空间中开发。现时地下交通有两种体系，一种是有专用轨道和车辆的交通系统，另一种是地下公路和与地面通用汽车的交通系统，它是地面交通的扩展。对于这两种系统我们要从研究它们的特点出发，全面规划地下交通体系。

据新华社北京 2001 年 12 月 8 日电称，12 月 7 日，一场中雪致使北京的地面交通大面积瘫痪，塞车的高峰时期整个城区的大街小巷似乎都成了阡陌相连的停车场，乘车出行的人在路上耗费的时间，比平时增长了 5～10 倍，这仅是一种恶劣气候所带来的对地面交通的影响。从西单出发的民航班车到机场花了 7 小时 35 分钟；我国有第一街之称的长安街，从建国门到复兴门在六至八车道的街面上排了八至十排车，成了中国最大的停车场；许多立交桥因坡度太陡，路面一旦结冰，汽车很难爬上去，成了卡脖子的地段；此外由于塞车、事故和管理上的问题，也加剧了下雪带来的影响。所以城市交通要避免受不良气候的影响，应着实考虑规划和建设地下交通网，这一点对我国的北方城市尤其重要。

10.2　地下快速公路网的特点

地下快速公路和地面公路是同一种道路，车主们使用自己的汽车，不需要专用车辆。因此地下快速公路是地面公路的延伸、扩展和快速。又由于地下是一个空间，在需要交汇的地方可以很方便地形成立交，完全消除红绿灯的影响。地下公路和地面建筑没有直接的联系，它可以根据线路的效益来布置出入口，或者转入到其他快速地下公路。这一系统的建立把地下快速公路和地面公路融为一体，相当于铁路上的快车和慢车，地下公路相当于快车系统，地面公路相当于慢车系统。车辆在地下快速运行长距离的区间后又可以融入慢车系统，可以到每个小区、每栋建筑物前停车，即不需要换乘，可以从始发点直达目的地，更不用为进站、出站和等车花费大量时间。人们的出行速度可以提高到60km/h，同时也改善了尚未进入地下快速公路网的车辆运行状况。这样相当多的车主们愿意为他们的旅程每公里支付较高的费用，而不愿意使用公共交通，这是因为小车缩短了整个交通时间。这也是城市相当一部分阶层的人们对城市交通的需求。

地下快速公路网可以选择量大面广的小车作为运行对象，相对可以用较小的地下空间断面来运行较多的车辆。该系统有线路、车辆出入口，但没有车库、检修场和动力站等设施；该系统有照明系统、通风系统和监控信号系统，但比地铁的相同装置简单得多。随着车辆清洁能源的使用，通风、除尘集中后处理更加有效和方便，城市环境更易于保持清洁。

地下快速公路网每千米的建设成本大体上为地铁系统的 1/2，该系统的运行也比铁道简便得多，其开支也不会高。它的收费标准可以依据系统造价、运行成本和适当利润制定，车主们的承受能力比城市居民强得多，因此改善交通和收回投资的目的是完全可以达到的。

10.3　国外地下公路发展概况

10.3.1　韩国釜山

近年来釜山市交通拥堵问题越来越严重。为了缓解交通拥堵的状况，釜山市政府决定在地下 40m 的地方修建总长度为 87km 的高速路，这种高速路被称为地下高速公路。

为了改善交通拥堵的问题，釜山市将会在地下修建 5 条高速公路，1 条为南北走向，另外 4 条为东西走向，这 5 条高速公路的总里程将达到 87.77km。据釜山市政府相关人员透露，南北走向的高速公路和东西走向的 1 号高速公路在 2015 年开工，预计将会在2019 年竣工；东西走向的 4 号高速公路于 2015 年开工建设，2019 年实现通车；其他两条高速公路还没确定具体的开工日期。

地下高速公路经过釜山交通拥堵最严重的地区，比如西面、黄岭山隧道周边、万德路口和南浦洞等。因此，地下高速公路的建成将会大大缓解这一地区交通拥堵的状况。例如，三山路口到中央洞这段距离，在地上的道路行走需要 40～60min。但如果从地下高速公路走，仅需要 10min 左右。

地下高速公路将会修建在地下 40m 的地方。釜山市道路规划部部长林京茂表示：现在城市的地上道路已经趋近饱和，再建设新的道路几乎是不可能的，而且修建道路的花费也相当庞大。

釜山市政府透露，这 5 条地下高速公路的总预算为 48 257 亿韩元。一般来说，在地上修建道路每千米大概要花费 676 亿韩元，因此建设 87.77km 的道路大概要花费 59 300

亿韩元，和地下高速路的 48 257 亿韩元相比要多花将近 11 000 亿韩元。除此之外，专家们在考虑釜山市的现状后认为，在地上修建同等规模的高速路几乎不可能，而且市政府也表示，考虑到釜山的高层建筑等因素，在地上修建高速路缺乏可行性。

按照计划，修建这些地下高速公路的资金大部分是民间资本，另一部分是由财政出资。据悉，有一部分大型建筑公司想参与东西走向的 1 号高速公路建设。但是也有人批评地下高速公路建设的经济性和可行性。虽然地下高速公路的建设费用比地上高速公路低，但这笔开支仍然是个天文数字，施工中如何保障安全也是一个需要考虑的问题。而且，如果使用民间资本建设地下高速公路，建成后的道路通行费也是不小的负担。

10.3.2　西班牙马德里 M-30 环线工程

M-30 环线改造项目也许是近几年欧洲最重要的土木工程项目。M-30 是环绕马德里的第三条环线公路，于 1929～1941 年间规划为马德里的外环线，但直到 20 世纪 70 年代才开始修建，20 世纪 90 年代初期该工程的北段部分才竣工。该工程在西面的线路布局受曼萨纳雷斯河和广场之家大型城市公园的条件限制，而且该工程一些路段的设计和通行能力也各不相同。该工程最后完工路段，即北环线段是安装有红绿灯的城市道路。

通常情况下，工期是非常硬性的规定，因为设计、采购和建设都必须于市长任期内完成。但应该始终牢记要优先考虑安全因素，同时成本也是一个要考虑的因素。M-30 环线工程的最初预算达到了惊人的 30 亿欧元，因此需要非常密切地关注成本控制。另外，要将对城市正常活动的影响降到最低。M-30 环线每天的车流量达 26 万辆，该处交通的任何中断都会在整个城市内引起必然的连锁反应。

M-30 环线的改造方案多数情况是立交桥的改建和扩建。也许该工程中最优秀的设计是南绕行段的建造，这是一条长 4km、直径为 15m 的双孔隧道。工程中的其他亮点包括允许车辆直接进入市中心的新建隧道以及 M-30 环线沿河地下段。总长超过 70km 的隧道，包括立交桥的新建及改建预算为 30 亿欧元，所需资金以公私合作形式提供，市议会在其中占有 80% 的权益。

10.3.3　莫斯科计划兴建地下公路

莫斯科正在计划并兴建了多条地下公路，以减轻地面交通拥挤的状况。根据莫斯科长期发展计划的要求，这些新的公路在 2000 年之后可供使用。

莫斯科现已有三条环形公路。一条长 110km，位于城的外围，还有两条位于城内(一条长 9km，另一条长 16km)。现在进行的工作是在内外环形公路之间增辟两条环形公路：一条长 35km，另一条长 50km。两条公路目前即将基本完工。

这项公路建筑计划反映了交通运输量的大量增长，已对莫斯科的通衢大道产生越来越大的压力。采取禁止重型货车通过城市中心的一类措施，也只能部分地减轻这一压力。莫斯科的交通运输量，现在每年平均增长 10%，高峰时，在市中心的大道上每小时的汽车流通量高达 10 000 辆；在市内的环形公路上，每小时的车流量达到 14 000 辆。

莫斯科的工程技术人员面临这样的问题：现有 3500km 长的莫斯科公路，大部分都通过市中心，因此，为了使公路运输避开市中心，就只好建设新的环形公路并计划建设地下公路。

然而，迫于交通运输方面的压力，莫斯科的城市规划人员，最近打算利用计算机对城市交通实行控制。即将使用的计算机系统能记录公路上的行车数量。配置的交通信号灯，也可以使交通量处于最佳的流动状态。在莫斯科的大道下将安装无数个传感器把交通运输的信息数据传送到中央计算机。

10.4　经验教训及关键因素

10.4.1　事先制定设计标准

事先制定设计标准是非常重要的。如我们所熟知，在城市环境中开发地下工程项目所遇到的岩土情况，是与位于市郊的工程项目情况不相同的。由专家提供咨询建议的管理团队同样很重要，他们应针对全部工程就土工技术参数、功能设计以及工程解决方案等制定有效的标准。在工程设计完成以前制定设计标准有如下优点：能够快速做出决策并制定同类方案，其结果是可以更加容易地处理可能引起的事件及应该在施工期间进行的整改。这使设计变得更加明晰和有效，并且还能节约成本。

最后需要拥有高度专业化的团队，以便顺利执行这些预先制定的设计标准。咨询团队应拥有多学科知识和丰富经验并以强大的企业作为后盾。这样就能在施工与运营期间节省成本。

10.4.2　由管理团队选择施工方法

施工方法必须由设计团队来制定。而对于那些没有项目协作观念的设计团队，则不应有制定施工方法的绝对自由权。

10.4.3　实时监控

实时监测与分析是工程成功的关键。通过基于实时 EFG 数据的软件就可以存取每个地下连续墙构件的修建情况、拼装的管片环数，从而达到控制施工的目的。同时，还可实时存取监测数据。这就意味着每一分析步骤都可以在控制室得到实时图形显示，对工程的正确监督来说非常重要。

10.5　结　　论

综上所述，成功发展城市地下基础设施的因素可总结为以下几点：

（1）由于在设计与施工阶段会产生很多问题，因此必须随时做出决策，并且必须立即实施安全解决方案。未制定解决方案所花费的成本比停工造成的成本要高。

（2）项目应由有促进作用的公共机构的团队直接管理。管理小组拥有对项目的完全决策权。

（3）对于项目的成功来说，施工方法的适当选择非常关键。重要决策应该由管理小组制定而不是由各个设计小组制定，因为这些设计小组不具备对整个项目进行全盘考虑的能力。

（4）在争端出现之前就应该尝试去解决它，但是一旦出现争端则应该从技术层面上协商达成一致。

（5）对安全的考虑应该优先于成本和工期。在精心设计、强力控制和安全措施方面所花费的成本是较少的。

（6）使用强有力的隧道掘进机，从长远来看节约了成本。到目前为止，这是最安全的施工方法，如果正确使用的话也是最快捷的方法。

第11章　城市智慧交通

城市智慧交通系统(Intelligent Transport System，简称 ITS)是当前我国推行打造智慧城市的重要组成部分。城市发展离不开交通运输，城市交通系统是一座城市人力、物力资源高效流动的根本保障。随着当今城市规模不断增大，城市化进程深入推进，今后一段时间内城市人口数量会加速增长，城市交通压力继续增大。从国内目前几座一线城市来看，经济增长会带来人口增长，随后带来严重的交通拥堵状况，城市资源流转时间严重浪费，经济效益增长受到限制(图 11-1)。因此，对新型的城市智慧交通系统(ITS)进行开发、研究并在当前国家发展情况下合理运用，是非常值得的。

图 11-1　城市交通拥堵

11.1　城市智慧交通介绍

11.1.1　ITS 的基本概念

城市智慧交通系统(ITS)又称为城市智能交通系统，它是智慧城市的一个重要分支(图 11-2)。ITS 是一种在大范围内、全方位发挥作用的，实时、准确、高效的综合运输和管理系统。其目的是使人、车、路密切配合达到和谐统一，发挥协同效应，极大地提高交通运输效率、保障交通安全、改善交通运输环境和提高能源利用效率。城市发展至今，各行各业对城市交通系统依赖性越来越大，几近于无交通无发展的地步，因此要顺利推行建设智能交通系统，就要与相关行业密切结合，增强交流，在智能交通设计之初就考虑到今后可能出现的问题与应对措施。交通智能化更多的是将人力控制权集中，将原本繁杂的人类劳动用智能器械运作代替，智能机械相较于人类而言，有着稳定、经济、易掌控、易修整、易监督等优势。在今后，智能化设备将大量装备在个人之间，使城市方方面面都将变得更加规范合理，运作效率和居住舒适性大大增强。

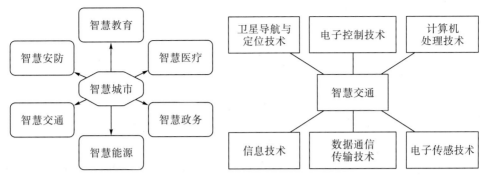

图 11-2　智慧城市组成　　　　　图 11-3　智慧交通系统涉及领域

城市智慧交通系统涉及面十分宽泛，是运用高新科学技术手段组成的，旨在改善交通状况、缓解交通问题的各种技术系统。相关的高新技术主要包括：信息技术、计算机技术、自动控制技术、通信技术等(图 11-3)。改善交通状况主要是指提高交通运输效率和汽车行驶性能；缓解交通问题主要是指减少交通事故和降低交通对环境的污染。

11.1.2　建立 ITS 的技术关键

ITS 是未来城市建设的重点，建设难度大，涉及面众多，若不对建设过程中的关键点进行研究，在建设过程中势必会遇上困难。对于 ITS 建设，首先要搞清 ITS 的主要内容，弄清智能交通系统内的具体划分和关键部分；其次，在了解 ITS 主要内容情况下，应当对 ITS 的结构体系进行研究，将整个系统进行深度划分和逻辑梳理，使今后从事设计的相关人员有清晰可靠的参考标准；最后，在前基础上，应当对 ITS 的最基础层进行研究，也即研究 ITS 的相关基础设施，这是整个智能交通系统投入运营使用的实现环节，是从理念到实际的飞跃，主要设施的选用与选用合宜性，将直接影响工程是否有利于改善现有状况以及工程的经济性。

ITS 是城市交通智能化的产物，其主要内容应当涉及四大系统，即先进出行者信息系统(Advanced Traveler Information System，ATIS)、先进交通管理系统(Advanced Traffic Management System，ATMS)、先进公共交通系统(Advanced Public Transportation System，APTS)以及先进车辆控制系统(Advanced Vehicle Control System，AVCS)。这四大系统是 ITS 建立的关键之一。先进出行者信息系统针对出行者，在出行前通过办公室或家庭的网络终端、咨询电话、资讯广播系统等，向出行者提供当前的交通和道路状况，让出行者对此次行程能有预估了解。先进交通管理系统则是针对交通管理者，拥有高度集成化的系统，通过先进通信技术、自动控制技术以及视频监控技术等将整个交通状况进行全面实时整合、记录，将繁杂的人事管理大大简化。先进公共交通系统是交通系统中的一大重要组成，随着城市发展，公共交通将逐渐代替私家车成为城市主要交通运输手段，而公共交通系统智能化将大大加快这一进程。其出发点是利用当代高新技术：电子、信息、GPS、GIS 等，提高交通系统中的人、交通设施、交通工具之间的联系，提高运营效率，降低运营成本。虽然公共交通将成为主导，但其他车辆系统仍旧会继续增长。因此，不只是对运营系统要进行优化，同时也要对交通工具本身进行研发，而先进车辆控制系统就是针对此而出现的，该系统主要针对智能汽车的研制，通过将路障识别、自动报警、自动转向、车速和巡航控制功能等多项功能整合，使交通工具本身智能化，虽然研发难度巨大，一旦获得成功，其各方面的回报和社会积极效应是极其巨大的。

要建立可行的 ITS 系统，离不开合理可靠的体系结构。ITS 体系结构是指系统中的所有子系统之间为满足用户的需求而必须具备的功能。可靠的 ITS 结构体系有重要的意义。首先，ITS 本身比较复杂，涉及面广，需要有一个指导性的框架帮助设计者理解这个系统的结构；其次，在庞大的 ITS 体系中有许多子系统，ITS 体系结构为 ITS 的各个部分提供了统一的标准，保证了各部分相互协调、集成的可能性；最后，ITS 结构体系使得 ITS 成为一个拥有高度完整性和优秀扩展性的系统。目前 ITS 体系结构的构建方法有结构化方法和面向对象的方法，各有自身特点(表 11-1)。在构建 ITS 结构体系时，应主要考虑体系的逻辑结构和物理结构两方面因素。

表 11-1　结构化方法与面向对象方法比较

构建方法 方法描述	主要流程	特点
结构化方法	以功能的抽象与分解为主要手段，按功能之间的联结关系组织数据	结构化方法简单易行，能被大多数工程师理解和接受，便于交流，但用结构化方法开发的系统修改或扩展比较困难
面向对象方法	先确定对象或实体及其与其他对象之间的关系，然后确定每个对象执行的功能，围绕数据对象或实体组织功能，形成单一的相互关联的视图	面向对象方法开发的系统易于扩展和修改，但该方法操作起来比较复杂，而且可读性不强，不利于交流和讨论

对于 ITS 的主要设施而言，不论在哪一种子系统下，除控制机外，系统设施主要由四部分构成：①传感检测设施；②信息传输系统；③计算机硬件；④信息显示终端。这四部分是 ITS 的核心，除此之外应当还有配套的应用软件以作辅助，将各级设施有机联合，发挥最大作用。

11.2　ITS 的 内 容

若要详细理解 ITS 的内容，就应当精确掌握 ITS 的基本功能之外在表现，即减少出行时间、保障交通安全、缓解交通拥挤、减少交通污染等四个方面，其最终目标是建立一个实时、准确、高效的交通运输管理系统。本章 11.1 节已经简要论述了 ITS 的基本功能模块，包括先进出行者信息系统(ATIS)、先进交通管理系统(ATMS)、先进公共交通系统(APTS)、先进车辆控制系统(AVCS)。除此四大主要系统之外，ITS 还应包括商用车运营管理系统、先进乡村运输系统、自动公路系统等更加细分化的子系统。考虑到系统在国外、国内投入运营的情况，这里对前四个子系统进行重点介绍，并结合各子系统的特点，选择不同的侧重点分别予以讨论。

11.2.1　先进出行者信息系统(ATIS)

1. 基本概念

该系统能提供给出行者较为全面的出行信息，主要包括三类：出行前信息、途中信息、目的地信息。能通过办公室或家庭的计算机终端、咨询电话、咨询广播系统等，向出行者提供当前的交通和道路状况以及服务信息，帮助出行者选择出行方式、出行时间和出行路线；在出行途中，通过车载信息单元或路边动态信息显示板，向出行者提供道路条件、交通状况、车辆运行情况、交通服务等实时信息，通过路径诱导系统对车辆定位和导航，使汽车始终行驶在最佳路线上，使出行者以最佳的出行方式和路线到达目的地。

2. 搭建 ATIS 信息共用平台

1)基本概念

ATIS 实现的基础是实现信息化，在这过程中必然会由"先进出行者信息系统"向"先进交通信息系统"发展，其服务的对象将从初始阶段的出行者群体扩展到运输机构以及各个关联企业。在不断地发展扩大过程中，各方信息交互是至关重要的一个环节，信息共通是多方高效协作运转的重要保障，为此，提出搭建共用信息平台是十分合理的观点。共用信息平台是进行系统信息集成的重要手段，它将为各种相关子系统提供引导接入策略和信息共享服务。其具体组成可包括交通运输信息公用基础设施、交通运输信息公用数据仓库、交通运输信息公共数据规范和标准、应用系统开发共享软件库等。

对于一套完善可行的信息共用平台，其应当具备以下功能：

(1)从各子系统中提取共享数据，并对多渠道来源、相互不一致的数据进行数据融合处理。

(2)完成对于实时数据和历史数据的组织，以保证数据间关系的正确性、可理解性和避免数据冗余。

(3)根据服务请求和查询权限对客户系统提供信息服务，对于自身存放的数据直接加以组织输出，对于其他子系统存放的细节数据由共用信息平台提供查询通道。

总之，搭建 ATIS 信息共用平台的根本目的就是将今后规模庞大的 ATIS 系统中的一切信息进行收集、整合、分析、归类、处理、分配等工作，它在 ATIS 系统中占据了大脑的功能，是 ATIS 中所有子系统的链接中枢。

2)信息共用平台组成

智慧交通系统中信息共用平台是整个交通系统的信息枢纽，承担信息中转之重要功能，它应当有全面的信息处理能力，同时也应当有可靠的信息安全保护能力，既要使不同的用户能获得自己所需的信息，同时又要确保数据传输过程中的安全性和共享数据的可操作性以及互用性。

为了使搭建起来的信息共用平台能满足上述要求，可以将城市中的信息共用平台划分为五大模块：智能化公共交通系统共用信息平台、物流共用信息平台、交通管理与控制共用信息平台、紧急事件管理共用信息平台，以及支持路网交通特征预测与诱导的交通仿真实验共用信息平台(图 11-4)。

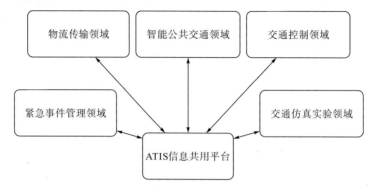

图 11-4　ATIS 信息共用平台组成

3)智能交通信息共用平台的设计理念

根据共用信息平台的功能及不同数据的组织模式,共用信息平台应由如下子系统组成:

(1)数据抽取子系统。主要有两大模块,一个是对内部系统的数据进行抽取;另一个是对外部相关数据进行抽取。

(2)数据融合处理子系统。将基础数据采集系统采集到的数据进行融合处理,针对不同的终端用户的需求提取有用信息。

(3)共用数据库管理子系统。对共用数据进行管理,特定的信息只有具备使用权的用户方可使用。

(4)共享数据统计子系统。对共享数据进行统计工作,并评价共享数据的数据质量,分析出将来各系统的数据需求。

(5)综合信息发布子系统。用于发布一些共享信息,为公众提供交通信息服务,支持政府间协调工作机制的建立。

(6)宏观决策支持子系统。主要是对政府宏观管理进行决策支持服务;

(7)数据请求与调用子系统。主要是实现数据需求的请求与调用功能。

具体系统结构如图 11-5 所示。

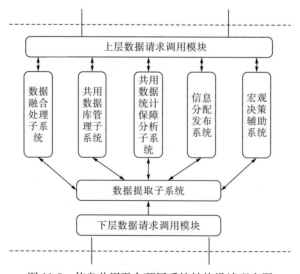

图 11-5　信息共用平台顶层系统结构设计理念图

当设计布置出合理的顶层结构设计理念后，就可以根据实际情况，对具体的部门领域设计出具有特定功能的信息公共平台，最终建立起较为完善可行的 ATIS 信息管理中枢系统，为整个 ITS 高效精准运行提供最可靠的信息操控管理功能，做到交通参与者在出行前、路途中以及到达目的地后均能实时掌控相关信息，提高社会运作效率。

3. ATIS 在国内外运用案例

1）ATIS 在日本的运用

日本国土面积十分有限，交通系统智能化发展起始时间较早，现如今发展也相对较成熟。1990 年，日本开始研发 VICS(Vehicle Information and Communication System)项目，在日本建立了第一个全国统一的提供交通信息服务的通信系统。VICS 采用三种通信方式：红外信标，安装于道路的主要路段；短波信标，安装于乡村区域的道路和高速公路；调频副载波广播。VICS 在 1996 年 4 月正式开始信息服务，覆盖区域包括东京等大城市及主要高速公路。VICS 播放的实时交通信息包括：主要地点间的交通信息、交通拥堵、法规、事故、广域的最优路径信息和道路施工、天气情况及停车场信息等。目前高档的 VICS 车载接收机结合了差分 GPS 和 FM 调频副载波功能，可以进行车辆导航和路径诱导。

2）ATIS 在上海的运用

目前，上海市已投入应用的 ATIS 项目包括：有线通信系统、闭路电视监视系统、道路交通信号控制实时监控系统、计算机网络系统等。

其中，上海市的交通广播电台是全国最早的交通台。1991 年，上海人民广播电台与上海市公安局联合，率先在全国推出了"上海广播电台交通台(648kHz)"，在早晚高峰期间，报道上海主要路段当前的交通状况，引导司机尽早改道，避免堵车。随之，上海市专门成立了"上海城市交通信息中心"，并于 2000 年 12 月正式推出了"上海交通网站"，提供交通与地图智能查询、交通出行指南(公交为主)、交通实时动态信息等。

上海市已建成的交通信息系统见表 11-2。

表 11-2　上海市已建成的交通信息系统

信息系统类别	交通信息系统实体(所属)
道路交通信息系统	上海市交通自适应控制与管理系统(交警总队)
	浦东城市道路交通实时控制与管理系统(浦东交管部门)
	上海市高架道路交通"监控"系统(市政工程局市政处)
公共汽车交通管理系统	大众公共汽车公司
交通信息广播系统	上海市交通信息台(交警总队、上海市广播电台)
轨道交通信息系统	地铁 1 号线交通信息系统(地铁公司)
	铁路交通监控系统(上海铁路管理局)
航空交通信息系统	虹桥机场交通监控系统(虹桥机场)
船舶/港口交通信息系统	吴淞港、十六浦港等交通信息系统

此外，上海市交通信息交互中心正在规划之中，它将是 ATIS 实施应用的一个重点工程项目，该中心旨在形成一个中心集成化的信息交互中心，汇集交通各部门的主要交通信息，进行分类、分析、处理与决策，并且通过两个输出系统向出行公众提供实时出行指导，以及向政府各级部门与领导提供最新的交通统计报告和决策性建议。出行指导信息发布方式包括：因特网、交通信息广播电台、视频媒体、GPS/GIS 实时导航系统、场站/商业中心的交互式询问机等。

上海市交通信息交互中心建设规划主要包括三大部分：

(1)交通信息共享数据库。负责汇集上海市各交通部门的交通信息，并进行动态分类、分析、处理与决策，这些信息将由交通控制、公共交通、交通设施、货物运输与电子收费等系统提供。

(2)综合交通信息发布系统。负责向以各种方式出行的公众提供可靠和实时的出行指导信息，其中包括道路路况信息(拥堵、事故等)、路线导行信息、公交线路信息、公交不同模式换乘衔接信息、以及实时泊车信息等。该系统包括三个子系统：出行者信息系统、路线导行系统、交通换乘衔接与规划系统。

(3)综合交通信息协调系统。负责对交通各系统的信息进行汇集、分析、协调、处理与决策，以及指导各管理系统的信息开发与利用。它的服务对象是政府各级主管部门，除了协调各部门的信息管理外，更重要的是为各级部门领导提供最新的交通决策数据与报告。

上海市在交通信息处理方面也作了大量的研究和开发工作，如现已安装运行的道路交通管理信息系统，包括机动车辆档案电脑管理系统、道路交通状况信息处理系统、机动车驾驶员交通违章处理电脑管理系统、交通事故统计电脑管理系统等。近期，上海将重点投资的项目是上海市交通信息交互中心。

11.2.2　先进交通管理系统(ATMS)

1. 基本概念

先进的交通管理系统——ATMS(Advanced Traffic Management System)，是智能交通系统中一个基本的应用领域。一方面，ATMS 依靠高度的集成化，将通信、计算机、自动控制、视频监控技术融合连接，使得交通工程规划、交通信号控制、交通检测、交通电视监控、交通事故的救援及信息系统有机地结合起来，通过计算机网络系统，实现对交通的实时控制与指挥管理。ATMS 的另一特征是信息高速集中与快速处理，ATMS由于运用了先进的网络技术，获取信息快速、实时、准确，因而提高了控制的实时性。城市 ATMS 的应用使交通管理系统中交通参与者与道路以及车辆之间的关系变得更加和谐，缩短了旅行时间，使城市的交通变得更加有序。

同时，该系统具有向交通管理部门和驾驶员提供对道路交通进行实时疏导、控制和对突发事件做出应急反应的功能。在道路、车辆和监控中心之间建立起通信联系，监控中心接收到各种交通信息并经过迅速处理后，通过调整交通信号，向驾驶员和管理人员提供交通实时信息和最优路径引导，从而使交通始终处于最佳状态。

2. ATMS 的系统组成

先进的交通管理系统(ATMS)是由交通控制与管理系统、交通管理辅助支持系统、电子收费系统等组成的交通综合管理。ATMS 通常由交管部门负责管理，具体的管理部门可以选择布置 ATMS 的部分子系统，如城市路口信号灯、公路交通监控、道路自动收费系统、交通紧急管理以及公路交通车辆管理等方面。通过协助管理系统收集处理后的信息，实时传输到交通信息交互中心。

ATMS 的结构如图 11-6 所示。

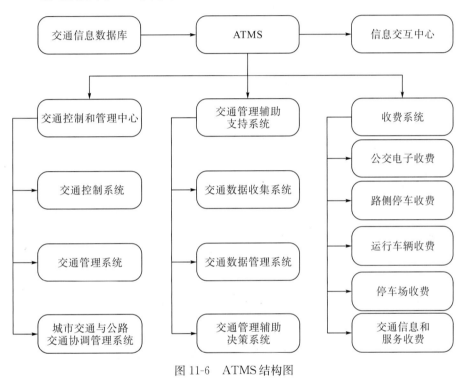

图 11-6　ATMS 结构图

3. 城市交通控制指挥系统设计

1）系统框架

城市交通控制指挥系统框架如图 11-7 所示。

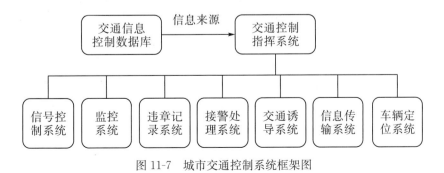

图 11-7　城市交通控制系统框架图

其中，在智能化的交通系统中，交通控制信号系统是尤为重要的组成部分，交通信号控制系统是城市道路交通管理系统中对交叉路口、行人过街，以及环路出入口采用信号控制的子系统，它是运用了交通工程学、心理学、应用数学、自动控制与信息网络技术以及系统工程学等多门学科理论的应用系统。

2) 交通信号控制系统分级设计的基本步骤和理念

首先，根据路口交通流现状和预测，进行交通渠化设计，分析原始交通流数据，通过仿真模型效验，确定控制模式。然后进行交通参数设定，根据交通渠化设计及控制模式的设计要求，完成其他相关设计(包括车辆检测器的检测区定位等)。其次，根据各个路口配备设备的相关性，完成协调设计。然后，确定系统和单点控制的优化目标函数，得出最优信号控制方案。最后，配置路口信号控制机的固化基础参量，并配置主控中心数据库与数据传输设置等。

交通信号控制系统分级设计的基本是应秉持交通信号控制系统的主要控制方法，包括：单点定时多相位信号协调控制，即按时钟调用预设方案，以减少交通冲突，必要时配合早断和迟启；车辆感应实时自适应协调控制，即通过调整周期、绿信比，以及增加有效绿灯时间等，按照交通流的到达情况进行相应的控制；用户优先无电缆干线协调控制，是指在干道上采用的"绿波控制"，通过协调周期、相位差，并照顾行人、公交车、特种车等，对干道交通流实施优先控制；实时自适应区域控制，是指通过优化效益指标、交通流仿真等先进手段，最终实现均衡区域交通流之目的。

3) 交通信号控制系统基本组成及其核心

交通信号控制系统的基本组成是主控中心、路口交通信号控制机以及数据传输设备。其中主控中心包括操作平台、交互式数据仓、效益指标优化模型、数据(图像)分析处理等。交通信号控制系统的核心是控制模型算法软件，是贯穿规划设计在内的信号控制策略的管理平台，体现着交通管理者的控制思想，它包括信号控制系统将起到的作用和地位。

目前，国内外已应用的信号控制系统大多是以优化周期方案、优化路口绿信比以及协调相关路口通行能力为基础的，是根据历史数据和自动检测到的车流量信息，通过设置的控制模型算法选取适当的信号配比控制方案，属于一种被动的控制策略。

应用较多的核心软件即效益指标优化模型软件，是英国运输和道路研究所(TRRL)研制的 SCOOT 系统和澳大利亚悉尼开发的 SCATS 系统，它们是动态的实时自适应控制系统的早期代表，也是未来一个时期交通信号控制系统智能化发展的开发基础。

计算机网络技术和数字化使数据传输和信息利用得到了可靠保障。可以说，城市道路智能交通信号控制系统是城市道路交通管理随着信息产业技术迅猛发展的综合产物。

4. 违章记录处理系统

违章闯红灯车辆记录系统是 ITS 中的"电子警察"(图 11-8)。据统计，违章闯红灯行为是造成交通事故、交通混乱、交通堵塞的主要原因之一，电子警察系统对交通路口闯红灯行为进行 24h 监视，一旦有车辆违章闯红灯，立即抓拍作为处罚依据。目前电子警察主要通过光学相机、摄像机以及数码相机三种主要设备进行执法监控管理，相对而言，摄像机和数码相机因其操作方便、存储量大、易于管理等特点使得目前使用最为普遍。

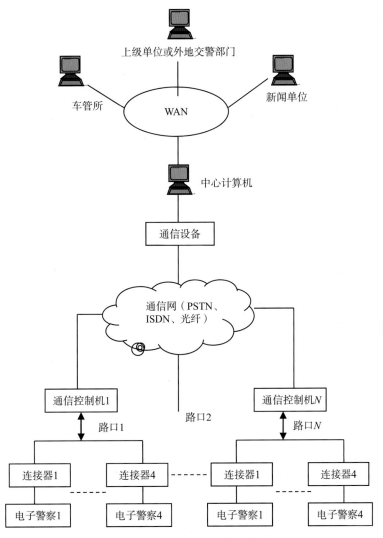

图 11-8　数码电子警察系统

整个违章处理系统由路口电子警察、照片传输、中心设备等主要元素构成，其功能涉及图像采集、车牌录入、违章处理。

5. 收费系统

收费系统将逐步利用更多的电子信息技术，以现金、非现金、手工、非手工相结合的方式，完成与交通相关的费用收取与支付过程。它为业主收取服务费及用户支付通行费、乘车费、行车费等提供了一种综合性的、方便的收支手段。ITS 应逐步地促进收费和支付的自动化。

收费类别包括公交车和出租车的一卡通收费、加油站 IC 卡电子收费系统、停车场使用费的收取、道路桥梁收费等。可以采用人工收费、无人自动收费和不停车收费相结合的方式，并逐步推广不停车收费，尤其是高速道路收费站的不停车收费。

1）系统结构

不同的电子收费模式体现了常见的电子收费应用领域，其系统结构类似，图 11-9 是一个通用的流程图，用来说明电子收费系统的一般系统结构。此外，应该指出，分期、分类建设的收费系统，也必须预留接口，保证不同系统间的兼容性，这样才可能逐步实现交通一卡通。收费流程如图11-10所示。

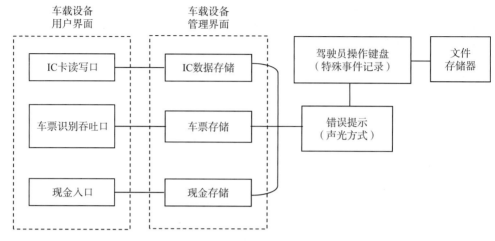

图 11-9　收费系统结构图

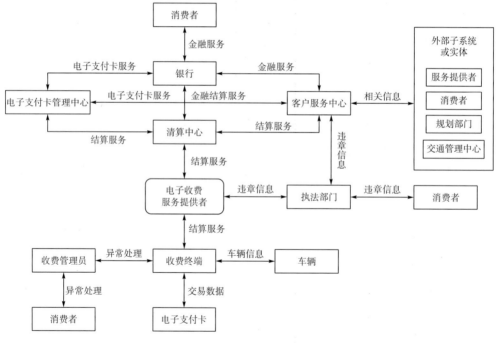

图 11-10　电子收费流程图

2)智能化收费设施

(1)公交电子收费。公交收费主要应用IC卡技术，辅以现金、车票方式来实现。乘车人员通过发卡机构和售票机构及其他代理机构来购买IC卡和车票。IC卡内存有预付的乘车费。公交车(含出租车)内安装车载收费机。当乘车人员需支付乘车费时，通过车载收费机实现自动收费。该方式可极大地减少现金支付方式的烦琐和由此引起的延误，既为用户提供了各种方便快捷的支付方法，又在很大程度上解决了"找零"难的问题。就出租车而言，又可减少出租车被抢事件。此外，各 IC 卡读写器应联网，达到统一结算，杜绝舞弊，提高收费效率。在管理模式上，鼓励使用 IC 卡。可以采用 IC 卡支付最低票价，其次是车票，现金支付最高票价的方式。

（2）路侧停车收费。路侧停车采用 IC 卡和纸币相结合的方式进行收费。在非主干道上允许适度的停车，并自动收取停车费，从而缓解专用停车场对用户造成的不便，为用户带来停车的便利。

（3）停车场收费。停车场应采用人工、现金、电子自动化收费相结合的方式，同时尽可能地利用车辆自动识别技术、专用短程通信技术、电子支付和信息处理技术，实现停车场的现代化管理，从而实现充分利用停车场有效面积的效率化目标，实现高效、快捷的停车服务。在前期采用入口取卡、出口收费的方式。出口收费结合人工收费和自动收费方式，可接收现金、IC 卡的支付。在未来逐渐提高其自动化程度。

（4）提供有偿交通信息服务时的电子收费。利用计算机网络技术、信息处理和传输技术，以互联网和银行联网为基础，在为用户提供方便、多样、快捷的交通信息服务的同时，对有偿使用交通信息和服务的用户自动收取服务费。

（5）道路通行费的收取。在建设初期采用人工收费与自动收费相结合的方式。在后期尽可能多地采用不停车收费方式。自动收费以应用 IC 卡技术为主导。不停车收费应基于车辆自动识别技术、专用短程通信技术、车载智能卡等先进技术来实现道路通行费的收取和管理。这种不停车收费方式完全实现了电子收费自动化，极大地提高了收费效率，是电子收费的最理想方式。

11.2.3　先进公共交通系统（APTS）

1. 基本概念

APTS 主要采用各种智能技术以促进公共运输业的发展，它包括公共车辆定位系统、客运量自动检测系统、行驶信息服务系统、自动调度系统、电子车票系统、响应需求型公共交通系统等。如利用全球卫星定位系统和移动通信网络对公共车辆进行监控和调度，采用 IC 卡进行客运量检测和公交出行收费，通过个人计算机、闭路电视等向公众就出行时间和方式、路径及车次选择等提供咨询，并在公交车辆上和公交车站通过电子站牌向候车者提供车辆的实时运行信息、提供电话预约公共汽车的门到门服务等，最终实现提高公共交通吸引力的目标。

2. 智能化的公共交通系统

智能化的公共交通系统简称 APTS，它可使交通供给动态地适应交通需求，真正意义上实现提高公共交通的吸引力。它有准时、快速与舒适，提供快速、便捷、经济的换乘服务，调度与运营的效率化，优先管理智能化等优点。先进的公共汽车优先系统（Advanced Bus Priority Systems，以下简称 ABPS）又是 APTS 的重要组成部分，其开发研究对于改善中国城市的交通更具特别的意义。

　　智能化公共汽车交通系统结构体系是系统整体建立的基础。ABPS 的基本结构体系包括：先进的公共交通系统的逻辑结构和物理结构。系统结构体系（System Architecture，缩写为 S/A)描述的是：为了实现系统目标，概念地表现系统各要素以怎样的形式相互作用，或作为整体共同作用，描述系统及各要素的功能以及各要素间的信息交换等。

　　1)逻辑结构

　　逻辑结构试图描述系统关于用户服务的功能。它定义了如下内容：

　　①为了满足用户服务要求，先进的公共汽车交通优先系统应具备的功能；

　　②规定了各功能间的关系，即需要在各功能间交换的信息流或数据流；

　　③首先通过功能分解过程定义结构体系内外部元素，然后通过数据流图来描述系统的功能结构。

　　(1)系统功能主要有以下几个方面：

　　①采集信息。主要包括公共汽车行驶状态、公交乘客动态分布信息、运营管理信息（包括相关公共交通换乘系统、道路交通管理信息)等；

　　②处理信息。处理乘客及管理者所需信息、形成最佳调度运营方案、管理业务报表等；

　　③提供信息。指面向乘客、驾驶员和运营管理者的信息；

　　④智能管理。适用于路上交通情况和乘客的需求情况，实现最佳的调度运营与管理。

　　(2)系统的主要构成要素间的基本逻辑关系详见图 11-11。目前国际上 ABPS 的逻辑构成尚未超出这些基本功能。

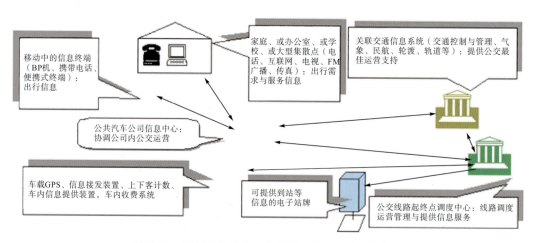

图 11-11　智能化公共汽车交通调度管理系统逻辑框架

　　2)物理结构(Physical Architecture，P/A)

　　基于功能相似性原则和实现功能的定位，把由逻辑结构定义的各种功能分类为各实体系统(图 11-12)，定义了：以 P/A 所定义的功能和构成要素作为输入；通过物理的移动(Transportation)和通信(Communication)等实体来实现 P/A 的功能。

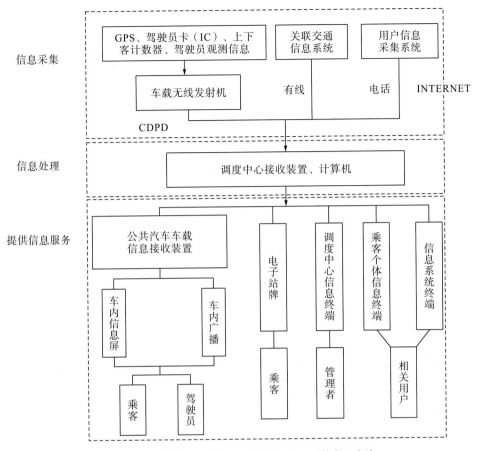

图 11-12　公共汽车交通智能化运营管理系统物理框架

在实际的系统中，P/A 包括以下三个层次：

(1)移动层(Transportation Layer)。由出行者子系统(出行者公共交通信息获取)、中心子系统(提供公共交通信息服务和公共交通管理)、路侧子系统和车辆子系统(公交车辆)四部分组成。

(2)通信层(Communication Layer)。由广域无线通信(Wide Area Wireless Communication)、有线通信(Wireline Communication)、车车通信(Vehicle－to－Vehicle Communication)和短程漫游无线通信(Short Range Wireless Communication)四要素组成。

(3)制度层(Institutional Layer)。对先进的公共汽车交通系统所涉及诸多部门间的政策、费用负担加以制度化。

3)信息流结构体系

先进的公共汽车交通优先系统信息流结构体系，是关于信息流及其基本关系的描述，详见图 11-13。

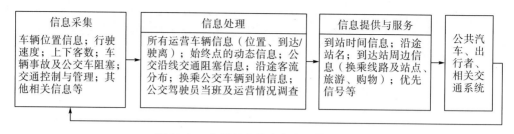

图 11-13　先进的公共汽车交通信息流程

3. 公共汽车交通优先运营与管理

根据上述不同信息的需求特征，可以建立先进的公共汽车交通优先运营与管理信息系统，并实施智能化的运营与管理，包括：

(1)公交车辆的动态调度，自动产生固定路线车辆的时刻表，安排固定路线车辆的运营，同时在路线上优化配置驾驶员，实现公共汽车的服务能力(发车频率和发车数)与乘客需求间协调的公交调度管理。

(2)公共汽车交通收费与动态管理，实施自动收费管理和灵活的车辆调配，同时支持公交驾驶员和交通设施之间的双向通信。

(3)公共交通与多种交通方式间的协调，在路段和特定交叉口运用公共交通优先通行措施，与其他交通方式进行协调(运能与换乘时间的协调)。

(4)公共汽车交通安全管理，运用视频和音频技术监控车辆，及时发现突发事故，并可对驾驶员提供危险警告，同时提供最佳救援。

(5)公共汽车交通业内管理自动化，档案及数据库管理与更新，报表的自动生成等。

11.2.4　先进车辆控制系统(AVCS)

1. 基本概念

AVCS 主要是指智能汽车的研制。先进的车辆控制系统包括事故规避系统和监测调控系统等。智能汽车具有道路障碍自动识别、自动报警、自动转向、自动制动、自动保持安全车距、车速和巡航控制功能。安装在车身各部位的传感器、盲点监测器、微波雷达、激光雷达、摄像机等设施由计算机控制，在易发生危险的情况下，随时以声、光形式向司机提供车体周围必要信息，并可自动采取措施，从而有效地防止事故的发生。车内计算机中存储大量有关驾驶员个人和车辆各部分的信息参数，当监测到这些参数发生变化、超过某种安全极限时就会向司机发出警报，并采取相应措施，以预防事故发生。

2. AVCS 基本功能

AVCS 具有四种功能：行驶中的事故预防功能、交通事故回避功能、发生事故时的损害减轻功能、事故后的损害防扩功能。各项功能包含的子系统介绍如表 11-3 所示。

表 11-3　AVCS 基本功能介绍

AVCS 功能	包含子系统
行驶中的事故预防功能	司机不良状态监测报警系统 车辆危险状态监测报警系统 视野改善系统 夜间障碍物检测报警系统 报警灯自动启亮系统 交通状况与路面状况信息系统
交通事故回避功能	车间安全距离报警和自动控制系统 侧向、后方车辆距离报警系统 偏离车道报警系统 事故回避自动操作系统 转弯减速系统 交叉口自动停车系统
发生事故时损害减轻功能	能吸收、缓冲冲击的车体构造 安全气囊技术 行人伤害减轻系统
事故后的损害防扩功能	灭火系统 车门自开系统 事故自动通报系统 驾驶操作记录系统

3. AVCS 中的车辆科技应用

1)汽车 GPS 技术

GPS，即全球导航系统，也称全球卫星定位系统。它是依靠围绕地球运行的 24 颗定位卫星，不断对地面发射并提供三维位置、三维速度等电子信息，地球上安装的相应接收设备接收到这些信息并用中转帧继设备对这些信息进行分析，从而判定发射提供信息的物体所处方位的一种定位系统。汽车 GPS 导航系统主要由两部分组成，一部分是由安装在原车上的 GPS 接收机和显示设备组成；另一部分是由计算机控制中心组成。两部分通过定位卫星进行联系。

2)汽车智能避撞系统

汽车智能避撞技术首先解决的问题是汽车之间的安全距离。汽车与汽车之间的间距小于这个安全距离时，该系统能自动报警，并采取制动措施。

目前，测定汽车之间安全距离的方法有三种：超声波测距、微波雷达测距和激光测距。超声波测距就是利用超声波的反射特性测距。超声波发生器不断地发射出 40kHz 的超声波，该超声波遇到障碍物后反射回反射波，超声波接收器接收到反射波信号后，将其转换成电信号，从而测出目标的距离。微波雷达测距是利用从目标处反射回来的电磁波发现目标并测定其位置。激光测距的工作原理与微波雷达测距相似，具体的测距方式有连续波和脉冲波两种。

3)汽车智能"黑匣子"

汽车智能"黑匣子"能客观地记录机动车发生车祸前驾驶员的操作过程，有效地提供驾驶员在事故发生前做出的种种反应。据称，交通事故处理部门安装这种系统后，可随时对穿行在各条公路上的所有汽车进行实时监控，一旦发生车祸，距离事故发生地点最近的交通事故处理中心可以在几秒钟之内获取撞车时的驾驶速度、车内乘客伤亡情况等信息。由于这一技术的工作原理与飞机上的黑匣子相似，所以又称其为"黑匣子"。这种黑匣子与普通烟盒差不多大小，构件包括可以储存、收集和传输数据的蜂窝电话，其外部有保险装置。车祸发生后，该黑匣子会自动打开，利用传感器记录下汽车的行驶速度以及出车祸时汽车的撞击位置，然后将这些信息传输给中央通信系统。黑匣子内嵌有全球定位系统，该系统负责数据处理与传输功能。

4)汽车智能驾驶系统

汽车智能驾驶系统相当于机器人，能代替人驾驶汽车。它主要依靠安装在前、后保险杠及车身两侧的红外线摄像机，对汽车前后左右的一定区域进行不停地扫描和监视，车内的计算机、电子地图、光化学传感器等装置，对红外线摄像机传来的信号进行分析计算，并根据道路交通信息管理系统传来的交通信息，代替人的大脑发出控制指令，指挥控制系统执行机构操控汽车。

5)汽车智能轮胎

轮胎内装有计算机芯片或将芯片与轮胎相连接。计算机芯片能自动监控并调节轮胎的行驶温度和气压，使轮胎在不同条件下都能保持最佳的运行状况，既提高了安全系数，又节省了开支。更为先进的智能轮胎还能在探测出结冰的路面后变软，使牵引力更好；在探测出路面的潮湿程度后，还能自动改变轮胎的花纹，以防打滑。

6)汽车智能钥匙

这种智能钥匙能发射红外线信号，既可打开车门、行李箱和燃油加注孔盖，也可以操纵汽车的车窗和天窗。更先进的智能钥匙则像一张信用卡，当驾驶员触到车门把手时，中央锁控制系统即开始工作，并发射出一种无线查询信号，智能钥匙做出正确反应后，车锁便会自动打开；而且只有当中央处理器感到智能钥匙卡在汽车内时，发动机才会启动。

7)汽车智能安全气囊

汽车智能安全气囊是普通安全气囊的基础上增设传感器和与之相匹配的计算机软件而构成。质量传感器能根据质量感知是大人还是小孩；红外线传感器能根据热量探测座椅上是人还是物体；超声波传感器能探明乘员的存在和位置等。计算机软件则能根据乘客的身体状态、所处位置、是否系安全带以及汽车碰撞速度和碰撞程度等，及时调整安全气囊的膨胀时机、膨胀速度、膨胀程度，使安全气囊对乘客提供最合理、最有效的保护。

8)汽车夜视系统

英国牛津大学发明了汽车夜行器，该系统利用红外线技术能使驾驶员在黑夜里看得更远、更清楚。夜视系统由两部分组成：一部分是红外摄像机，另一部分是安装在挡风玻璃上的光显示系统。装上这种夜行器后，驾驶员通过光显示系统可像白天一样看清路况。当两车交会时，它可以大大降低前方汽车车前灯强光对驾驶员视觉的不良刺激，还可以提高驾驶员在雾中行车时的辨别能力。为看清车后的情况，研究人员又研制出了一种新型后视镜，当后方来车的大灯照在前车的后视镜上时，自动感应装置可随之使液晶玻璃反光镜表面反光柔和，使驾驶员不眩目。

9)驾驶员分神监视系统

澳大利亚一家公司研制出的一种安装在汽车仪表盘上的监视系统，能利用目光跟踪技术判断驾驶员是否注意路况，在驾驶员打瞌睡时及时发出提醒。这种监视系统采用两个摄像机，可持续不断地观察驾驶员的面部，包括耳朵、鼻子和下巴的方位，据此来计算眼睛所处的位置，追踪其眼白和虹膜的状态。然后这一系统将当前虹膜的形状与计算机模型对比，分析驾驶员的视线方向。此误差可达到 3°以内，这一精度足以判断驾驶员是否注意路面。

11.3 ITS 的主要设施

11.3.1 ITS 设施概述

构成 ITS 的主要设施如图 11-14 所示。各子系统的检测信息直接输入中心计算机，信息显示设施也直接按计算机输出信息显示。

图 11-14 ITS 设施

有些子系统如交通信号控制系统，检测信息要通过控制机转到中心计算机，中心计算机输出指令也通过控制机去操纵信息显示设施。如图 11-15 所示。

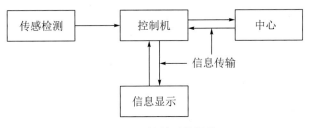

图 11-15 控制系统设施

不管哪种子系统，除控制机外，系统设施主要由四部分构成：①传感检测设施；②信息传输系统；③计算机硬件；④信息显示终端。

11.3.2 传感监测设施

交通工程上早期采用的传感检测设施，主要是用于交通参数自动观测系统和交通信号控制系统的车辆检测器。随着 ITS 的需要，研究开发了不少符合 ITS 各子系统要求的各类传感检测设施，同时也开发了不少车辆检测设施。以下主要介绍车辆检测设施。

车辆检测器是 ITS 中所有检测器的大家族，世界各国已研制生产了各种各样的车辆检测器，供不同需要之用。按照安装地点，可分为地上型和地下型两大类。

1. 地下环形线圈检测器

环形线圈检测器是最常用的车辆检测器。目前，我国大部分城市的交通信号控制系统就是采用环形线圈检测器。环形线圈检测器由三部分组成：环形线圈、检测单元及引线。由埋在路面下的导管引出引线，通过接线箱接到检测单元，检测单元可独自装箱放置在路边，也可做成卡式插件插在控制机内，如图 11-16 所示。

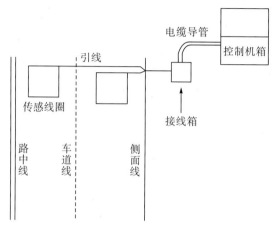

图 11-16 地下环形线圈检测器

环形线圈检测器的工作原理是：检测单元同环形线圈与引线线路组成一个电感电容调谐电路。电流通过环形线圈时，在其附件形成一个电磁场。当车流进入这个磁场时，车身金属中感应出涡流电流，涡流电流使磁场的磁力线减少，环形线圈电感量随之降低，引起电路调谐的频率上升。有些检测器通过提高振荡频率的反馈电路对此做出反应；有些检测器不改变其频率而采用其环形线圈振荡器的相位同参考振荡器互补的方法。此频率的改变或相位的偏移都可成为检测器检测到车辆的一个信号。

2. 地上型检测器

地上型检测器种类较多，适用面较广。目前公路交通系统中常见的地上型检测器主要有：普通超声波车辆检测器、波聚焦超声波车辆检测器、声响车辆检测器、微波雷达车辆检测器、红外线检测器、光电车辆检测器、视频图像检测系统。

11.3.3 信息传输设施

信息传输设施是信息传输系统发挥功能的必备硬件。信息传输系统也叫信息通信系统，是通信技术的具体应用。在 ITS 中，信息传输系统相当于人体的神经系统。ITS 技术的提高和发展在很大程度上受信息传输技术发展的影响。譬如，移动通信的发展，特别是掌上电脑(PDA)加上移动通信的功能，大大改变了车载通信与显示的面貌。

ITS 的信息传输方式可概括为三类，如表 11-4 所示。

表 11-4 ITS 信息传输主要方式

传输方式	特点
中心子系统和路边子系统通信	各类中心子系统与路边子系统及其他中心之间的信息通信，此类通信可采用有线通信。ITS 可选用的有线通信设施一般有三种：电话通信、专用电缆通信、光纤通信

传输方式	特点
车-路通信	车辆系统与路边系统的信息通信，简称为"车-路通信"，是运行中的车辆与道路上固定的通信设施之间的通信，不能用有线通信，而须用无线通信；但车辆与路边设施之间的距离较近，可用专用的短程无线通信(DSRC)
车-车通信	车辆与车辆之间的通信，简称"车-车通信"，是运行中车辆动体与动体间的通信，必须用无线通信；车辆与中心子系统之间的通信，则可由路边子系统转送到中心子系统。无线通信主要包括两种：卫星通信、公用移动电话

11.3.4　计算机硬件

信息中心、控制中心、管理中心等都少不了各种计算机软硬件设施，其中，对 ITS 技术发展影响最大的莫过于计算机网络与应用软件的研究开发，如表 11-5 所示。

表 11-5　ITS 中计算机网络种类及特点

种类	特点
计算机通信网	计算机通信网是以传输信息为主要目的而用通信线路将各计算机连起来的计算机系统
计算机广域网(WAN)	计算机广域网是以共享资源为主要目的，用网络操作系统来管理和维护网络的计算机系统
计算机局域网(LAN)	计算机局域网是一个部门或几个部门共同拥有的计算机网络
计算机互联网(Internet)	计算机互联网也叫网际网或因特网，是把各个体系结构不同的计算机网络经由网间连接器互连的大网络。现在开发的各类 ITS，都要利用互联网传输来自各方面的信息，有利于 ITS 各子系统集成综合系统

11.3.5　应用软件

计算机软件在 ITS 中相当于人的大脑。它可以根据检测设施传来的外界交通信息，加以分析判断，做出分析选择，发布指令，操纵系统的运行，实现系统目标。

ITS 各子系统都必须按其目标所需的专门应用软件来控制运行系统。ITS 的交通运输智能化主要体现在系统所用的智能软件上。随着"人工智能"（Artificial Intelligence，简称 AI）的发展，ITS 各子系统的应用软件开发将不断应用人工智能的新成果。例如，路线导行系统要求解决在道路交通网络中的动态交通状况预测、动态交通分配与导行路线优选等难题。各国学者正致力于研究开发利用人工智能的神经网络算法、遗传算法、专家系统、模糊算法等程序，也有混合运用多种算法的程序，希望能获得解决上述问题的满意成果。

11.4　国外智能交通系统简介

高速公路是一个地区或国家现代化水平的重要标志之一，而高速公路的信息化建设则是实现高速公路现代化管理最重要的途径。互联网技术的进步，信息技术与交通理论和规划的融合，都加速了高速公路信息化的进程。高速公路监控及信息诱导技术的综合运用，成为利用信息技术改善交通秩序，提高高速公路利用率不可或缺的方法和手段。

1. 澳大利亚

1）交通控制系统

(1) 最优自动适应交通控制系统(SCATS)。澳大利亚是世界上较早从事智能交通控制技术研究的国家之一，著名的 SCATS 系统在澳大利亚几乎所有的城市都有使用，目前上海、深圳等城市也采用这一系统。

SCATS 系统的优点是其自动适应交通条件变化的能力，通过大量设在路上的传感器以及视频摄像机随时获取道路车流信息。ANTTS 是其重要子系统，该系统通过几千辆出租车装有的 ANTTS 电子标签与设在约 200 个交叉路口处的询问器通话，通过对出租车的识别，SCATS 系统能够计算旅行时间并对交通网的运行情况进行判断。

澳大利亚的先进系统合作研究中心目前正在开发一种名叫 TRIRAM 的系统，其主要目的是通过模拟道路网来预测交通行为以及新的交通流量。

(2) 远程信号控制系统(Vic Roads)。交通控制与通信中心(TCCC)不仅使用 SCATS 系统进行交通信号灯控制，而且还采用其他系统进行事故检测和信息的收集发布工作。其中较重要的是交通拨号系统，该系统通过普通的电话线，TCCC 能够连接到 50 个偏远的受控交通灯，可以监测这些信号灯的状态改变它们的参数，为偏远路口的信号控制提供了便利。

(3) 微机交通控制系统(BLISS)。该系统最主要的优点是运行于普通微机上，并可控制 63 个交通灯，目前在布里斯班已超过 500 个信号灯采用 BLISS 系统进行控制。

2）道路信号系统

道路信号系统是交通控制中心与机动车通信的基础。通过该系统可实现交通管理中心运行车辆间的信息交流，该系统使用 900MHz 的频率通过路旁询问器与车内电子标签进行通信，电子标签通常是简单的异频雷达收发机，当被询问时可返回一个可被识别的信号。该系统最普通的应用是车辆的不停车收费。

路旁信号系统的公共优化系统，通过与 BLISS 系统相互作用，可保证公共汽车到达路口时总保持绿灯，从而可减少公共汽车的运行时间。另外，该系统还包括公共汽车的运行安排表，当一辆车运行晚点时，可通过特殊措施保证该车获得优先行驶权。

系统通过一种设在道路中间特殊的称量质量的装置与中央控制中心通信，驾驶员不用减速或采取其他特殊操作，即能确定重型载货车的装载量是否符合要求。

3）车辆监控

视频数据获取系统运用视频摄像机监测、识别和计算交通量，已在澳大利亚广泛地应用。

系统通过自动辨识车牌号码对重型车辆监测、分类、识别，数据可被送到重型车辆监测站，与数据进行对照，该系统能监测到超速车辆、强制停运的车辆。

4）公共信息服务

实量旅行信息系统通过车载的定位器，计算机软件可以估计每辆车的到达时间，并通过显示屏显示给正在等候的旅客。另外，该系统还可以用于驾驶员通报突发事件。

　　驾驶时间预测系统通过使用交通拥挤与事故检测系统估计车辆到达下一个出口的时间，从而判断出交通拥挤程度，并在道路入口处显示即将到来的驾驶员。

　　目前，澳大利亚的公共运输部门正准备向公众提供更多的信息服务，包括所有公共汽车的路线、时刻表及其他信息。

　　此外，澳大利亚的交通人员还研制了主动信号系统，该系统能够根据不同的条件改变速度限制，并能检测到正面行驶不断的车辆的速度，当发现车速太快时，能够发送信号提醒驾驶员。

2.　日本

1）现代化的公路智能管理

　　智能化交通系统被视为解决交通事故数量增加、道路交通拥挤及环境等社会问题的途径，有望对 21 世纪的公路交通事业产生积极影响。

　　日本 1996 年制订了综合计划，由建设部、国际贸易与工业部、运输部、邮电通信部及国家警察署共同着手开发智能化运输系统。目前，日本智能化交通系统方面的开发与应用已取得重要进展：车辆信息与通信系统的开发覆盖全国范围；电子收费系统已进入实用阶段。2000 年，先进的巡行辅助公路系统已进入实用阶段。

2）智能交通大发展

　　智能交通运输系统（ITS）通过应用计算机和信息技术，将人、车、路等交通因素加以统一考虑。它在日本不仅被认为是解决交通问题的一个有效方法，同时更是一项促进交通行业发生革命性变革的基础设施。通过发展和应用 ITS 技术，能够使道路交通更快捷、更安全、更具有高质量和高效率。在这种理念的支持下，日本已经在相当程度上应用了 ITS 技术，且相当有效。

　　到 2003 年 6 月末，日本装有汽车导航系统的车辆已达 1200 多万辆，同时装有汽车导航系统和车载信息通信系统（VICS）接收器的车辆也达 700 多万辆，以上装置可以为驾驶员或其他机动车使用者提供即时道路信息。因此，日本的道路车多而不乱。路上诸多监测器和雷达，随时监控道路情况和采集信息，驾车人可通过情报信息板获取即时道路信息。车载电子地图已广泛使用，有多家公司开发新产品，用户可在网上下载购买。电子地图可通过卫星天线、微波、电视载波机、电话地址等多种渠道接收信息，使用电子地图，人们可以准确查询地址、气候、环境及计算拥堵时间等。

3）电子收费效率高

　　从 2001 年 3 月开始，ETC（电子不停车收费）技术在日本整体上投入运营。在实际应用中，ETC 技术相对于传统收费技术来说有两大优势：一是更加适用于多个不同主体运营管理多条收费道路的情况；二是对非法行为、人为破坏和逃费行为有着更强的防范性。从 ETC 的功能来讲，可以根据条件实现收费费率的灵活设定和调整，从而提高了收费道路的利用率，最大限度地减少了在收费口的拥堵。一般来说，高速公路的拥堵 30% 由收费站造成，使用 ETC 后效率提高了 2~3 倍。此外，ETC 还改善了路侧的环境，对于解决一些地区接口或是不同管理体制下的特殊问题也十分有帮助。

　　ETC 系统的应用在日本十分普及。到 2003 年 10 月末，大约 175 万辆车已经装备了 ETC 车载装置，约为 2002 年同期的 3 倍，增速非常快，标志着 ETC 已进入普及阶段。

与此同时，到 2003 年年末，超过 1000 条 ETC 收费车道被安装在收费站，几乎遍及日本所有的高速公路。目前，关东高速已全部实现了 ETC 收费，只保留部分车道进行 ETC 和半自动混合收费。绝大部分的商业运营车辆已经装备了 ETC 车载单元，一般司机都使用 ETC 收费卡。此卡分为两种，一种为储值卡或借记卡，另一种可与信用卡通用。日本最早出售的收费卡是高速公路卡，后来则采取措施鼓励 ETC 卡的销售和使用。

日本最常用的 ETC 收费站采取 3 个门桥的样式，这 3 个门桥分别用于识别车型、识别入口和收费信息传输，其栏杆采用新材料制成，里边为碳素纤维，外边为发泡纤维。在车的时速不低于 80 公里的情况下，门桥可迅速向上打开，万一打不开，也可向前推出，外层的发泡纤维对车体不会造成损害。

4）排水路面效果好

日本的高速公路处于良好的养护状态，少见坑槽和裂缝，平整度好。日本全国 7000 多公里高速公路，全由道路公团统一管理。从 1999 年开始，道路公团规定在新建道路上全部使用排水路面结构，改建道路也要求采用排水结构。到目前为止，全日本 50% 以上的道路采用排水路面结构。从实施效果来看，排水路面具有减噪、防溅水、防滑、防眩光等效果，从而可降低交通事故发生率。

日本大有建设株式会社掌握着排水路面技术的核心技术，从该株式会社的经验来看，排水路面随着多年使用而失去排水功能，这并不是脏物堵塞孔隙造成的，而是由于所用沥青质量不高等原因，使道路经车辆碾压后变得密实。该株式会社研究发明的沥青改性剂，可使沥青黏度从 60 度/20 万提高到 60 度/100 万以上，从而解决了这一技术问题。目前，该技术已在我国陕西咸阳国际机场推广应用，在福建、江苏等地也开始试验实施。

日本工业界、学术界及五个与智能交通系统相关的政府部门联合成立了车辆、道路与交通智能化协会（VERTIS）。该协会目前正开发智能化交通系统结构。系统结构的开发以日本智能化交通系统的"综合计划"为依据，采用了美国的"Object modeling 技术"，该技术是一种改进的结构分析技术。

3. 新加坡

1）高速公路监控及信息诱导系统

高速公路作为经济运输的大动脉，其承担的运输量与经济和社会需求同步增长。为了提高高速公路的使用效率和行车安全，高速公路需要有先进的监控系统和交通信息发布系统，即 EMAS(Expressway Monitoring & Advisory System)对其进行管理。

EMAS 作为智能交通实施的一部分，将进一步改善高速公路交通管理的社会效果，使得各个交通子系统更好地协调工作，达到人、车、路协调运行的目的，提高道路利用率，改善交通秩序，加强交通管理者的执法力度和管理。

高速公路监控和信息诱导系统采用了先进的信息技术，实时监控高速公路上的交通情况，并为汽车驾驶员提供秒级的交通信息，达到以下目标：

（1）提高道路安全，减少交通事故，缩短由于交通事故（包括车辆故障）所引起的延误。

（2）提高高速公路的通行能力，优化交通流量，提供一个更有效的交通道路系统。

（3）提高车辆通行的速度，降低机动车车辆排气污染，改进行驶环境对汽车驾驶员产生的感受，提高交通运输效率。

2)EMAS 的主要功能

新加坡高速公路监控和信息诱导系统是一个现代化的交通监控系统，是新加坡陆路交通管理局远景规划的重要组成部分。新加坡 EMAS 已经覆盖的高速公路包括中央高速公路(16km，其中 2.4km 隧道)、阿逸拉惹高速公路(20km)、东海岸高速公路(20km)和半岛高速公路(40km)。这些高速公路是贯穿新加坡东西南北的交通大动脉，经过市中心几个最繁华地段，平均每条高速公路有七万多辆车通过。由新加坡科技电子建设的高速公路监控和信息诱导系统主要有以下功能：

(1)提供实时的交通信息。用三种可变电子情报板形式提供前进方向的交通状况或者事故警告。在进入高速公路之前，以及在高速公路出口前的路段，驾驶员能够实时接收到前方的最新交通资料，允许在必要时改变行驶路线。如果不改变路线，至少能掌握所选择路线上延误的原因和情况。

(2)对交通事故的快速响应。EMAS 对监控的道路进行 24h 检测，可以对交通事故地点进行快速定位并报警，交通控制中心可以快速派出处警人员到达事故现场，在最短时间内使交通再次恢复正常通行。

(3)将交通拥堵减少到最低限度。因为该系统能在交通事故发生的初期就有响应，大大缩短从事故检测到事故处理完的时间，使交通拥堵减少至最低限度。同时，电子信息板及时提供交通信息，使驾驶员有机会避开事故地点，选择其他道路行驶，从而进一步降低交通拥堵。

(4)提高道路安全性。汽车驾驶员在道路上遭遇困难时即可引起系统的注意，可以以最快的方法移去道路上的障碍并清理事故现场，直到保持交通自由畅通，享有更安全的行驶环境。

3)EMAS 系统组成

按照中央设备层次，高速公路监控和信息诱导系统由热备份中央计算机系统组成，主要包括如下子系统：

(1)先进的交通管理系统(ATMS)。它是 EMAS 的心脏，采用先进的通信、计算机、自动控制、视频检测/监控技术，按照系统工程的原理进行系统集成，将交通工程规划、交通信号控制、交通检测、交通电视监控、交通事故救援以及信息系统有机结合在一起，通过计算机网络系统，实现对交通的实时控制和指挥管理。

ATMS 根据高速公路上检测到的交通流量、速度、道路占有率等实时交通信息，采用先进的算法，处理检测到的交通数据，判断是否有交通事故以及道路拥堵情况和程度。同时，通过可变电子情报板发布各种动态交通信息，也可发布市政施工等交通静态信息。先进交通管理系统的主要任务是接收交通数据/信息，运用复杂算法进行事故检测分析并产生报警信号，对高速公路做各种路段行驶时间计算，为分析决策系统提供历史数据，发布交通信息等。

(2)车辆检测系统(VDS)。VDS 包括若干个图像处理系统和视频检测点，安置在高速公路和隧道的关键位置。主要完成交通数据采集(如车辆总数、车辆分类、速度、车辆出现排队的长度等)、切换视频检测电视图像到中央控制中心，便于证实交通情况以及交通事故检测(回放事故前十二个画面)等功能。

（3）自动事故检测系统（AIDS）。AIDS采用两层检测方法来检测交通事故。第一层运用设在现场的视频检测设备，根据检测到的区域交通情况进行判断；第二层设在中央控制室，通过交通数据分析，运用人工智能算法，对视频检测区域外的道路情况进行判断，分析是否有交通事故发生。

来自视频检测和电视监控的数据和图像通过传输网络送到中央控制中心，系统对交通事故报警信号自动检测。交通控制中心管理人员只需关心受到交通突发事件影响的路段，在派遣处警人员到达事故现场之前，控制中心可事先利用闭路电视监控系统确认事故性质，从而在规定时间内拖走事故车辆或救护伤员。

（4）交通信息诱导系统（VMS）。VMS的可变情报板设置在高速公路进口周围，可以显示文字和图形。情报板每分钟做更新，通知驾驶员前方的交通情况和行驶时间。交通信息从中央设备通过无线网络传输到可变电子情报板，实时通知驾驶员前面的交通拥堵状况。同时，公众可以通过Internet观察到实时监控系统视频图像。

除此，应急电话系统（ETS）、闭路电视监控系统（CCTV）、隧道机电管理系统（PMCS）等也是高速公路监控及信息诱导系统的重要组成部分。

第 12 章　国内外地下系统案例

12.1　珠海横琴地下综合管廊建设

珠海市横琴新区综合管廊是目前国内规模最大、一次性投资最高、建设里程最长、覆盖面积最广、体系最完善的综合管廊。横琴综合管廊覆盖全岛"三片、十区",总长度 33.4km。

城市综合管廊亦称综合管廊、共同沟或地下共同沟,是通过将电力、通信、给水、热水、制冷、中水、燃气、垃圾真空管等两种以上的管线集中设置到道路以下的同一地下空间而形成的一种现代化、科学化、集约化的城市基础设施,它解决了城市发展过程中各类管线的维修、扩容造成的"拉链路"和空中"蜘蛛网"的问题,对提升城市总体形象,创造城市和谐生态环境起到了积极推动作用。综合管廊已成为 21 世纪城市现代化建设的热点和衡量城市建设现代化水平的标志之一。

2009 年 8 月 14 日,国务院正式批复《横琴总体发展规划》,横琴新区开发上升为国家战略:明确把横琴建设成为资源节约、环境友好的"生态岛"。横琴新区总面积 106.46km²,划定了约 73% 的土地为禁建区和限建区,规划至 2020 年建设用地规模控制在 28km²,将横琴建设成为土地节约、集约、高效利用的示范地区。横琴新区成立之初,珠海市委、市政府要求高标准建设,区领导班子本着"本在当代、利在千秋"的原则,在 2009 年横琴新区一年财政收入只有约 4000 万元的经济基础条件下,决定开展投资约 20 亿元的综合管廊项目建设。地下综合管廊是突破传统管线的敷设方式,集约利用地下空间,确保道路交通功能充分发挥、确保生命线的稳定安全、增强城市的防灾抗灾能力,是横琴新区绿色市政的重要内容。

12.1.1　珠海横琴新区综合管廊概况

珠海市横琴新集团区综合管廊是目前国内规模最大、一次性投资最高、建设里程最长、覆盖面积最广、体系最完善的综合管廊。横琴综合管廊覆盖全岛"三片、十区",总长度 33.4km,由中国中冶集团投资建设,总投资约 22 亿元人民币。横琴综合管廊设置有远程监控、智能监测(温控及有害气体监测)、自动排水、智能通风、消防等智能化管理设施,确保管廊内安全运行,是国内智能化控制最高的管廊。同时管廊内布置有电力、通信、给水、中水、供冷、垃圾真空管等 6 种管线,是目前国内集中市政管线专业最广的综合管廊系统。

横琴新区综合管廊建设的特点:

(1)规模最大。综合管廊覆盖全岛"三片、十区",总长度 33.4km,是目前国内一次性建成的规模最大的管廊工程(一次性投资最大、里程最长、覆盖面积最广)。

(2)管线专业最广、管径最大、系统最完善。管廊内布设了 DN300～DN1400 给水管、通信管、220kV 电力电缆、供冷管、中水管、垃圾真空管,是目前已投入运行的纳入管线最大、管线种类最多的综合管廊。综合管廊分布在 6 条路上,相互连通成环,系统最完善。

(3)智能化最高。管廊内设置有远程监控、智能检测、自动排水、智能通风、自动消防等智能化管理设施,可确保管廊的安全、智能运行。

(4)示范性强。横琴综合管廊因成功建设和运营,目前已成为全国综合管廊建设的示范工程,来此参观的单位络绎不绝。

12.1.2 横琴综合管廊规划设计

1. 横琴综合管廊平面、纵断面设计

横琴新区建设有综合管廊 33.4km,电力管廊 10km,综合管廊分为一仓式、两仓式和三仓式三种,其中一仓式综合管廊 7.6km,两仓式综合管廊 19.2km,三仓式综合管廊 6.6km;电力管廊均为一仓式,共 10km。全岛综合管廊平面线形布置成"日"字形,分别在环岛北路、中心北路、中心南路各有控制中心 1 座,如图 12-1 所示。

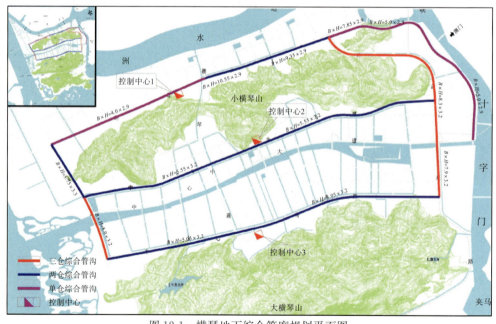

图 12-1　横琴地下综合管廊规划平面图

横琴综合管廊布置在道路一侧的管廊带内,覆土厚度为 2.0m,埋深约 5.5m,局部交汇段、穿越排洪渠及过渡段埋深约 8～13m。综合管廊转折、截面变宽时应满足各类管线的转弯半径,电力仓转弯最小半径为 1.5m,管沟转弯不宜采用圆弧形,应尽量采用≥165°的钝角。综合管廊纵断面基本与所在道路的纵断面一致,同时考虑管沟排水需要,最小纵坡为 0.3%,最大纵坡为 20%,综合管廊横向坡度为 2%。

2. 综合管廊横断面设计

横琴新区综合管廊纳入了电力、通信、给水、中水、供冷、垃圾真空管等 6 种管线，排水管线、燃气、供热未纳入。根据各条道路收纳管线的种类和数量，考虑敷设空间、维修空间、安全运行及扩容空间，横琴新区综合管廊按仓室数量可分为三种断面形式：

（1）三仓室综合管廊。三仓室综合管廊分为电力仓、管道仓 1 和管道仓 2，其中管道仓 1 和管道仓 2 采用柱子隔开。如环岛东路综合管廊横断面尺寸为 $B \times H = 8.3\text{m} \times 3.2\text{m}$，各仓净宽尺寸为 2.4m（电力仓）＋3.6m（管道仓 1）＋2.1m（管道仓 1），净高尺寸为 3.2m（图 12-2）。

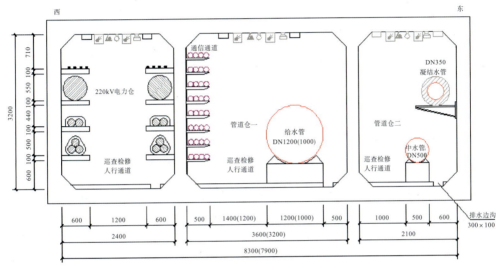

图 12-2　三仓室综合管廊横断面示意图

（2）两仓室综合管廊。根据市政道路管线的布置情况，两仓室综合管廊分为电力仓＋管道仓、管道仓＋管道仓两种类型。如环岛西路综合管廊为电力仓＋管道仓，横断面尺寸为 $B \times H = 5.05\text{m} \times 3.2\text{m}$；中心北路综合管廊为管道仓＋管道仓，横断面尺寸为 $B \times H = 5.55\text{m} \times 3.2\text{m}$（图 12-3）。

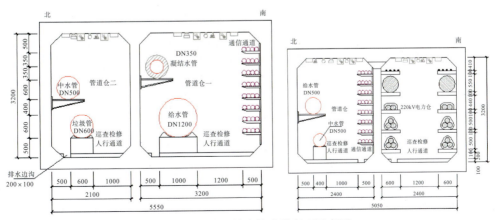

图 12-3　两仓室综合管廊横断面示意图

（3）单仓室综合管廊。单仓室综合管廊将给水管、中水管、通信管、供冷、垃圾真空管合建在同一仓室内。如环岛北路综合管廊，横断面尺寸为 $B \times H = 4.0\text{m} \times 2.9\text{m}$；滨海东路综合管廊断面尺寸为 $B \times H = 5.0\text{m} \times 2.9\text{m}$（图 12-4）。

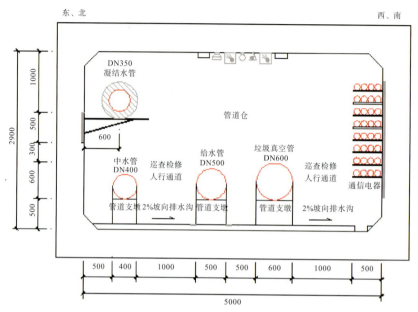

图 12-4　单仓室综合管廊横断面示意图

3. 综合管廊各类孔口设计

为了便于综合管廊内设施的安装及检修，综合管廊主要通道宽度不应小于 1m，次要通道宽度不应小于 0.8m。≥DN800 的管道，其一侧的主要通道宜按＋DN400mm 考虑宽度。在≥DN800 的管道上安装阀门时，为了便于阀门的安装、检修，建议尽量考虑附近综合管廊的投料口设于阀门正上方，否则宜单独设阀门检修孔。

（1）通风口。防火分区长度为 200m，每个分区管仓两端各设一个机械排风口（兼排烟口），采用预埋 $\Phi730\text{mm}$ 风管，风管顶设高温双速风机；在每个分区中部设自然通风口，中部的投料口四周设百叶兼作自然通风口。

（2）人孔和投料口。每隔 200m 设一个投料口，便于设备、管道的进出，在≥DN800 的阀门处上方设投料口，投料口兼做人孔和自然通风口，设钢直爬梯，电力仓投料孔平面尺寸为 4m×1m，管道仓投料孔平面尺寸为 4m×1.6m，在设投料口处的综合管廊局部放宽 1m。

（3）出线口。每隔 200m 设一个出线口，在设出线口处的综合管廊局部放宽 1m，管廊顶局部加高 1m。

（4）人员检修口。本工程综合管廊较长，在每条路上的综合管廊两端各设一个方便检修和维护人员行走的检修口，设 1.2m 宽钢筋混凝土斜爬梯。每隔 800m 设一个人员区段检修口，区段检修口为综合管廊检修提供区域控制平台，方便巡检人员通过门禁系统进出综合管廊。区段检修口分上、下层，上层为控制平台，层高 2.1m，下层为综合管廊，可通过平台直接进入综合管廊。控制平台上可设置区段照明配电箱、检修动力配电箱、排水泵控制箱、通风机控制箱及区段火灾报警控制器。

4. 综合管廊通风设计

综合管廊采用自然通风和机械排风（兼排烟系统）相结合的通风方式，保证余热能及时排出并为检修人员提供适量的新鲜空气，控制沟内温度不超过 40℃、氧气含量不低于 19%。每个防火分区设一个自然进风口和两个机械排风口。机械排风系统兼作排烟系统，当发生火灾时，自动或手动打开进行排烟。综合管廊根据每小时换气 2 次计算排风量作为设计排风量。综合管廊风速取 1.5m/s，进风口风速取 5.0m/s 以下，沟内温度控制不超过 40℃。

5. 综合管廊监控设计

为确保综合管廊的有效运行，管廊内配备了视频监控、火灾报警、计算机网络控制和自动控制四大系统，监控中心设有火灾报警主机、视频监控主机及电视墙、计算机工作站等设备，设置氧气、温度、湿度、甲烷等监测仪表。本工程设监控中心 2 座，每座建筑面积 500m²。综合管廊通过在线网络对重点区域实行实时监控，通过电脑上的显示、记载，各种信息和数据随时可以调取查阅。站在综合管廊的监测中心总站，一边是一幅幅地下管廊的建造、分布示意图，有关管廊的构造和用途等各种信息详尽清楚；另一边是一块块内容瞬息变化的显示屏，各类运行指标一目了然，有效确保了综合管廊的运行安全。

6. 综合管廊消防设计

防火分区对于控制火灾的蔓延具有十分重要的意义。根据建筑设计防火规范（GB50016—2006）的规定，地下或半地下建筑物防火分区的建筑面积不应大于 500m²。同时根据已建成综合管廊的经验，综合管廊中平常无人，可按构筑物考虑，同时电力仓设计了水喷雾灭火系统，防火分区建筑面积可考虑不大于 1000m²。同时根据《电力工程电缆设计规范》（GB50217—2007）电缆隧道安全距离不大于 200m 的规定，故确定综合管廊防火分区距离为 200m，防火分区建筑面积考虑不大于 1000m²。采用防火墙分隔，隔墙上设甲级防火门。综合管廊电力仓采用水喷雾灭火系统、火灾自动报警系统并配灭火器；管道仓设火灾自动报警系统并配灭火器。灭火器采用 4kg 手提式磷酸铵盐干粉灭火器，每隔 50m 设 2 具。

本工程综合管廊较长，共设 2 座水喷雾消防泵房（1# 和 2#）和 2 座监控中心，每座消防泵房最大服务半径为 6km。1#、2# 消防泵房分别和监控中心合建。电力仓水喷雾灭火系统设计喷雾强度 13L/(min·m²)，持续喷雾时间 0.4h，喷头最小压力 0.35MPa，采用离心式水雾喷头，喷头流量 80L/min，每个水喷雾系统分组流量 147L/s，分组长度 50m，每个防火分区设 5 组。同一时间按一处着火考虑，同一时间每 1 个防火分区 2 组水喷雾系统同时动作，每组设 2 排配水支管，喷头间距 2m，共交叉布置 50 个喷头。1# 和 2# 消防泵房各设消防主泵 4 台，3 用 1 备，单台水泵 $Q=49L/s$，$H=140m$，$N=160kW$，各配设稳压气压水罐 1 套，稳压泵 2 台，1 用 1 备，单台水泵 $Q=16m^3/h$，$H=80m$，$N=8kW$，气压水罐总容积 2.84m³，调节容积 0.54m³。消防泵房设消防水池 1 座，容积 211m³。

7. 综合管廊防水和排水设计

1)综合管廊防水设计

参观已运行的综合管廊发现很多综合管廊存在漏水和渗水现象，分析原因主要是防水未做好，因此本工程在施工图设计阶段特别重视防水处理，将防水等级提高为一级，对综合管廊内外墙壁进行防水处理，并对外墙转角等关键部位进行加强处理。由于本工程场地属于填海地，外壁防水卷材采用了抗氯离子渗透和耐盐碱腐蚀的改性材料，可选择聚乙烯高分子防水卷材。为了防止在沟槽回填过程中对外防水材料的破坏，防水卷材外宜增设起保护作用的砖墙或其他材料。另外综合管廊沉降缝也是特别容易漏水和渗水的部位，根据其他工程经验填海地土壤中贝壳类对构筑物沉降缝嵌缝材料具有破坏作用，嵌缝材料建议选择能防止微生物吸附或贝壳类物质破坏的材料，可选择聚硫氨酯密封胶。综合管廊的防水等级确定为一级。除提高结构自防水性能，同时采取内外防水措施。综合管廊采用 C30 混凝土，抗渗等级取 S6，内壁采用 1.5mm 厚水泥基渗透结晶型防水涂料，外壁采用 1.5mm 厚聚合物水泥浆黏结层＋3mm 厚 RSA－821 耐盐碱性聚合物改性沥青防水卷材，外墙转角处 1m 范围内增设一层防水卷材，外砌 240mm 厚砖墙对所有防水卷材进行保护。

2)综合管廊排水设计

综合管廊内设排水沟和集水坑，主要考虑收集和排出结构渗漏水(按每天 $2L/m^2$ 计算)及管道检修时的排水等。在沟的一侧设 0.2m×0.1m 的排水沟，排水沟的坡度与综合管廊的坡度一致，按 0.3％考虑。每隔 200m 设一个 2m×1.5m×1.5m 集水坑，坑内设 2 台潜污泵，单泵流量 $30m^3/h$，扬程 10m。

8. 综合管廊软基处理

横琴新区综合管廊工程主要位于淤泥软土地区，需对软基进行处理。

1)基础沉降控制

通常采用地基处理和变形缝设置来控制基础沉降，沉降量按 10cm 控制。

2)深厚软土地基处理

在初步设计阶段均采用预应力管桩(PHC桩)进行基础处理。

在施工图设计阶段根据不同地质情况分别处理，方便了施工并节省了造价。

在淤泥软土层厚度不超过 10m 的地段，为节省投资采用 CFG 桩复合地基方案。

在淤泥软土层厚度较大，但下部为花岗岩的地段，为便于施工和固定桩，采用灌注桩地基方案。

在淤泥软土层厚度较大，且下部黏土、中粗砂等海陆交互沉积层较厚时采用预应力管桩(PHC桩)方案。

9. 综合管廊智慧化设计

(1)通风。自然通风加机械通风，维持管廊内的温度不超过 40℃。

(2)供电。电源电压等级为 10kV，两回路电源供电。

(3)自控。监控系统采用"分散控制，集中管理"的原则，由中央控制中心、现场设备控制单元组成。包括监控中心计算机系统、快速以太网传输系统、CCTV 视频监视系统、火灾自动报警系统、PLC 控制系统、电力监控系统。

(4)排水。设置自动排水系统。

(5)消防。设置自动监控消防系统。

10. 横琴新区管廊建设经验总结

横琴新区综合管廊于 2010 年 5 月开工建设，至 2013 年 11 月 19 日综合管廊主体结构全部完成，建设者们凝聚智慧、精心组织，先后攻克了深厚淤泥地质软基处理、深基坑支护、大口径管道安装、远距离监控调试等诸多技术难题。

目前，横琴新区在综合管廊的维护和运营管理上的体制机制等方面，基本适合新区城市开发建设初期特点和需要建设综合管廊。综合管廊收费权限和标准等事宜尚未核定，因此收费的政策条件还不具备，所以目前的管廊租费和物业费都由政府财政补贴，在管廊运营上还没有形成良性循环的局面。从科学管理的角度，以发展的眼光看，还存在诸多问题有待解决。

1)地下综合管廊设计建设存在不周全

设计和建设中欠考虑地下综合管廊管线维修时的设备和材料在管廊内部的运输，建议下步设计和建设过程必要充分征求各管线业主单位和运营管理单位意见，进行修改完善。当综合管廊规划纳入热力管等大型管线时，应增大检修通道配备电动车，以便于检修设备进入、搬运。

2)统一协调入廊难度较大

由于各类管线的主管部门不同，且历史直埋时无政府或企业收取日常管理费，对入廊后要交一次性入廊费和每年交日常管理费协调难度较大。综合管廊收费权限和标准等事宜尚未核定，因此收费的政策条件还不具备，所以目前的管廊租费和物业费都由政府财政补贴，在管廊运营上还没有形成良性循环的局面。建议考虑各管线单位入股，共同建设开发，或者由国家统一制定及完善相关入廊政策和管理费用收取标准。

3)加强运营管理

一是建立专业化队伍，满足不同管线的运营管理。二是相关法律法规要提前制定，如地下综合管廊管理办法、综合管廊保护规定、综合管廊收费标准等一系列运营管理法律法规规定。

4)培育一个综合管廊行业

综合管廊的建设涉及土木、建筑、机电、交通、管线(电力、通信、给排水、燃气)、人防等各种行业专业技术，同时涉及中央、地方、企业等众多单位部门，需要建立统一的协调机制。日本、中国台湾地区为保证综合管廊的投资、建设和管理，成立了综合管廊建设机构、管理维护中心及公共管线建设基金管理委员会等机构。我国地下管线综合管廊建设应明确规定由专门管理部门负责，统一协调建设单位之间的需求规划、资金筹措、分摊，建设完成后的运行维护，以及应对突发紧急事件的处理等。在此同时逐渐形成一个综合管廊行业包括工业构件的生产，廊内设备的组装、管理、控制，投融资机构建立，建设管理队伍，专业施工队伍的培养等。

5)应与其他地下设施同步规划

横琴新区2011年完成市政工程规划(包含综合管廊),又于2013年完成地下空间规划。横琴新区2013年完成地下空间规划,此时综合管廊已经基本建成,由于没有同步完成地下空间规划,导致地下空间规划腾挪余地有限,也难以形成与地下管廊的衔接,地下公共车行道很难全部连通,制约了地下空间的规划布置和高效利用。

6)控制中心宜集约化布置

横琴新区已建的33.4km管廊原设计建设三座独立的控制中心,后来为集约化管理,将中央的控制中心改造为一座总控制中心,进行集中的中央控制和视频监控,另两处变为分控中心主要作为区段配电站。

7)建议增设参观段设计

为方便领导及群众参观,建议城市第一条综合管廊可设置地上参观或进入管廊内部参观段。横琴新区综合管廊原设计未单独考虑参观段,在施工完毕后业主利用监控中心与中心北路综合管廊的连接通道,并将连接通道附近的综合管廊进行简单改造后作为参观段。

8)加强沉降缝防水处理设计

横琴综合管廊已投入运行,目前发现部分沉降缝漏水较严重,分析原因可能是不均匀沉降导致止水带拉坏引起的,建议今后设计尽可能加大沉降缝设置间距,进一步加强软基处理,减少沉降缝不均匀沉降,同时改善和加强沉降缝防水处理。

12.2 芝加哥地下交通案例

城市地下空间的开发与利用是当今世界各大城市解决城市空间容量需求与土地资源缺乏之间矛盾的普遍做法,人们将交通、商业以及办公、仓储、市政公用等各类城市设施引至地下,增加城市空间、提高土地利用效率、缓解交通压力。而城市中心区地下交通、商业、办公空间的综合性、集约化发展使人们更加靠近工作地点和服务设施,促进了地下社会效益和经济效益的双赢,加快城市健康有序地发展。全美第三大城市,芝加哥市城市地下空间综合开发——Pedway系统的产生与发展也遵循了这一规律。

12.2.1 芝加哥Pedway

Pedway是芝加哥地下步行系统的通称。这个始建于1951年的庞大地下系统覆盖了芝加哥市中心区Loop(鲁普区)核心地带大部分区域和主要建筑,在芝加哥漫长的冬季为市民提供了一个温暖的场所。人们可以由地铁、铁路站点不出地面直接到达上班、商务和购物的目的地,也让人们有个安全的独立空间来躲避地面上错综复杂的车行交通。经过五十余年的发展,Pedway系统已经在芝加哥市中心令人目眩的摩天大楼之下,构建了一个同样让人称奇的地下城市。

12.2.2 Pedway建成背景

芝加哥地处美国北部,号称"风城"。该市冬季漫长且多雪,据统计一年有四分之一的时间日平均温度在零度以下，即使在温暖的季节，也时常会出现暴雨、大风等不良天气。因此，拥有一个不受外界恶劣气候影响的步行系统很受当地居民的欢迎，芝加哥 Pedway 由此也被称为对付糟糕天气的"秘密武器"。

芝加哥中心区形成于 19 世纪中后期，道路狭窄，每天有 20 万辆机动车进入这个区域，人、车交通矛盾突出。Pedway 地下步行系统可以立体化解决交通问题，将人、车分离，引导步行交通进入地下，既保护行人的安全，也改善了地面交通状况。

此外，芝加哥市中心区长期推行的高密度、高强度的开发模式造成地面土地资源极其紧缺，向地下要空间、扩大环境容量也成为现实可行的一个途径。在经济利益和社会利益的双重驱动下，政府、公众和私有公司纷纷以地下步行系统为基点，着手开发利用地下资源，客观上也推动了 Pedway 的发展。

12.2.3　Pedway 发展历史

芝加哥市区是美国最忙碌的中心区之一，共有近 2 000 万 m^2 的办公设施和 100 万 m^2 的商业零售空间。其核心区域鲁普区面积不足 $2km^2$，更是集中了众多金融机构、政府机关和商业中心，每天有 70 余万人穿梭其中进行各种社会活动，因此芝加哥历任政府和商界领袖都极其关注中心区环境的提升和改善，以期保持它的繁荣和活力。从 1950 年开始，芝加哥借力于轨道交通的发展，着手进行了一系列关于地下步行系统的研究和建设工作，在公众和私有机构共同努力与资金的持续投入之下，芝加哥 Pedway 保持着逐年拓展和完善的趋势。

• 1951 年，联系中心区两条地铁线路站厅层的地下人行通道建成，拉开了芝加哥利用地下空间、建设步行系统的序幕。

• 1965 年，公共与私有资金开始介入地下步行系统的建设，政府办公机构集中的市民中心与私有的 Brunswick 大厦均设有通向地铁的步行通道。

• 1966 年完成的《芝加哥综合规划》中指出：拥有一个不受天气干扰的步行系统将有助于中心区整体环境的改善。

• 1968 年，《芝加哥中心区交通规划研究》中首次勾勒出中心区独立步行系统的蓝图，并提出结合新建、待建建筑扩展已有地下步行通道。

• 1971 年，第一国家银行下沉广场建成，广场提供可享受阳光的、通向地铁站点的半地下步行区。

• 1972 年，依据城市规划发展局提供的规划导则，综合性建筑群伊利诺中心地下步行系统建成。

• 在 1973 年编制的综合规划《芝加哥 21——中心区规划》中，系统、完善地提出中心区建设联系主要建筑和活动设施的地下步行网络，规划网络覆盖了大部分中心区。

• 为改变地下步行设施建设缓慢的状况，1979 年美国交通部与芝加哥规划局共同完成《CBD 步行交通研究：分离式步行道路》，重新评估现状设施，并从区划法规、税收政策、建筑导则、资金投入等方面详尽探讨如何促进中心区地下步行系统的发展。

• 1988 年，Randolph 步行通道建成，利用地铁车站、建筑底层、地下室将 Pedway 系统进一步扩展，联系起著名的 Marshall 商场(现 Macy 百货)、芝加哥文化中心和通勤铁路 Mesa 车站。

·1992 年，综合了地铁站点、餐饮设施、商业以及办公的 Thompson 中心建成使用，该建筑地下大厅特殊的开敞设计使 Pedway 自然过渡到建筑内，为地下步行系统与建筑衔接提供了新的思路。

·Pedway 系统不仅仅穿梭于建筑之下，1999 年耗资 3500 万美元，联系 Grand 公园2 000 车位地下停车场的 Pedway 建成。

12.2.4　Pedway 系统概述

迄今为止，芝加哥 Pedway 已形成总长达 5 英里(约 8km)，穿梭于 40 余个街区的大规模网状系统。这个由地下通道、少量天桥、大厅与楼梯、自动扶梯、电梯构成的系统联系起了芝加哥中心区约 50 栋建筑。网状结构的"沟通"作用，通过"节点——建筑、构筑物"与"交通线——地下通道"将地面上独立的建筑、构筑物在地下整合为一体。行人只要置身 Pedway 中，就可以便捷地穿行，直接到达相关的写字楼底层。地铁车站以及商场等各类设施，大大改善了中心区人行交通的舒适度与可达性。Pedway 内人性化的环境设计和配套设施，可以吸引更多的人行交通即使在天气条件尚佳的情况下也进入Pedway，改善了地面交通状况。

1.　Pedway 的空间设计

1)节点——建筑、构筑物

Pedway 分布的区域为芝加哥的中心商贸区，建筑密集、人流量大，联系的 50 余栋建筑多为社会活动集中的节点。根据功能的不同，相关节点大致归类为交通设施、办公酒店等服务业设施以及商业文化设施等。

(1)交通设施

芝加哥 Pedway 的出现是市区轨道交通发展到一定阶段的产物，并依托地铁的拓展逐渐成为中心区步行交通的特殊载体，所以 Pedway 网络分布始终与各种交通设施密切相关，系统的发展也始终坚持提高网络到达交通设施可达性的原则。因此，Pedway 就像根植于地铁和通勤铁路的向外"生长"的"藤蔓"。地铁和通勤铁路则像"根"一样向Pedway 的"杆茎"释放源源不断的客流。

Pedway 共联系了 7 个地铁站点的站厅层，每天有上万人涌出车站，进入与轨道交通连接的 Pedway 系统，分流至各个目的地。据芝加哥交通局统计，在 Pedway 与地铁站点连接最繁忙的区段，日通行人次达 2 万人，而在多风、寒冷的冬天人次可到 4 万。

METRA 是穿梭芝加哥市区与郊区间的通勤铁路，它在市区的线路与车站均布设在地下。利用同处地下的便利，Pedway 将出入延伸至 METRA 的候车大厅内，吸引人们利用 Pedway 进出车站，减少了出入站客流与地面车行交通间的相互干扰。

Pedway 的发展也兼顾了静态交通空间。芝加哥中心区两处可提供上千个车位的地下公共停车场周边均分布了 Pedway 的地下通道。人们利用它从中心区到达停车场，给出行者带来了极大便利。

(2)办公、酒店等服务设施

Pedway 在布局上的另一特点是串联起众多的办公、写字楼。芝加哥市中心是芝加哥大都市地区最主要的就业区，其中既有联邦、郡县和地方政府的行政、司法机构，也有跨国公司云集的写字楼和银行等金融中心，还有多个星级酒店，因此以工作、商务为目的的交通比例很大，而将这些交通吸引点串联起来的 Pedway 为该地区的步行交通提供了另一种方式。利用此类建筑体量大、空间充足的特点，Pedway 的通道与建筑的地下层相连，再通过梯道、自动扶梯等将步行者输送至建筑内部。相得益彰的是，Pedway 使沿线设施的使用者出行更为便捷，相关建筑提供底层、走廊等内部空间也完善了 Pedway 的硬件环境。

（3）商业、文化等设施

芝加哥 Pedway 上分布有数个大型购物中心和文化、健身中心等休闲设施。对此类建筑，Pedway 的布局尽量与设施内部协调统一，使步行更为舒适和轻松。例如，Pedway 穿过 Macy 百货的地下一层营业区，步行通道与商场间以落地玻璃分隔；Pedway 在芝加哥文化中心下被处理为一个小型的圆形广场，形态与文化中心主体建筑的玻璃穹顶相呼应，小广场内经常布置各类广告，人们不用进入文化中心即可了解演出和展览的资讯。

2）交通线——地下通道

地下通道是 Pedway 的骨架，也是芝加哥中心区地下城的动脉，地面上分散的建筑因为这些通道而在地下成为整体。市区的线路与车站均布设在地下。利用同处地下的便利，Pedway 的通道结合了城市的用地布局、轨道交通站点的分布，以及沿线建筑的形态和结构，因此平面线形蜿蜒曲折。通道的细部设计充分考虑了行人的感受和通行的流量，宽度 3~8m 不等，高度大部分在 3m 左右。

从建设模式上，Pedway 的通道可分为两种：一种为独立的人行地道，这种通道多分布在道路或建筑间公共区域的地下，以交通功能为主，内部设备简洁、实用，多由政府投资建设。另一种通道为合建式，即结合各类建筑的附建式地下设施，在地下空间中辟出的步行通廊。由于这类通道多与建筑同时建成，所以设计细节上与建筑有很好的融合。开发商在引入通道时已考虑到地下空间的综合利用，通道及沿线设施的功能也更为丰富。此类通道的建设和管理一般由开发商来运作。

内通道都配备有中央空调、消防设施以及安全监控系统。有的还装配了公用电话、公共厕所和休息区。通道与建筑间通常会设置旋转门或防火门等予以空间的分割。同时 Pedway 通道中也布置了大量的梯道和自动扶梯，尤其在一些人流集中、交换频繁的区域，行人可以方便地进出地面。在第一银行广场，Pedway 与地面以下沉广场的形式联系，更为灵活舒适。

由于中心区步行交通绝大部分为工作性质交通，因此 Pedway 与写字楼结合的通道一般会在非工作时间关闭，与交通设施连接的则是全年开放。

2. Pedway 的综合功能

Pedway 的建设遵循了地下空间利用的普遍性规律，即地下与地上空间的统一性，因此系统始终是与城市地下空间开发理念的转变、芝加哥中心区功能和容量的提升更新同步的。而 Pedway 之所以可以成为"城"，也是得益于它以交通空间为基础、积极拓展其他功能的特点。

由最初两条地铁线路间的换乘通道发展至今，地下交通空间依然是 Pedway 系统基本的使用功能。借力于地铁的稳定发展，该系统的交通功能日趋综合化和多样化，地下铁路和地下停车场等城市动、静态交通枢纽与之连接，人们利用它出行更为方便。

除此之外，依托 Pedway 的网络构架，更多的城市功能得以发挥。Pedway 沿线开发商和机构纷纷尝试整合城市地下与地上空间，以地面功能的多样化来引导地下空间开发利用的多样化，挖掘更多的可利用土地资源。

（1）业务空间。由于 Pedway 使用上的便利，一些政府机构和会务中心将人流吸引率高的设施布置在 Pedway 内。比如，公共事务性建筑市民中心和市政府，这两个建筑地下空间是以板块形式整体利用开发的。在预留出 Pedway 通道的情况下，地下空间分隔成数个民事法庭，婚姻、出生注册，机动车登记等办公室，Macy 百货、伊利诺中心也将多个会议和展览大厅移至 Pedway。

（2）商业空间。由于商业活动不需要自然光线，因此十分适于在地下空间内进行。Thompson 中心是座集合了办公、商业的综合性建筑，Pedway 和地铁从其地下通过，衔接 Pedway 的是其地下层的大型餐厅，人流熙熙攘攘、络绎不绝。在伊利诺中心建筑群下，结合 Pedway 形成了覆盖整个中心的地下商业街区，其中餐馆、商场、书店、健身中心等服务设施一应俱全，繁华程度不亚于地面商业街。即使不是大规模的开发区域，沿着 Pedway 也随处可见咖啡屋、药店、花店这些便民的商业服务设施。

这些复合利用地下空间的模式，克服了 Pedway 单纯作为步行通道、人流量不均匀造成的设施闲置以及投资回收困难的问题，同时各类空间也利用和刺激了步行系统的人气效应，保证了设施移至地下后的使用状态。人们不再是匆匆过客，而是常常驻留在 Pedway 中工作、购物、进餐和休闲，取得了良好的社会和经济效益，因此芝加哥人称之为"地下城"。

3. Pedway 建设的政策体系

芝加哥 Pedway 系统能在五十余年里不断延展与扩大，离不开较为完备的地下空间资源政策保障体系，该体系从地下步行空间规划的编制、步行空间的建设以及激励政策的引导等方面提供了行之有效的规章和制度。

1）相关步行空间规划

Pedway 规划的逐步深化是与人们对城市环境要求的日益提高密切相关的。该系统的发展开始于地铁的使用，它在最初几年也仅限于联系交通设施，其余的地下开发也多为自发的、独立的建设，缺乏系统性，拓展步伐较为迟缓。进入 1960 年后，人们开始关注中心区的环境，编制的一系列规划对 Pedway 的发展起到了积极的促进作用。

1966 年的《芝加哥综合规划》首次明确提出中心区需要建设一个不受天气干扰的步行系统，以改善中心区生活与工作环境。自此，地下步行空间的研究和建设正式提上日程。其后 1968 年编制的《芝加哥中心区交通规划研究》，第一次在现状地下步行通道的基础上系统地描绘出步行网络，通道基本布置在人流集中的区域，是 Pedway 的雏形。1973 年综合规划《芝加哥 21——中心区规划》中的步行网络规划，在上述规划的基础上有了进一步的完善，规划网络覆盖面更为广泛，涵盖中心区大部分区域和建筑，规划的制定也更为详尽。进入 21 世纪后，2003 年完成的《芝加哥中心区规划——为了 21 世纪的中心城市》中，提出营造宜于步行的中心区环境，其中一个重要的举措即为继续扩建 Pedway，提高步行交通与快速轨道交通间的可达性。

多年来规划始终保持的一贯性，提供了芝加哥 Pedway 系统落实和持续发展的基础，规划的前瞻性也使公众和私有企业能够有计划地开发和利用地下空间，避免了无序开发和设施间的相互隔离。

2）区划法规（Zoning）

区划法规是美国城市进行开发控制的重要依据，以此规定地块的使用性质、建筑类型及开发强度。针对 Pedway 的建设，在综合规划的基础上，芝加哥区划法规有着明确的要求。首先，区划法规定了 Pedway 审批的流程，涉及 Pedway 建设或翻新的项目均分类在规划项目内，即申请者（公共和私有公司）需持含有 Pedway 设计方案的相关文件上报规划发展局、规划委员会审查，经公众听证会后，由市议会批准方可实施。而规划方案必须符合城市规划和区划法规的要求。其次，区划法规提供了建设的导则和激励政策，在严格管理的同时鼓励沿线开发商建设 Pedway。芝加哥区划法规定，建设 Pedway 的地块容积率可在基本容积率的基础上上调 20％，开发商在有关条件满足的情况下，均可享受这一优惠政策。因此宽严相济的政策给了开发商开发建设 Pedway 的利益，吸引了民间资金对地下空间的倾斜，弥补了政府资金对 Pedway 投入的不足。

12.2.5　Pedway 发展前景

Pedway 发展的黄金时期是 20 世纪 70、80 年代，也是芝加哥中心区复兴及城市建设兴旺的时期，芝加哥市利用新建、改建项目积极扩展地下步行系统，造价相对低廉，建设效率也较高。但随着城市格局基本定型，城市建设步伐逐渐放缓，新建项目逐年减少，Pedway 实施的难度也逐渐增大。受美国土地私有制度的影响，在建成区下修建这样的地下设施，不仅涉及高昂的投资，还涉及产权与维护管理问题，这也是 2003 年《芝加哥中心区规划——为了 21 世纪的中心城市》中 Pedway 系统覆盖面明显缩小的原因之一。因此近年来，Pedway 系统的改进主要关注于易达性等服务水平的提高、设施配套的完善以及安全、整洁等软性环境的建设。

12.2.6　启示

1. 轨道交通的原动力作用

与日本、中国香港等世界上成功开发利用地下空间的案例类似，芝加哥 Pedway 的产生也与轨道交通的发展密切相关。轨道交通作为地下空间开发利用的主要发展策动源，不仅能带来稳定的人流量，增加地下空间的人气，提升地下空间的商业价值，而且还有助于提高关联步行通道的通行率，改善地面环境质量。轨道交通"联"与"通"的作用能迅速刺激沿线物业升值，带来良好的社会与经济效益。目前我国正处于轨道开发建设的高峰时期，为地下空间综合开发提供了不可多得的契机。如何利用好轨道交通对地下空间利用与发展的促进作用，做到资源共享、效益共享，研究芝加哥等城市的发展经验具有一定的指导意义。

2. 地下空间功能的复合性

单纯的地下交通设施功能单一，对城市功能的综合提升贡献有限，且很难收回投资。将交通与商业、办公等服务设施捆绑建设，则可以产生令人惊奇的复合效益，这也是芝加哥 Pedway 的发展之路。复合型、多功能的芝加哥地下空间提供了新的城市空间来弥补地面用地的不足，创造了一个立体的城市层次，延伸和发展了中心区的各类社会、经济活动，使城市更加繁荣。同时也改善了步行系统的投资环境，促进地下空间体系的持续发展。发展轨迹类似的还有日本、中国香港等地的地下综合体，都体现了地下空间功能的复合性。

3. 规划、政策的重要性

地下空间是城市十分宝贵的自然资源，具有不可复原性，科学系统地编制地下空间开发利用规划十分重要。芝加哥五十多年来地下步行系统规划编制工作的持续性和连贯性，法规、政策的严格性和可操作性，都是保证 Pedway 持续且健康"生长"的基本，有着前瞻性文件的引导，Pedway 的建设始终保持着统一和协调。我国目前关于地下空间开发利用的法律和法规是地下空间开发利用的瓶颈，相关产权、管理等问题尚不明确，同时很多城市还未编制系统的地下空间规划来指导建设，公共政策的空白成为制约城市复合发展的薄弱环节，急需建立比较完善的地下空间利用法律法规体系、管理体系和规划编制体系。

4. 资金投入的多元性

地下空间的建设周期长、投资大，单由政府投资建设显然不够。因此芝加哥 Pedway 很早即由政府单独出资转变为公共、私有资本共同加入，政府从建设法规、财税政策上给予私有资金积极的引导和奖励，鼓励私人公司用自有资金拓展 Pedway 系统。相对发达国家，我国各大城市在地下空间开发上资金缺口更大，迫切需要政府积极筹措各方面投资。因此，在优先保证社会效益的前提下，城市管理者有必要以灵活的政策吸引民间资金来建设地下空间，并从政策上保护他们的投资利益。

12.2.7 结语

城市地下空间的综合开发利用是城市发展到一定阶段的必然产物，我国许多城市已经基本具备规模化开发地下空间的经济实力，也纷纷开始规划编制和建设工作。

参 考 文 献

安实，崔建勋，崔娜. 2014. 道路交通应急区域疏散管理理论、方法与实践［M］. 北京：科学出版社.

蔡翠. 2013. 我国智慧交通发展的现状分析与建议［J］. 公路交通科技（应用技术版），06：224-227.

陈瑶. 2014. BIM技术在综合管廊建设的质量控制中的应用［A］. 武汉大学党委研究生工作部. 武汉大学第九届研究生学术科技节系列活动之"第八届湖北省给水排水工程与环境工程研究生学术论坛"论文集［C］. 武汉大学党委研究生工作部.

陈政高. 2015. 统一思想统一认识，大力建设城市地下综合管廊——在城市地下综合管廊规划建设培训班上作重要讲话［J］. 城建档案，05：9-10.

陈志龙，等. 2009. 中国城市中心区地下道路建设探讨［J］. 地下空间与工程学报，5（1）：1-12.

陈志龙，诸民. 2007. 城市地下步行系统平面布局模式探讨［J］. 地下空间与工程学报，（03）.

程广元，等. 1996. 关于地下道路工程经济评价的几点看法［J］. 隧道建设，（3）：33-36.

邓德源. 2012. 横琴新区综合管沟火灾报警设计探讨［J］. 安防科技，01：3-7.

范中华. 2015. 高速公路智慧交通平台与初步应用研究［D］. 重庆：重庆交通大学.

韩敬文. 2010. 基于层次分析法的地下道路出入口选址模型［J］. 铁道勘察，36（5）：75-77.

胡郁葱，等. 2009. 地下快速路出入口集散点选择模型［J］. 中国公路学报，22（3）：89-94.

江镕. 2015. 地下管廊：横琴的"城市良心"［J］. 环境，06：31-33.

姜帆. 2001. 城市轨道与其他交通方式衔接的研究［J］. 北方交通大学学报，（4）：108-110.

雷升祥. 2015. 综合管廊与管道盾构［M］. 北京：中国铁道出版社.

李斌. 2005. 建筑综合体与城市交通系统立体化衔接空间分析研究［D］. 西安：西安建筑科技大学.

李金印，等. 2011. 珠海市横琴新区A号路共同沟工程设计［J］. 给水排水，S1：441-444.

李素艳，杨东援，赵娅丽. 2007. 地下道路出入口交通组织研究［J］. 地下空间与工程学报，3（4）：781-786.

连粉玲. 2008. 地铁站域地上地下空间整合设计初探［D］. 天津：天津大学.

林冬，等. 2006. 城市地下道路环境影响评价初探［J］. 地下空间与工程学报，2（7）：1276-1280.

刘刚. 2015. 基于空间句法的轨道交通综合体换乘空间通达性设计初探［D］. 北京：北京交通大学.

刘新荣，胡振瀛，陈林. 2004. 建造城市地下高速公路网的构想［C］. 城市地下空间开发与地下工程施工技术高层论坛论文集.

刘韵. 2006. 城市地下快速道路建设动因分析［J］. 地下空间与工程学报，2（8）：1293-1296.

罗燕萍. 2013. 城市轨道交通工程隧道通风系统研究与优化设计［M］. 北京：中国建筑工业出版社.

马保松. 2004. 发展城市地下管道快捷物流系统的初步构想［J］. 地下空间，24（1）：94-97.

马保松，等. 2004. 世界管道物流运输的发展现状及关键技术分析［J］. 世界科技研究与发展，26（6）：48-52.

苗彦英. 1998. 东京城市轨道交通路网分析［J］. 城市轨道交通研究，1（2）：66-67.

莫茜茜. 2010. 地下轨道交通节点与大型商业建筑的空间连接模式［D］. 长沙：湖南大学.

潘丽珍，等. 2006. 青岛市城市地下空间开发利用规划研究［J］. 地下空间与工程学报，2（7）：1093-1099.

任刚，赵星，华璟怡. 2014. 应急疏散交通网络优化模型与方法［M］. 北京：科学出版社.

沈晓阳. 2003. 浅谈轨道交通建设对城市经济发展的促进作用［J］. 地铁与轻轨，（1）：1-3.

束昱，等. 2009. 城市轨道交通综合体地下空间规划理论研究［J］. 时代建筑，（5）：22-26.

司徒炳强，等. 2008. 广州城市地下交通发展现状和前景分析［J］. 广东科技，（13）：113-116.

司徒炳强，等. 2009. 城市道路地面出入口与交叉口最小间距的研究［J］. 华南理工大学学报，37（7）：10-14.

汤衡. 2012. 大型商业综合体底部空间与城市公共空间的整合设计研究［D］. 西安：西安建筑科大学.

童林旭. 1998. 地下商业街规划与设计［M］. 北京：中国建筑工业出版社.

VDV规划委员会（德）. 2003. 公共交通工具的换乘枢纽点设计［R］. 上海：同济城市规划设计研究院.

王海荣，银卫华. 2014. 典型场所消防安全 [M]. 长沙：湖南人民出版社.

王明年，田尚志，郭春. 2012. 公路隧道通风节能技术及地下风机房设计 [M]. 北京：人民交通出版社.

王少华，等. 2013. 智慧交通系统关键技术研究 [J]. 测绘与空间地理息，S1：88-91.

王晓丹. 2013. 城市综合体交通与城市交通的整合设计研究 [D]. 郑州：郑州大学.

吴晓庚. 2015. 大型隧道与综合管廊一体化建设应用实例 [J]. 中国市政工程，04：88-90.

吴月霞. 2008. 浅析国内城市地下道路的发展前景及策略 [J]. 山西建筑，34 (32)：262-263.

熊涛. 2013. 地铁上盖综合体地下空间整合设计研究 [D]. 广州：华南理工大学.

徐光胜. 2006. 浅谈市政基础设施工程的BT建设模式 [J]. 城市道桥与防洪，05：15-16.

徐蔓青. 2014. 智慧交通运行状态数据分析系统设计与分析 [D]. 南京：南京邮电大学.

许传强，等. 2008. 城市地下快速路建设动因和发展趋势浅析 [J]. 山西建筑，34 (13)：283-284.

许志钦. 2007. 城市中心区交通节点空间的联系美学 [D]. 厦门：厦门大学.

阎小培，等. 2006. 高密度开发城市的交通系统与土地利用 [M]. 北京：科学出版社.

杨雷. 2009. 综合体建筑底部公共交通空间研究 [D]. 大连：大连理工大学.

杨昕. 2013. 城市综合体交通流线设计研究 [D]. 大连：大连理工大学.

杨永勤. 2016. 城市道路节点规划设计理论与方法研究 [D]. 北京：北京工业大学.

佚名. 2006. 北京中心城中心地区地下空间开发利用规划（2004~2020年）[J]. 北京规划建设，(5)：162-163.

佚名. 2015. 地下综合管廊集锦 [J]. 给水排水动态，03：27-29.

佚名. 2015. 珠海：积极探索地下综合管廊建设之路 [J]. 城市规划通讯，15：14.

俞明健，等. 2006. 地下空间开发利用与城市交通 [J]. 地下空间与工程学报，2 (7)：1227-1230.

袁文凯，崔扬，周欣荣. 2007. 天津城市地下道路功能定位研究 [J]. 城市，8：62-64.

张戎. 2000. 城市轨道交通企业管理 [M]. 北京：中国铁道出版社.

张天然，赵娅丽，等. 2007. 地下道路功能定位及其在上海市的适用性分析 [J]. 地下空间与工程学报，3 (3)：406-410.

张泽江. 2004. 公路隧道消防 [M]. 成都：西南交通大学出版社.

赵红莉. 2013. 公路隧道通风排烟网络分析及计算方法研究 [D]. 长沙：中南大学.

赵俊钰，等. 2013. 智慧交通顶层架构研究 [J]. 邮电设计技术，06：14-18.

郑昌庆. 2015. 宁海公共交通智慧管理研究 [D]. 宁波：宁波大学.

郑道访. 2000. 公路长隧道通风方式研究 [M]. 北京：科学技术文献出版社.

郑怀德. 2012. 基于城市视角的地下城市综合体设计研究 [D]. 广州：华南理工大学.

郑琼彬. 2013. 浅谈BT项目公司会计核算——以珠海横琴新区市政基础设施BT项目为例 [J]. 财经界（学术版），01：165-166.

郑文亮. 2012. 城市综合体公共空间的连接设计研究 [D]. 泉州：华侨大学.

中国建筑标准设计研究院. 2014. JGJ 1-2014. 装配式混凝土结构技术规程 [S]. 北京：中国建筑工业出版社.

周茜. 2015. 城市地下交通空间安全技术研究 [D]. 北京：北方建筑大学.

周晓华. 2007. 新城模式——国际大都市发展实证案例 [M]. 北京：机械工业出版社.

朱丽，等. 2008. 隧道形式快速路出入口设计研究 [J]. 城市道桥与防洪，(8)：153-156.

Belytschko T. 1983. An overview of semidiscretization and time integration procedures [J]. In: Belytschko T, Hughes T J R (eds) Computational methods for transient analysis. Amsterdam.

Cundall P, et al. 1980. NESSI, Soil-structure interaction program for dynamic and static problems [J]. Norwegian Geotechnical Institute, Report, 51508-51509.

Cutler M R. 1993. Use of traffic forecasting models in the development of traffic management plans for construction of the central artery/tunnel project [J]. Transportation Research Board. Elsevier, 1-65.

Jeyapalan J K. 2005. Installing And Operating Underground Power Distribution By Sharing Existing Pipelines, Tunnels, And Rights Of Way [C] //International Conference and Exhibition on Electricity Distribution. IEEE Xplore：1-4.

Kunar R R, Beresford P J, Cundall P A . 1977. A tested soil-structure model for surface structures [J]. In:

Proceedings of the symposium on soil-structure interaction. India: Roorkee University, 1: 137-144.

Liu H. 2004. Feasibility of Using Pneumatic Capsule Pipelines in New York City for Underground Freight Transport [C] //Pipeline Engineering and Construction@s What's on the Horizon?. ASCE.

Lysmer J. 1969. Finite dynamic model for infinite media [J]. Proc of Asce, 95 (4): 859-878.

Lysmer J, Waas G. 1972. Shear waves in plane infinite structures [J]. Journal of the Engineering Mechanics Division, 98: 85-105.

Stein D, Schoesser B. 2003. CargoCap-Transportation of Goods through Underground Pipelines: Research Project in Germany [C]. Pipeline Engineering and Construction International Conference: 1625-1634.

Thalheimer E. 2004. Reduction in city background noise due to relocation of artery traffic into underground tunnels [J]. The 2004 National Conference on Noise Control Engineering.

Wang W, Hu Y, Liu Q. 2010. A New Set of Social Benefit Evaluation Parameters for Underground Road Project [C] // Management and Service Science (MASS), 2010 International Conference on. IEEE: 1-4.

White W, Valliappan S, Lee I K. 1977. Unified boundary for finite dynamic models [J]. Journal of the Engineering Mechanics Division: 949-964.

www. cityofchicago. org.

Zacharias J. 2000. Modeling pedestrian dynamics in montreal's underground city [J]. Journal of Transportation Engineering, 126 (5): 405-412.